Leopold Kupelwieser

Die Kämpfe Ungarns mit den Osmanen bis zur Schlacht bei Mohacs

Leopold Kupelwieser

Die Kämpfe Ungarns mit den Osmanen bis zur Schlacht bei Mohacs

ISBN/EAN: 9783743316638

Hergestellt in Europa, USA, Kanada, Australien, Japan

Cover: Foto ©ninafisch / pixelio.de

Manufactured and distributed by brebook publishing software (www.brebook.com)

Leopold Kupelwieser

Die Kämpfe Ungarns mit den Osmanen bis zur Schlacht bei Mohacs

Die Kämpfe
Ungarns mit den Osmanen
bis zur
Schlacht bei Mohács, 1526.

Von

L. Kupelwieser
k. u. k. Feldmarschall-Lieutenant.

Mit 16 Karten-Skizzen im Texte.

Zweite umgearbeitete Auflage.

WIEN und LEIPZIG
WILHELM BRAUMÜLLER
K. U. K. HOF- UND UNIVERSITÄTS-BUCHHÄNDLER
1899.

Vorwort zur ersten Ausgabe.

Mein wiederholter und längerer Aufenthalt in Siebenbürgen — der Heimat Johann Hunyady's — veranlasste mich, im Winter 1882/83 im »Militär-wissenschaftlichen Verein zu Temesvár« einen Vortrag über das Leben und die Thaten dieses Helden zu halten. Der Aufforderung mehrerer Kameraden, diesen Vortrag im Vereinsorgane zu veröffentlichen, konnte ich damals nicht entsprechen, da sich mir schon während der Vorstudien zum Vortrage die Ueberzeugung aufdrängte, dass derselbe sehr mangelhaft und unvollständig ist. Als ich später Zeit und Musse fand, meine Arbeit vom Jahre 1882 wieder zur Hand zu nehmen, um sie zu ergänzen, beschränkte ich mich auf die Schilderung der Kriegsereignisse allein, erweiterte aber meine Studie bezüglich der Zeitperiode, indem ich die ganze Zeit des Kampfes der Ungarn gegen die Osmanen bis zur Schacht bei Mohács einbezog.

Kriegsereignisse lassen sich von der Geschichte der Länder, welche sie berühren, nicht vollständig loslösen; ohne aber auf die dem Soldaten oft unverständlichen Parteiströmungen in Ungarn einzugehen, habe ich mich bemüht, von der Geschichte Ungarns sowohl wie der Türkei nur das aufzunehmen, was zum Verständniss der Kriegsbegebenheiten unumgänglich nothwendig ist.

Bei den spärlichen Geschichtsquellen der Zeitperiode, welche meine Studie umfasst, mögen meiner Arbeit manche Mängel anhaften, umsomehr, als meine Sprachkenntnisse nicht ausreichten, um alle Quellen so zu benützen, wie ich es gewünscht hätte. Wenn ich diese Studie dennoch der Oeffentlichkeit übergebe, so glaube ich, bei dem Umstande, als eine zusammenhängende Schilderung der Kämpfe dieser Periode bisher nicht vorhanden ist, auf eine nachsichtige Beurtheilung rechnen zu können.

Wien, im Mai 1895.

Der Verfasser.

Vorwort zur zweiten Ausgabe.

Nachdem ich mich mit der Geschichte der Türkenkriege noch weiter befasste, und als Fortsetzung dieser Arbeit die Türkeneinfälle in die österreichischen Erbländer in den Jahren 1526 und 1532 zu beschreiben unternahm, sah ich mich genöthigt, um Wiederholungen zu vermeiden, eine zweite, vervollkommnete und, wie ich hoffe, auch verbesserte Ausgabe meines Werkes erscheinen zu lassen, in welcher ich alle Verhältnisse in den österreichischen Erbländern, die Türkeneinfälle in selbe, und überhaupt alle jene Ereignisse aufnahm, welche für Ungarn wie für Oesterreich von gleichem Interesse sind und in die Zeitperiode unmittelbar vor und während der Schlacht bei Mohács fallen.

Wien, im September 1898.

Der Verfasser.

Inhalts-Uebersicht.

Seite

Einleitung. Entstehung und Ausbreitung des Islam. — Erstes Auftreten der Türken, ihr Vordringen nach Europa und bis an die Grenzen Ungarns. — König Ludwig von Ungarn. — 622 bis 1382 1

Erstes Capitel. Königin Maria und König Sigismund. — Bajesid I. — Erste Kämpfe der Ungarn und Türken. — Zug nach Klein-Nikopoli. — Vorbereitungen zum Kreuzzug. — Zug des Kreuzheeres nach Nikopoli und dessen Niederlage. — 1381 bis 1396 7

Zweites Capitel. König Sigismund kehrt zurück. — Kämpfe in Bosnien. — Sigismund zum deutschen König gewählt. — Wiederholte Einfälle der Türken in die Nachbarländer. — Zug der Ungarn in die Walachei. — Besitznahme der serbischen Grenzfestungen durch Ungarn. — Golubaz vergeblich belagert. — Verlust der Grenzfestungen bis auf Belgrad. — Einfall der Türken und Walachen in Siebenbürgen. — Murad I. bedrängt Serbien. — Semendria durch Ungarn entsetzt. — Sigismund stirbt. — 1396 bis 1438 31

Drittes Capitel. König Albrecht von Ungarn. — Türken und Walachen fallen in Siebenbürgen ein. — Sultan Murad erobert Semendria. — Das Heer der Ungarn bei Titel zerstreut sich. — Albrecht stirbt. — Thronstreit. — Wladislav (Varnensis) wird zum König in Ungarn gewählt. — Geburt des Ladislaus (Posthumus) und Tod der Königin Elisabeth. — Erfolgreiche Vertheidigung Belgrads durch Thallóczy. — 1438 bis 1442 . . . 50

Viertes Capitel. Johann Hunyady. — Sein Zug gegen Semendria. — Seine Siege bei St. Imre und am Eisernen Thor-Pass. — König Wladislav zieht nach Bulgarien. — Hunyady's siegreiche Gefechte bei Nissa. — Vergebliche Versuche der Ungarn, in das Marizathal zu gelangen. — Rückzug der Ungarn. — Ihr Sieg am Fusse des Kunovizagebirges. — Friedensschluss. — 1441 bis 1444 59

Fünftes Capitel. König Wladislav beschliesst den Frieden zu brechen. — Das ungarische Heer zieht bis Varna. — Sultan Murad I. übersetzt den Bosporus und folgt dem ungarischen Heere. — Schlacht bei Varna. — Niederlage der Ungarn und Tod des Königs. — Hunyady kehrt nach Ungarn zurück. — 1444 83

Sechstes Capitel. Hunyady als Gubernator. — Ueberfall der Türken bei Sarno. — Hunyady's Zug in die Walachei. — Hunyady's Zug nach Serbien, er wird auf dem Amselfelde geschlagen. — Ladislaus Posthumus übernimmt die Regierung in Ungarn. — Hunyady unternimmt Streifzüge nach Trnowa, Semendria und Krusevaz. — Belgrad von Sultan Murad II. belagert, von Hunyady und Johann Capistrano entsetzt. — Hunyady's und Capistrano's Tod. — König Ladislaus stirbt. — 1445 bis 1457 108

Siebentes Capitel. Mathias Corvinus. — Kriegsrüstungen der Ungarn. — Szilágyi fällt in Serbien ein und wird gefangen. — Die Walachei unter türkischer und ungarischer Botmässigkeit. — Neuorganisation des ungarischen Heeres. — Streifzüge der Türken zurückgewiesen. — Serbien und Bosnien den Türken unterworfen. — Mathias erobert Jajcze. — Mohammed belagert Jajcze. — Mathias belagert Zwornik vergeblich und zieht sich zurück. — 1457 bis 1471 136

Achtes Capitel. Wiederholte Einfälle der Türken nach Ungarn und in die österreichischen Erbländer. — Vorkehrungen Kaiser Friedrich's gegen dieselben. — Mohammed II. erbaut Szabacs. — Grosswardein von den Türken geplündert. — Mathias erobert Szabacs. — Mathias vernachlässigt die Vertheidigung seiner Länder, er vermählt sich mit Beatrix von Aragonien. — Erneute Einfälle der Türken. — 1471 bis 1477 154

Neuntes Capitel. Mathias entzweit sich mit Kaiser Friedrich III. — Streifzüge der Türken. — Alibeg auf dem Brodfelde in Siebenbürgen durch Báthory und Kinizsi besiegt. — Neuer Streit zwischen Mathias und Friedrich. — Mathias überfluthet die österreichischen Erbländer. — Mohammed II. stirbt. Bajesid II. setzt die Raubzüge fort. — Waffenstillstand mit den Türken. — Mathias stirbt zu Wien. — Wladislav II. in Ungarn zum König gewählt. — 1477 bis 1490 168

Zehntes Capitel. Kaiser Friedrich stirbt. — Kaiser Maximilian's vergebliche Bemühungen für einen Kreuzzug. — Neue Einfälle der Türken. — Kinizsi's Einfall in Serbien. — Bajesid II. stirbt, unter Selim I. werden die Einfälle fortgesetzt. — Vorbereitungen für einen Kreuzzug arten in einen Bauernkrieg aus. — Zápolya bei Semendria geschlagen. — König Wladislav II. stirbt, ihm folgt sein unmündiger Sohn Ludwig II. — 1490 bis 1516 186

Elftes Capitel. Kaiser Maximilian stirbt. — Die Unternehmung eines Kreuzzuges wird aufgegeben. — Kaiser Karl V. und Erzherzog Ferdinand. — Türkeneinfälle trotz des Waffenstillstandes. — Sultan Selim stirbt. Suleiman I. — Szabacs und Belgrad von den Türken erobert. — Tomori erhält den Oberbefehl im südlichen Ungarn. — Orsowa und Severin fallen. — Jajcze von Frangepan entsetzt. — Wirren in Ungarn. — 1516 bis 1525 199

Zwölftes Capitel. Kriegsvorbereitungen der Ungarn. — Aufbruch des türkischen Heeres. — Grossvezier Ibrahim erobert Peterwardein. — Sultan Suleiman übersetzt die Drau bei Essegg. — Aufbruch König Ludwigs von Ofen. — Erzbischof Tomori Oberbefehlshaber des ungarischen Heeres. — Schlacht bei Mohács. — König Ludwig's Tod. — Suleiman zieht nach Ofen und kehrt unbehelligt über Szegedin nach Constantinopel zurück. — 1526 220

Karten-Skizzen im Satze.

	Seite
Uebersichtskarte zu den Kriegszügen der Könige Sigismund und Wladislav I. und Hunyady's. 1393 bis 1448	17
Umgebung von Nikopoli	20
Skizze zur Schlacht bei Nikopoli am 23. September 1396	21
Gefecht bei St. Imre am 25. März 1442	65
Gefechte Hunyady's in der Umgebung von Nisch bis zum 3. November 1443	71
Schlacht am Fusse des Kunovizagebirges Anfangs Jänner (ungefähr den 6.) 1444	79
Umgebung von Provadia	89
Umgebung von Petrez	91
Schlacht bei Varna 1444. Stellung beider Heere am Morgen des 10. November	96
Schlacht bei Varna 1444. Stellung beider Heere um die Mittagszeit des 10. November	97
Schlacht auf dem Amselfelde, 17., 18. und 19. October 1447	113
Belagerung von Belgrad und Entsatz der Stadt 1456. Gefecht an der Donau am 14. Juli 1456	131
Schlacht auf dem Brodfelde, 13. October 1479	171
Anmarsch zur Schlacht bei Mohács	232
Umgebung von Mohács	242
Schlacht bei Mohács, 29. August 1526	243

Einleitung.

Entstehung und Ausbreitung des Islam. — Erstes Auftreten der Türken, ihr Vordringen nach Europa und bis an die Grenzen Ungarns. — König Ludwig von Ungarn. — 622 bis 1382.

Zu Beginn des VII. Jahrhunderts entstand in Arabien eine neue Religionslehre, die, anfangs wenig beachtet, bald dem Christenthum. und mit ihm der ganzen westländischen Cultur gefährlich werden sollte. Der Stifter der neuen Lehre, Mohammed, ein religiöser Schwärmer. der im Hause seines Oheims, eines Schirmvogtes des arabischen Nationalheiligthums — der Kaba — schon als Knabe eine religiöse Richtung erhalten hatte, später mit Bekennern der verschiedensten Religionen. besonders aber mit Juden und Christen, in Berührung kam, und den Götzendienst in Mekka verachten lernte, fand bald einen Kreis von Anhängern, die ihn als Propheten verehrten. Aber auch an Gegnern fehlte es ihm nicht, die er mit den Waffen in der Hand bekämpfen zu müssen glaubte. Seine monotheistische Lehre, »Islam«, d. i. »die gänzliche Hingabe an Gott«,[1]) genannt, als göttliche Offenbarung ausgebend, mit Anklängen an das Christenthum und das Judenthum, auch nicht frei von crassestem Aberglauben, stellte im Koran, dem von Mohammed dictierten Gesetzbuch, als einen der wichtigsten Glaubenssätze die Aufgabe hin: den Islam mit dem Schwerte in der Welt zu verbreiten, bis sie bekehrt sei, oder alle Völker, die sich nicht bekehren lassen wollen, zu unterwerfen und tributpflichtig zu machen.

Bei der kriegerischen und raublustigen Bevölkerung Arabiens wurde Mohammed's Anhang bald so verstärkt, dass der Islam schon zu seinen Lebzeiten[2]) sich über ganz Arabien, Syrien und Palästina verbreiten und rasch auch über Persien nach Indien und nach Klein-

---
[1]) Nöldeke, »Das Leben Mohammed's«. S. 31.
[2]) Mohammed starb im Jahre 631.

asien, Centralasien und über Aegypten an der Nordküste Afrikas sich ausbreiten konnte.

Von unzufriedenen Westgothen gerufen, übersetzten Araber (Mauren) die Meerenge von Gibraltar und gründeten 711 in Spanien ein Reich; zwei Decennien später überschritten sie die Pyrenäen; bei Tour schlug sie 732 Karl Martell; Karl der Grosse hatte noch bis 783 hartnäckige Kämpfe mit ihnen zu bestehen, und erst Ferdinand dem Katholischen gelang es, 1491 Granada zu erobern und damit der maurischen (islamitischen) Herrschaft in Spanien ein Ende zu machen.

Auch über Italien wollte der Islam nach Europa eindringen. 827 landeten Sarazenen aus Afrika in Sicilien und gründeten daselbst ein Emirat, das sich bis zur gänzlichen Eroberung der Insel durch die Normannen 1091 erhielt. Die Raubzüge der Sarazenen und später der Türken beunruhigten noch lange die Küsten des Mittelmeeres, erst den vereinten westeuropäischen Flotten unter Don Juan d'Austria gelang es in der Schlacht bei Lepanto 1571, die Flotte der Osmanen zu vernichten und damit ihre Herrschaft zu brechen; das Räuberunwesen im Mittelmeere vollständig auszurotten, war unserem Jahrhundert vorbehalten, erst mit der Besitzergreifung Algiers durch die Franzosen 1830 fand es ein Ende.

Die Kreuzzüge — schon 1074 durch Papst Gregor VII. angeregt und fast durch zwei Jahrhunderte bis 1270 von der gesammten westländischen Christenheit mit religiöser Begeisterung und mit Opfern, die eines grösseren Erfolges werth gewesen wären, geführt — haben wohl die anrollende Fluth des Islam zeitweise gestaut, vermochten aber nicht die den Mohammedanern entrissenen Länder zu behaupten, ja kaum die Christen im Oriente nothdürftig zu schützen. Durch die inneren Wirren, dann durch die Auflösung des seldschukischen Reiches wurde das Uebergreifen des Islams auf die Balkan-Halbinsel noch verzögert, aber nicht verhindert.

Zu den zum Islam bekehrten Völkerschaften gehörten auch die Turkmenen (Türken), ein kriegerischer, kräftiger, durch seine Raublust bekannter Volksstamm, der ursprünglich vom Altai zum östlichen Ufer des Kaspischen Meeres herabgestiegen war, und, im hochasiatischen Steppenland von anderen Völkern gedrängt, gegen Westen zog. Osman, der Sohn Ertoghrul's, war mit einer Horde derselben in den Dienst Aladin's, des seldschukischen Sultans von Ikonium getreten, und wurde von diesem im Jahre 1289 zur Belohnung treuer Kriegsdienste mit einer kleinen Herrschaft in Bythinien belehnt. Beim Zerfall des seldschukischen Reiches erweiterte Osman sein Reich auf Kosten von

Byzanz und legte sich 1300 den Sultantitel bei. Von Osman, dem eigentlichen Begründer des türkischen Reiches, erhielt dieses wie auch das Volk den Namen des osmanischen.[3])

Osman's Sohn Urchan bemächtigte sich Kleinasiens und machte 1336 Brusa zur Hauptstadt seines Reiches. Drohend standen nun die Osmanen an der schmalen Meerenge, welche Europa von Asien scheidet. Das schon im Niedergange befindliche byzantinische Kaiserreich war zu schwach, um dem Vordringen des Islam auf der Balkan-Halbinsel Einhalt zu thun. Die im Norden derselben angesiedelten slavischen Völkerschaften, meist von Byzanz selbst zum eigenen Schutze gerufen. benützten die Schwäche dieses Reiches, um sich unabhängig zu machen, erfreuten sich auch vorübergehend einer von ihnen selbst überschätzten Freiheit und erschöpften ihre Kräfte im Kampfe untereinander, ohne ein einheitliches Reich gründen zu können, oder waren in Abhängigkeit des aufblühenden ungarischen Reiches gerathen. Diesen Zustand benützend, setzten die Türken wiederholt nach Europa über, bald als Söldlinge und Bundesgenossen der byzantinischen Kaiser oder ihrer Gegner, bald auf eigene Faust, das Land bis an die Donau durchstreifend und verwüstend, und Tausende von Gefangenen mit sich in die Sclaverei führend.

Achtzehn grössere Einfälle zählt man, ehe die Osmanen noch unter Urchan festen Fuss in Europa fassten. Vom byzantinischen Kaiser gerufen, übersetzten sie den Hellespont und bemächtigten sich 1356 des anderthalb Stunden ober Gallipoli gelegenen Küstenschlosses Tzympe, im darauffolgenden Jahre der Stadt Gallipoli selbst und dehnten ihre Herrschaft rasch über die benachbarten Küstengebiete bis Radosto und über die Marizamündung aus. Murad I., Urchan's Nachfolger, eroberte schon im zweiten Jahre seiner Regierung 1363 Adrianopel,[4]) das er zu seiner Residenz machte, im Jahre 1366 Philippopel, dessen sich die Bulgaren bemächtigt hatten, und bald darauf aller übrigen zu deren Reich gehörigen. südlich des Balkan gelegenen Städte. Der Czar von Bulgarien wurde zur Leistung von Tribut und zur Heerfolge gezwungen.

Die osmanische Macht war damit bereits an der Grenze der ungarischen Vasallenländer angelangt, und an Ungarns König Ludwig I., dem Grossen genannt, dem mächtigsten Fürsten des östlichen Europa,

---

[3]) Hammer, »Geschichte des osmanischen Reiches«. 1834, 2. Ausgabe, I. Band, Seite 71.

[4]) Nach byzantinischen Quellen fand die Einnahme von Adrianopel durch die Osmanen im Jahre 1363, nach türkischen schon 1361 statt.

wäre es nun gewesen, dem weiteren Vordringen der Türken feste Dämme entgegenzusetzen. An Anregungen hiezu fehlte es nicht, doch scheint Ludwig, welcher dem Hause Anjou angehörte und Erbansprüche in Neapel zu machen hatte, die seinem Reiche drohende Gefahr nicht erkannt oder sehr unterschätzt zu haben, denn er schenkte den italienischen Händeln, dem Kampfe mit Venedig um die Herrschaft in Dalmatien, und der Erwerbung Polens mehr Beachtung, als den Vorgängen an der Südgrenze seines Reiches.

Die Hoheitsrechte Ungarns über die nördlichen Balkanländer machte Ludwig wohl geltend, aber nicht mit genügendem Nachdrucke und selten mit glücklichem Erfolge. Gegen auswärtige Feinde schützte er seine Vasallenländer nicht, wenn sich auch einzelne Ungarn — vielleicht sogar mit Bewilligung des Königs — an ihren Kämpfen mit den Osmanen betheiligt haben mögen.

Als die Walachei unter Stephan Basarad freiwillig unter Ungarns Botmässigkeit zurückgekehrt war, griff Ludwig 1355 den Serbenfürsten Stephan Duschan an, der sich Belgrads, Syrmiens und des Machover Banates[5]) bemächtigt hatte; erst nach dessen Tode, der die Auflösung des grossserbischen Reiches zur Folge hatte, konnte er 1359 Duschan's Sohn Urosch unterwerfen und die abgenommenen Landstriche wieder mit Ungarn vereinigen. Im selben Jahre musste die Moldau durch wiederholte Einfälle in Gehorsam gehalten werden. Um Bosnien unter Twartko, der sich Ban von Gottes Gnaden nannte, zu unterwerfen und die Schismatiker und Patarener auszurotten, unternahm Ludwig 1363 einen vergeblichen Zug; erst eine drei Jahre später erfolgte Erhebung im Lande gab ihm Gelegenheit, selbes wieder in Abhängigkeit von Ungarn zu bringen. In der Walachei entzog sich der Woywode Layk abermals der Oberhoheit Ungarns; er unterwarf sich zwar 1365 freiwillig, musste aber vier Jahre später dennoch mit Gewalt bezwungen werden. Im selben Jahre unternahm Ludwig einen Zug wider die von einem türkischen Hilfsheer unterstützten Bulgaren und eroberte die Stadt Bodon (Widdin), deren Gebiet er mit dem von Orsowa und einem Theil des Temeser Banats als Banat von Bulgarien vereinigte.[6]) Als die Serben

---

[5]) Das Machover Banat (Macho) war der Landstrich am rechten Saveufer von Belgrad aufwärts bis gegen Novi.

[6]) Dass König Ludwig diesen Zug selbst führte, ist nicht erwiesen. Da er einen Zug gegen die Türken selbst nie unternahm, dürfte sich wohl die Sage von der Erbauung der Kirche zu Mariazell in Steiermark durch den König auf diesen Sieg der Ungarn über die Bulgaren beziehen, und die Inschrift auf dem Tympanonrelief zu Zell — wohl der ältesten Urkunde über die Anwesenheit Ludwigs daselbst — auf eine Verwechslung der Türken mit den Bulgaren zurückzuführen sein.

im Kampfe gegen die Osmanen bei Cermen (Sschirmen) an der Mariza am 26. September 1371 eine vollständige Niederlage erlitten, in der auch ihr König Vulkaschin den Tod fand,[7]) beschloss endlich König Ludwig einen Krieg wider die Osmanen; er unterblieb jedoch, weil sein Augenmerk sich wieder Italien zuwandte. Als die Osmanen 1375 die Serben von Neuem bekriegten und Nissa (Naissus, Nisch) wegnahmen, ohne dass Ungarn dies zu hindern suchte, konnte der Serbenfürst Lazar nur gegen Tributleistung und Heerfolge einen Frieden erbitten.[8])

Die letzten Jahre seiner Regierung that Ludwig überhaupt wenig, um die Machtstellung Ungarns auf der Balkan-Halbinsel aufrecht zu erhalten. Im Jahre 1377 machte sich die Walachei frei, ohne dass für deren Wiederunterwerfung etwas geschah. Die Oberhoheit über das westliche Bulgarien und über das nordserbische Gebiet scheint nur dem Namen nach bestanden zu haben, und Twartko von Bosnien nennt sich 1378 König von Serbien, Bosnien und Primorze,[9]) ohne dass die Berechtigung zur Führung dieses Titels nachzuweisen wäre.

Wie Ungarn unter Ludwig nach Aussen auf dem Gipfel seiner Macht stand — nach der Erwerbung Polens war es auch seiner Ausdehnung nach einer der grössten Staaten Europas — so waren auch die inneren Zustände des Reiches nie so befriedigend gewesen, wie zu seiner Zeit; die Ruhe im Lande wurde nirgends gestört und nie war die königliche Macht so unumschränkt wie damals. Die wichtigste Bestimmung der goldenen Bulle des Königs Andreas, die jährliche Einberufung des Reichstages, scheint in den letzten Jahrzehnten nicht befolgt worden zu sein; der König bedurfte derselben nicht, da die Finanzen trotz der vielen Kriege ausserhalb der Grenzen seines Reiches ganz gut gewesen zu sein scheinen. Die ohnedies reichen Magnaten

---

[7]) König Vulkaschin lagerte mit 60.000 Mann bei Cermen, als der Beglerbeg Balaschanin mit einem kleinen Heere bei Adrianopel eintraf und den Hadschi Ilbeki mit 4000 Mann vorsandte, um den Feind zu beobachten. Im Bewusstsein ihrer Stärke gaben sich die Serben in voller Sorglosigkeit den Freuden eines Gelages hin. Hadschi Ilbeki fiel nun in der Nacht über sie her und brachte ihnen eine vollständige Niederlage bei; ein Theil der Serben wurde im Schlafe niedergemacht, andere ertranken in der Mariza, nur wenigen gelang es zu entkommen. Das Schlachtfeld wurde von den Türken »Sirf szindikü«, d. i. »Serben-Niederlage«, genannt. Nach türkischen Quellen wäre diese Schlacht schon 1363 geschlagen worden. Dass einzelne Ungarn in den Reihen der Serben kämpften, ist nicht unmöglich.

[8]) Thatsächlich erscheinen im Kriege der Osmanen mit dem Fürsten von Karaman auf der Ebene von Ikonium in Kleinasien im Jahre 1386 serbische Hilfstruppen unter ihrem Könige Lazar.

[9]) Primorze, jetzt ein Theil der Herzegowina.

und Kirchenfürsten begünstigte Ludwig noch, weil sie ihm in seinen Kriegen zahlreiche Heerhaufen zuführen konnten; die nachtheiligen Folgen dieser Begünstigung traten noch nicht hervor; Ungarn schien den übrigen Staaten Europas nahezu ebenbürtig.

Die weitere Entwicklung des Reiches lag in der Hand des künftigen Regenten, und Ludwig glaubte bei seinem Tode — am 11. September 1382 — durch die Regelung der Erbfolge und die Verlobung seiner beiden Töchter Maria und Hedwig mit Sprösslingen aus den vornehmsten Herrschergeschlechtern, Luxemburg und Habsburg, für das Reich genügend gesorgt zu haben.

Erstes Capitel.

Königin Maria und König Sigismund. — Bajesid I. — Erste Kämpfe der Ungarn und Türken. — Zug nach Klein-Nicopoli. — Vorbereitungen zum Kreuzzug. — Zug des Kreuzheeres nach Nicopoli und dessen Niederlage. — 1382 bis 1396.

Ludwig's jugendliche Tochter Maria wurde 1382 in Ungarn als Königin anerkannt, in Polen aber wollten die Stände von ihrem Bräutigam, dem Luxemburger Sigismund. Kaiser Karl's IV. Sohn, nichts wissen und begehrten von der Königin-Witwe Elisabeth deren zweite Tochter Hedwig zur Königin, welche sie — obwohl mit Wilhelm, dem Sohne Leopold's III. von Oesterreich verlobt — mit dem erst unter dem Namen Wladislav zum Christenthum bekehrten Herzog Jagjello von Lithauen vermählten. Die Trennung von Polen und Ungarn wurde zur Thatsache und hatte auch durch den Verlust Galiziens, das Hedwig als Heiratsgut zufiel, eine wesentliche Schwächung Ungarns zur Folge.

Auch Ludwig's nächster männlicher Anverwandter, Karl von Neapel, erhob Ansprüche auf die ungarische Krone. Mit mächtigem Anhang drang er über Dalmatien nach Ungarn ein, wurde aber zu Ofen durch die Königin-Witwe in die Burg gelockt, gefangen gesetzt, und am 24. Februar 1386 zu Wissegrad ermordet. Von Karl's Partei wurden die beiden Königinnen in der Nähe von Diakovar überfallen und nach Novigrad bei Zara gebracht, wo die Königin-Witwe Elisabeth erdrosselt wurde. Sigismund, der, im September 1385 mit Maria vermählt, als ihr Gemahl im März 1387 zum König gekrönt worden war, gelang es erst mit Hilfe Venedigs, seine Gemahlin im Juni desselben Jahres zu befreien, und es bedurfte noch langer Kämpfe, bis die Partei Karl's zur Ruhe gebracht war.

Die Wirren in Ungarn benützend, schüttelte Peter, der Fürst der Moldau, 1387 die ungarische Oberhoheit ab und unterwarf sich Polen, mit dem auch Mircea (Marcus), der Fürst der Walachei, ein Bündniss schloss.

Auch Serbien scheint nur in sehr loser Verbindung mit Ungarn gestanden zu sein, denn sein König Lazar — obwohl er erst kürzlich Ungarns Oberhoheit anerkannt hatte — stürzte sich ohne Sigismund's Unterstützung in einen Kampf mit den Osmanen, der mit dem Verluste der Schlacht auf dem Amselfelde am 15. Juni 1389 endete, dem König, wie auch dem Sultan Murad I. das Leben kostete, und Serbien in völlige Abhängigkeit von den Osmanen brachte.[1])

Um den Sieg auszunützen, schickte Sultan Bajesid I. (Ildirim, d. i. der Blitzstrahl, beigenannt), der seinem Vater folgte, sein Heer nach Serbien, wo Lazar's Sohn und Nachfolger, Stephan Lazarević, zur Anerkennung der türkischen Oberhoheit gezwungen werden sollte. Mit einer streifenden Abtheilung dieses türkischen Heeres stiess auch Nikolaus Perényi, Ban von Severin, zusammen, brachte ihr unter Abnahme mehrerer Fahnen eine Niederlage bei und eroberte das Schloss Golubaz an der Donau.

In den nächsten Jahren bemächtigte sich der Sultan Bulgariens, dessen Fürst Sisman nach kurzen Kämpfen sich freiwillig unterwarf, die festen Plätze wurden theils durch List, theils durch Verrath genommen, Bodon (Widdin) ergab sich gegen freien Abzug der Besatzung, die trotzdem niedergemacht wurde.

Es war vorauszusehen, dass Bajesid das benachbarte ungarische Gebiet auch kaum verschonen werde. Einem Kriegsaufgebot,[2]) das Sigismund zu

---

[1]) Als Sultan Murad I. in Kleinasien beschäftigt war, wagte Lazar, ermuthigt durch einen Sieg über eine in Serbien eingefallene Horde von 20.000 Mann, mit Unterstützung Twartko's von Bosnien seine Unabhängigkeit zu erringen. Auf die Nachricht hievon fiel der Sultan mit grosser Macht in Serbien ein, wo sich Lazar demselben mit bosnischen Hilfstruppen, denen sich Scharen aus Bulgarien, Albanien, der Walachei, Croaten unter ihrem Ban Hotvathy, vielleicht auch einige Magyaren, angeschlossen hatten, am 15. Juni 1389 auf dem Amselfelde (Kossowo polje, Rigó mező) entgegenstellte. Während oder noch vor der Schlacht wurde der Sultan von dem Serben Milosch Kobilović, der bis an sein Zelt vorgedrungen war, erstochen, die Serben aber von Murad's Sohn, Bajesid I., nach hartem Kampfe gänzlich geschlagen. Lazar fiel auf dem Schlachtfelde, oder wurde anderen Nachrichten zufolge gefangen und nebst vielen Edlen vor Murad's Leiche enthauptet. Lazar's Sohn, Stephan, musste sich den Türken zur Heerfolge und Tributzahlung verpflichten und dem Sultan seine junge Schwester Maria zur Frau geben.

[2]) Die Wehrverfassung Ungarns scheint zur Zeit sehr einfach gewesen zu sein. Die Reichsbarone — über die Comitate oder Districte gesetzte Grafen, Obergespane, Bane, Woywoden —, meist zu grossem Grundbesitz gelangt, gleichwie die Prälaten auf ihren Kirchengütern wie kleine Könige herrschend, wurden unter Angabe des Sammelplatzes zur Heerfolge aufgefordert; sie erschienen dann mit ihren Banderien — Heerhaufen von unbestimmter Stärke —, die sich aus dem Adel ihrer Bezirke bildeten, welcher wieder waffenfähige Knechte in beliebiger Zahl, je nachdem es ihre Interessen

Beginn des Jahres 1392 erliess, schlossen sich auch Hilfstruppen von auswärts an, so sein Vetter Jodok von Mähren, dann Herzog Polko von Oppeln, Graf Wilhelm von Cilli und, wie es scheint, auch Fremde aus anderen Ländern. Ueber den Verlauf des Feldzuges, der noch im Mai begonnen wurde, sind nur spärliche und wenig verlässliche Nachrichten vorhanden. Als das Heer sich der Donau näherte, hatten die in Serbien zerstreuten Abtheilungen des türkischen Heeres sich am jenseitigen Ufer des Stromes, gegenüber von Keve (Kubin), gesammelt, hielten aber nicht Stand, sondern traten den Rückzug an, ehe die Ungarn die Donau übersetzten. Ohne die Türken einholen zu können, begnügte sich Sigismund, das nördliche Serbien verheerend zu durchziehen und bis zur Burg Izdril[3]) vorzugehen. Die weitere Sicherung der Grenze wurde nach Rückkehr des Heeres dem Nikolaus von Gara anvertraut, dem es durch wiederholte Streifzüge auf feindliches Gebiet und glückliche Kämpfe gelang, dem Lande im Laufe des Sommers Ruhe zu erhalten.

In dieser Zeit dürfte sich auch der erste Einfall der Türken auf ungarisches Gebiet ereignet haben. Eine über die Save nach Syrmien gekommene türkische Horde wurde bei Frankovilla (Nagy-Olaszi im Fruskagora-Gebirge) durch den Ban Marothy und Stephan Losonzy besiegt, die Freude am Siege aber durch die Gefangennahme des Bruders des Bans getrübt. Mit ungarischer Hilfe unter Goiko Marnavic' Führung wurde auch eine in Bosnien bis Naglasintze (Nagy-Zengg) vorgedrungene türkische Horde aufgerieben.[4])

Sultan Bajesid war im Jahre 1393 vor Constantinopel und in Kleinasien festgehalten; Sigismund konnte sich daher gegen die Aufständischen in Dalmatien und Croatien wenden, wo die Anhänger des Königs von Neapel, der selbst eine Verbindung mit den Türken nicht

---

zuliessen, mitbrachten. Der König selbst ergänzte seine Banderien wie der Adel aus den Krongütern und aus den freien Städten. Dass in den Kriegen gegen die Türken die Grenzbewohner zumeist in Anspruch genommen wurden, und dass die Prälaten, welche den Kampf mit den Ungläubigen als Religionssache auffassten, am eifrigsten waren, ist begreiflich. Den Oberbefehl führte in der Regel der König, oder an dessen Stelle der Palatin, als Unterbefehlshaber wurden vom König Reichsbarone — nicht immer die befähigtesten, oder die nach der Lage des Kriegsplatzes geeignetsten —. bestimmt. Der Kriegsdienst wurde meist zu Pferde geleistet, der Adel erschien mit leichten Schutzwaffen, die Masse des Heeres mit Seitengewehr — Schwert, Dolch oder Messer, Streitkolben, wohl auch nur mit einer Hacke — und mit Speer oder Bogen und Pfeil.

[3]) »Izdril«, nach Kanitz' Mittheilung wahrscheinlich die türkische Schreibweise für »Zdrelo«, eine der zerstörten Burgen im Zdrelopasse an der Mlava.

[4]) Engel, »Serbische Geschichte«, S. 349, und Hammer, I, S. 188.

verschmähte,⁵) noch mächtigen Einfluss übten. Während es Sigismund Anfangs 1394 gelang, auch Bosnien unter Stephan Dabischa wieder der Botmässigkeit Ungarns zu unterwerfen, wurde Bulgarien förmlich dem türkischen Reiche einverleibt. Gesandte, welche Sigismund an den Sultan geschickt hatte, vielleicht weniger um die Räumung des widerrechtlich besetzten Landes zu verlangen, als um die Gesinnung Bajesid's und den Zustand des osmanischen Reiches auszukundschaften, wurden in Brusa vom Sultan in einem mit Kriegstrophäen — meist bulgarischen Waffen — ausgeschmückten Raume empfangen und erhielten mit Hinweis auf diese Waffen den Bescheid des Sultans: »Kehret heim und meldet dem König, dass auch ich hinlängliches Recht auf Bulgarien besitze.« Noch im selben Jahre drangen die Türken aus Bulgarien in die Walachei ein, verheerten das Land und bemächtigten sich aller festen Plätze. Mircea, anfangs geneigt, mit ihnen zu unterhandeln, wurde vertrieben. In den Registern der Pforte erscheint von nun an auch die Walachei als tributpflichtig.

Ende des Jahres 1394 finden wir Sigismund wieder in Siebenbürgen; er unternahm zu Neujahr 1395 einen Zug nach der Moldau, und zwang den Woywoden Stephan in seiner Hauptstadt wieder zur Anerkennung von Ungarns Oberhoheit. Doch kaum war Sigismund abgezogen, so unterwarf sich Stephan wieder dem König von Polen.

Aus der Moldau nach Siebenbürgen zurückgekehrt, empfieng Sigismund den vertriebenen Woywoden der Walachei, Mircea, der im März als Flüchtling noch Kronstadt kam. Es war Sigismund sehr erwünscht, dass dieser sich an Ungarn um Hilfe wandte, denn schon beunruhigten türkische Horden gemeinsam mit räuberischen Scharen aus der Walachei die Grenze. In der Hoffnung, Mircea an Ungarn zu fesseln, ernannte ihn Sigismund zum Herzog von Fogaras und Ban von Severin, wogegen sich dieser verpflichtete, im Falle seiner Wiedereinsetzung dem König, wenn er selbst ins Feld ziehe, persönlich Heerfolge zu leisten, sonst aber eine wohlausgerüstete Hilfstruppe beizustellen, ferner dem ungarischen Heere freien Durchzug durch sein Land zu gestatten, eine hinlängliche Reserve zur Besetzung der in Feindesland zu erobernden Städte und Schlösser bereit zu halten, das Heer gegen Bezahlung sowohl im Lande als auch, wenn es weiter nach Bulgarien vordringen sollte, mit allen Bedürfnissen zu versehen, und endlich den im Lande Zurückbleibenden Unterkunft und volle Sicherheit ihrer Person wie ihres Eigenthums zu gewähren.

---

⁵) Ladislaus von Neapel bewarb sich, um die Gunst des Sultans zu gewinnen, sogar um eine Tochter desselben.

Sigismund überschritt noch im Mai mit einem beträchtlichen Heere, dem sich auch der Graner Erzbischof mit seinem Bruder, dem Szekler Grafen Kanisay, dann der Palatin Leustach von Ilsva, die Söhne Nikolaus und Johann des Palatins Nikolaus Gara, die Brüder Martin und Georg Thurzó, Oswald, Lorenz und Johann Rozgony, der Judex curiae Kápoly, die Stuhlrichter Peter Perényi und Olaghy, endlich der Ban Marothy mit ihren Banderien angeschlossen hatten, die siebenbürgischen Alpen und drang siegreich bis an die Donau vor. Die Türken wurden über den Strom zurückgeworfen, und das Land wieder an Mircea übergeben.

Nur die Burg Klein-Nikopoli am linken Ufer der Donau, gegenüber der Stadt Nikopoli,[6]) in welcher die Türken eine starke Besatzung zurückgelassen hatten, leistete noch ernstlichen Widerstand und musste nach blutigen Kämpfen durch Gara's und Marothy's Scharen erstürmt werden. Eine ungarische Besatzung wurde in die Burg verlegt, ehe Sigismund das Land verliess.[7])

Noch vor dem Falle von Klein-Nikopoli erhielt Sigismund die Botschaft, dass Königin Maria am 17. Mai ihr freudeloses und kummerreiches Leben beschlossen habe. Des Königs Anwesenheit in Ungarn war nun wegen der Ansprüche, welche Königin Hedwig von Polen auf die ungarische Krone erhob, dringend nothwendig; er verzichtete daher auf weitere Erfolge und beschloss, mit dem Heere schleunigst zurückzukehren. Als der König auf dem Rückmarsche das siebenbürgische Grenzgebirge sorglos durchzog, wurde er in den dicht be-

---

[6]) Auf der Karte von »Geronimo et Leon Valk« (XVI. Jahrhundert) findet man gegenüber von Nikopoli die Stadt »Civitas picola«, eine Bezeichnung für den kleineren Theil einer an beiden Ufern eines Stromes gelegenen Stadt, die häufig vorkommt. Turnul, ein jetzt wichtiger Handelsplatz, der häufig für Klein-Nikopoli genommen wird, liegt 4 Kilometer nördlich der Donau, und wurde erst unter König Ludwig von aus Ungarn vertriebenen Juden gegründet, dürfte daher Ende des Jahrhunderts noch kaum ein stark befestigter Ort gewesen sein. Dagegen fand ich 1856 unweit der Dampfschifffahrts-Agentie noch Reste des von den Russen 1829 erstürmten, mit Thürmen und Wassergräben versehenen Brückenkopfes gegenüber von Nikopoli, den sie schleifen liessen. Der Burg geschieht später nie mehr Erwähnung.

[7]) Dass an diesem Zuge auch der Graf d'Eu theilnahm, wie neuere Historiker mit Bezug auf die Melker Chronik und die Urkunde Sigismund's an Gara und Perényi (Fejer X, IV, 667) erwähnen, ist unrichtig; in der Melker Chronik erscheint der Zug d'Eu's richtig im Jahre 1396, und im zweiten Documente wird d'Eu gar nicht erwähnt. Wohl soll sich Graf d'Eu und Marschall Boucicaut auf der Rückreise aus dem gelobten Lande drei Monate am Hofe Sigismund's aufgehalten haben, es muss dies jedoch bereits früher gewesen sein, da sie im Jahre 1395, während der Vorbereitungen zum Zuge im Jahre 1396, in ihrer Heimat waren.

waldeten Engpässen zwischen Kimpolung[8]) und Törzburg in den ersten Tagen des Juli plötzlich von einer im Hinterhalte lauernden Walachenschar mit einem Hagel von vergifteten Pfeilen und Wurfspiessen überschüttet; Gara musste, um den König zu schützen, seine Reiter absteigen lassen, um die Walachen aus ihren Deckungen zu vertreiben. Die Vermuthung ist nicht unbegründet, dass Mircea selbst, der nach Abzug des Heeres des Schutzes gegen die Türken entbehrte, diesen Ueberfall angeordnet habe, um den Sultan glauben zu machen, er habe dem König nur gezwungen Heerfolge geleistet.

Sigismund, einsehend, dass mit der Zeit ein entscheidender Kampf mit den Osmanen nicht zu umgehen sei, suchte schon seit längerer Zeit, sich durch Bündnisse zu stärken. Dem Kriegsbunde, welchen die aus Kleinasien zurückkehrenden Gesandten mit dem byzantinischen Kaiser, dessen ganzes Reich sich fast nur auf die vom Sultan belagerte Hauptstadt beschränkte, geschlossen hatten, war wohl kein besonderer Wert beizulegen; ebenso hatte bei der eben herrschenden Kirchenspaltung die Bitte an den Papst um Verkündung eines Kreuzzuges nur sehr mässigen Erfolg. Wichtiger war eine Sendung des Schatzmeisters Nikolaus Kanisay nach Deutschland, Burgund, Frankreich und Italien. Die der Christenheit vom Fortschreiten der Osmanen drohende Gefahr entflammte nochmals, besonders in Burgund und Frankreich, den Eifer zum Kampfe wider die Ungläubigen. Die grossen Vasallen daselbst, sowie die Ritterschaft und die Bürger erklärten sich bereit, die Waffen zu ergreifen. Die Rüstungen wurden eifrigst betrieben und die nöthigen Geldsummen willig aufgebracht. Mit diesen erfreulichen Nachrichten kehrte der Gesandte heim, doch konnten die Rüstungen vor Jahresfrist nicht beendet sein, daher erst für das Jahr 1396 eine Hilfe zugesagt wurde. Auch der Vertrag mit Mircea, dem Woywoden der Walachei, dürfte schon in Berücksichtigung einer grösseren Unternehmung geschlossen worden sein.

Während nun Sigismund — bisher nur König als Gemahl der Königin und in Ungarn wenig beliebt — seine Stellung als König zu sichern suchte, nahmen die Vorbereitungen zum Krieg, den zu führen er sich den christlichen Mächten, besonders aber Kaiser Manuel gegenüber verpflichtet fühlte, auch im Abendlande ihren Fortgang. Wenn

---

[8]) Sigismund urkundet am 6. Juli 1395 »campestri nostro in descensu prope villam Hozyomezeu vocatam«. »Hozyomezeu oder Hoszumező« ist rumänisch »Kimpolung«, deutsch »Langenfeld«, es unterliegt daher keinem Zweifel, dass der König über Törzburg und Kronstadt, keinesfalls aber, wie Bonfinicus u. A. sagen, durch das Altthal zurückgekehrt ist.

es ihm gelingen sollte, einen entscheidenden Sieg über die Türken zu erringen, Constantinopel zu retten, vielleicht gar die Türken aus Europa zu vertreiben, so würde das zur Befestigung seiner Stellung in Ungarn wesentlich beigetragen haben.

Um sich mit seinem Bruder Wenzel auseinanderzusetzen, gieng Sigismund noch nach Prag und wurde im Deutschen Reiche am 19. März 1396 als Vicar und Stellvertreter des Königs gewählt. Auf der Rückreise fand er in dem Hafen von Nona bereits mehrere zum Kriege wider die Türken ausgerüstete Schiffe vor.

Auf die Ritterschaft von Frankreich und Burgund machten die Briefe Sigismund's, in welchen er die verächtlichen Aeusserungen Bajesid's über die Tapferkeit der abendländischen Ritterschaft anführte, besondere Wirkung.

In einer von König Karl VI. von Frankreich einberufenen Versammlung gieng der Beschluss, eine ausgiebige Unterstützung nach Ungarn zu senden, einstimmig durch. Herzog Philipp von Burgund nahm sich auch der Vorbereitungen zum Kriege auf das Eifrigste an; Herolde verkündeten in seinem Lande die königlichen Beschlüsse und verbreiteten die Briefe Sigismund's. Listen wurden dort angelegt, zu denen der Andrang so gross war, dass, um das Land von Streitern nicht zu entblössen, eine Auswahl von 1000 Rittern und Knechten getroffen werden musste, zu denen noch Söldner traten, so dass man ein Heer von 10.000 Mann, darunter wohl 6000 Streiter, zusammenbrachte.[6])

Um die Kosten zu decken, nahm der Herzog von Burgund die Gelegenheit wahr, dass sein Sohn, der erst 24 Jahre alte Johann Graf von Nevers, den er an die Spitze des französisch-burgundischen Heeres gestellt zu sehen wünschte, noch nicht den Ritterschlag empfangen hatte und schrieb, da er sich selben im Oriente erwerben sollte, die bei solcher Gelegenheit üblichen Beiträge der Stände aus. Flandern steuerte zu diesem Zwecke 65.000 Nobles, das Herzogthum Burgund 40.000 Francs, die Grafschaft Burgund 14.200 und die Grafschaften Artois, Nevers und Rethel je 10.000 Livres — zusammen einen Betrag

---

[6]) Die vorzüglichsten Quellen über diesen Zug und die Schlacht bei Nikopoli sind: Schiltberger, Posiglie, Ulmann Stromer, Konigshofer, Justinger, Charles VI des religieux de St. Denis, die Berner Chronik. Froissart, Thuroz Katona, Fejér, Dlugos, der in Sigismund abfälligem Sinne schreibt, Dukas, Chalcocondilas, Phranges, dann Seaddedin und Edris. Köhler, der auch noch andere Quellen benützte, bringt sehr ausführliche Angaben über die Vorbereitungen zu diesem Zuge und dürfte die Schlacht selbst mit Berücksichtigung der damaligen Kampfesweise wohl richtig beurtheilen.

von ungefähr 2,600.000 Kronen — bei. Ein Kriegsrath, bestehend aus Philipp de Bar, dem Admiral von Frankreich Johann von Vienne, den Gebrüdern de Tremouille, dem Grafen Jakob de la Marche, Herrn von Bourbon, ferner Enguerrard de Coucy, dem Connetable Philipp d'Artois Grafen d'Eu und dem Marschall Baucicaut, der allein 70 Ritter auf seine Kosten ausrüstete, wurde dem Grafen von Nevers, dessen Ausrüstung glänzend war. beigegeben. Ueber die Disciplin im Heere wurden Verfügungen erlassen, auf Ausschreitungen strenge Strafen gesetzt. Ein viermonatlicher Sold sollte vorausbezahlt werden, ein Ritter vierzig, ein Knecht (écuyer) zwanzig, ein Armbrustschütze zwölf Goldgulden monatlich erhalten.

Auch an die italienischen Staaten hatte sich Sigismund gewendet. Der König von Frankreich, dem sich eben Genua unterworfen hatte, verpflichtete sich, eine Flotte auszurüsten, die in Gemeinschaft mit der venetianischen operiren sollte.

Den Befehl über die gemeinschaftliche Flotte sollte der Venetianer Thomas Mocenigo übernehmen, der den Auftrag erhielt, mit seinen 44 Galeeren durch den Bosporus zu dringen, die Donaumündungen zu gewinnen und von hier aus das Landheer zu unterstützen.

Am 13. April traf der Graf von Nevers in Dijon ein, wo sich das französisch-burgundische Heer sammelte; gegen Ende des Monats brach ein Theil unter Herrn de Coucy und Heinrich de Bar durch die Lombardei auf, während die Hauptcolonne mit halbem Mai Regensburg erreichte. Hier schlossen sich die deutschen Kreuzfahrer an, darunter Pfalzgraf Ruprecht der Jüngere, Sohn des späteren deutschen Königs Ruprecht, dann Johann, Sohn des Burggrafen von Nürnberg, die Grafen von Katzenellenbogen und von Mömpelgard, auch einige Ritter der deutschen Ordenscomtureien, vom Johanniter-Orden der Grossprior von Deutschland Friedrich von Hohenzollern — der Grossmeister dieses Ordens begab sich von Rhodus direct nach Ungarn — von Strassburg fünfzehn Edelbürger, andere aus Nürnberg, eine beträchtliche Anzahl von Rittern und Bannerherren aus Schwaben und Bayern, ungefähr 2000 Mann. Mit den bayerischen Rittern gieng auch Leonhart Richhartinger, dessen Edelknecht Schiltberger — Renner wie er sich selbst bezeichnet — man die ausführlichsten Nachrichten über diesen Zug verdankt.[10]

---

[10] Schiltenberger oder Schiltberger, einer adeligen Münchener Familie angehörend, gerieth nach der Schlacht in Gefangenschaft und wurde bei der grossen Abschlachtung, welche ihr folgte, seiner Jugend wegen verschont. In türkische und später mongolische Sclaverei gelangt, kehrte er 1427 in seine Heimat zurück, wo er

Am 24. Mai langte der Graf von Nevers — von seinem Schwager Herzog Leopold V. von Oesterreich feierlich empfangen — in Wien an. Während längeren Aufenthaltes daselbst wurden 70 grosse Schiffe mit Vorräthen befrachtet und donauabwärts gesendet. Ueber den Aufenthalt in Wien, dann über den Ort, wo sich die Engländer — bei 10.000 Mann mit dem Sohne des Herzogs von Lancaster — dem Zuge des Grafen anschlossen, und über die Ankunft in Ofen, welche ungefähr im halben Juni erfolgt sein dürfte, fehlen nähere Nachrichten. Streiter aus Italien, Polen und Böhmen sammelten sich in Ofen, Graf Hermann von Cilli brachte eine beträchtliche Schar Bewaffneter aus Steiermark dahin. Die Zahl der fremden Kreuzfahrer mag bei 30.000 betragen haben. Das Aufgebot des Königs im eigenen Lande betrug ebenfalls bei 30.000 Mann, zu denen vor Nikopoli noch Mircea mit einigen Tausend Mann stiess, der, im Begriffe, sich dem König von Polen zu unterwerfen, beim Anblicke des grossen Heeres doch wieder vorzog, sich an Ungarn anzuschliessen, so dass das ganze christliche Heer 69.000—70.000 Mann betrug.[11]) Die Zahl der Combattanten dürfte aber bedeutend geringer zu rechnen sein, da auf die zur Bedienung ihrer Herren mitziehenden, wohl auch bewaffneten Knechte beim Angriffe gar nicht, bei der Vertheidigung wohl nur, wenn es sich um ihre eigene Sicherheit handelte, zu rechnen war.

Sigismund überhäufte die fremden Ritter mit allen Ehren; in Ofen gestattete er ihnen, ihre Wappenschilde in der Kirche des heiligen Nikolaus aufzuhängen. Beim Anblicke der von Siegeshoffnungen begeisterten Ritterschar liess er sich zu dem prahlerischen Ausspruch verleiten: »Wer wird wagen, uns zu widerstehen? Selbst wenn der Himmel einstürzte, wir würden ihn mit unseren Lanzen aufhalten!«

Den Oberbefehl über das ganze Heer führte Sigismund, aber weder er noch einer der übrigen Führer besass genug Ansehen und Feldherrntalent, um ein so grosses, jeder einheitlichen Organisation entbehrendes Heer, in dem sich noch dazu so viele stolze, aufeinander eifersüchtige Häupter befanden, zu leiten.

Von Ofen brach das Heer zwischen dem 20. und 24. Juli in zwei Colonnen auf; die östliche unter Gara gieng über Siebenbürgen in

---

seine Erlebnisse niederschrieb. Die Schlacht machte er in dienender Stellung mit und brachte seinem Herrn, als er vom Pferde geschossen war, sein eigenes Pferd vor, worauf er sich wieder zu den hinter dem Treffen haltenden Rennern zurückbegab und daselbst gefangen wurde.

[11]) Die Angaben über die Stärke des christlichen Heeres schwanken zwischen 30.000 und 200.000 Mann, die letzte Zahl ist jedenfalls übertrieben, und die erste dürfte sich wohl nur auf den Zuzug von Aussen beziehen.

die Walachei; die westliche, bei der sich der König und der grösste Theil der Kreuzfahrer befand, traf am 18. August in der Gegend von Orsowa ein,[12]) übersetzte bei Severin die Donau und durchzog den östlichen Theil Serbiens längs des Stromes, als Feindesland es mit Feuer und Schwert verheerend.

Bodon (Widdin) war der erste befestigte Ort, auf den man am rechten Donauufer stiess. Der bulgarische Fürst Strasimir, der als türkischer Vasalle die Stadt vertheidigen sollte, übergab sie am 28. August, als Anstalten zum Sturme gemacht wurden. Die geringe türkische Besatzung wurde niedergemacht und als neue Besatzung 300 Mann zurückgelassen. Am folgenden Tage schlug Sigismund den Grafen von Nevers nebst 300 Franzosen zu Rittern.

Am 2. September traf das Heer am rechten Donauufer auf die starke Festung Rahowa (in älteren Urkunden Orihow, Oriszo, Raco oder Rachowa). Der Platz war mit doppelten Mauern und mit Thürmen befestigt und mit einer starken Besatzung versehen, die sich tapfer wehrte und die Franzosen, welche sich die Belagerung nicht nehmen liessen, durch zahlreiche Ausfälle belästigten. Nachdem Sigismund Verstärkungen gesendet hatte und der Platz anfieng, Mangel zu leiden, knüpfte die Besatzung Verhandlungen an, doch war es zu spät. Nach fünftägiger Belagerung wurde die Stadt erstürmt und niedergebrannt.[13]) Die türkische Besatzung wurde niedergemacht, gegen 1000 der reichsten Bewohner aber, welche ein Lösegeld zu geben versprachen, als Gefangene mitgeführt; 200 Mann blieben als Besatzung zurück. Am 8. September wurde der Marsch fortgesetzt; am 12. traf der König vor Nikopoli ein, wo sich das ganze Heer vereinigte, und eine ungarische Flotille den Platz vom Strome aus einschloss.

Nikopoli, nach deutschen Quellen Schiltarn oder Schiltau, nach alten Karten Sciltara genannt, wurde im VII. Jahrhundert durch Kaiser Heraklius zur Erinnerung seines Sieges über die Perser gegründet.[14])

---

[12]) Der König urkundet am 17. Juli zu Grosswardein, am 18. August zu »Neugrad« (in späteren Urkunden »Neues Haus« genannt, es dürfte Orsowa gemeint sein). Bei einer täglichen Marschleistung von 24 Kilometer im Durchschnitte muss die westliche Colonne, bei welcher der König war, mit halbem August in der Nähe von Orsowa angelangt gewesen sein.

[13]) Der Umstand, dass Thuroz die Einnahme von »Oriszo« vor jener von Widdin anführt, hat Anlass gegeben, »Oriszo« mit Orsowa zu verwechseln; Orsowa kann jedoch von den Türken nicht besetzt gewesen sein.

[14]) Nikopoli an der Donau, die von Heraklius gegründete Stadt, ist nicht zu verwechseln mit dem von Kaiser Trajan gegründeten Nikopolis, das zum Unterschiede

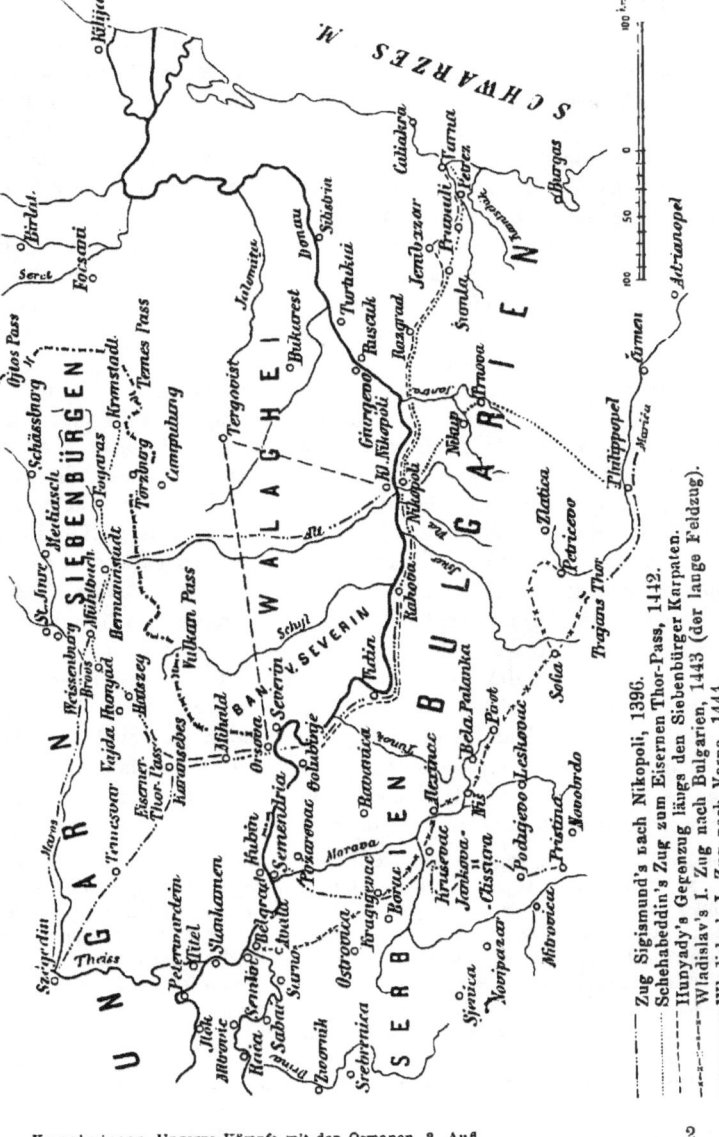

Die befestigte Stadt, deren mit Thürmen verstärkte Mauern entsprechend der Umfassung der jetzt noch bestehenden Citadelle an den steilen Abfällen gegen Norden und Osten sich der Bodengestaltung anschlossen, gegen Süden aber durch einen tiefen Graben geschützt waren, liegt am rechten Ufer der Donau, auf den äussersten Abfällen des Balkans. Zwölf Kilometer oberhalb der Stadt mündet der Vidfluss, nahezu gegenüber der Altfluss in den hier vereinigten Strom. In dem an der Ostseite der Stadt gelegenem Thale breitete sich eine weitläufige Vorstadt (dermalen die eigentliche Handelsstadt) aus. Südlich der Stadt, zwischen dem Osmabache und der zum Theile versumpften Donauniederung bei Belawoda führt über eine wellenförmige Erhöhung die Strasse gegen Trnowa hin.

Sigismund bezog zu beiden Seiten der Stadt ein Lager, die Franzosen an der Südseite, von den übrigen Truppen abgesondert. Da es dem Könige an Belagerungsmaschinen fehlte, er vielleicht auch die Absicht hatte, die Stadt, welche ihm bei weiterem Vorgehen als Stützpunkt dienen konnte, zu schonen, wurde die Belagerung bald in eine Blockade verwandelt. Die dadurch hervorgerufene Unthätigkeit im Lager verleitete die französische Ritterschaft, in deren Zelten und Kleidung der grösste Luxus herrschte, zu Ausschreitungen aller Art; sie gaben sich gegenseitig Feste und überliessen sich zügellos dem Trunke und den Buhlerinnen, die sie mit sich führten.

In Nikopoli befehligte Toghanbeg, einer der besten Heerführer Bajesid's. Die zahlreiche Besatzung leistete tapferen Widerstand; als sich aber die Blockade in die Länge zog und in der Stadt, welcher auch die Zufuhr auf der Donau versperrt war, sich der Mangel fühlbar machte, liess Toghanbeg den Sultan dringend um Entsatz bitten. Die Antwort kam auch bald zurück; denn der Sultan war nicht ferne; nur

von der gleichnamigen, ebenfalls von Trajan gegründeten, am Nestus gelegenen Stadt den Namen »Nicopolis ad Istrum« (ΝΙΚΟΠΟΛΙΤΩΝ. ΠΡΟΣ. ΙΣΤΡΩ) als im Donaugebiete gelegen — oder auch »Nicopolis ad Haemum« als am Balkan gelegen — erhalten hatte. Die letzte Stadt ist, wie Kanitz (Donau-Bulg. u. d. Balkan, 2. Aufl.: II, 61) unzweifelhaft nachweist, bei dem Dorfe Nikup an der Rusiza, einem Nebenflusse der Jantra zu suchen. Die in Nikup vorhandenen Baureste lassen schliessen, dass gegen Ende des XIV. Jahrhunderts die Stadt Trajan's bereits ein Trümmerhaufe war, und eine neuere, der byzantinischen Zeit oder dem Mittelalter angehörigen Stadt dort nicht stand. Dass das Schlachtfeld von 1396 nur bei Nikopoli an der Donau gesucht werden kann, geht auch daraus hervor, dass den Fliehenden die Nähe der Donau so verhängnissvoll wurde, während Nikup 45 km südlich der Donau liegt. In Spruner's historischem Atlas wird irrig die Stadt am rechten Donauufer als »Kis-Nikopoli« (»kis« ist ungarisch »klein«), Nikup aber als »Nicopolis magna« angeführt. Auch C. J. Jireczek verfällt in den Irrthum, das Schlachtfeld von 1396 nach Nikup zu verlegen.

drei Tage ausharren, verlangte er, dann würde er erscheinen. Durch die lauten Freudenbezeigungen der Bewohner der Stadt wurde das christliche Heer zuerst aufmerksam auf die Nähe des Feindes; auch andere Anzeichen stellten sich ein, welche dieselbe bestätigten. Fouragiercommanden wurden aufgehoben. Dass Marschall Boucicaut einigen den Feinden entkommenen Reitern, welche die Nachricht von der Nähe des Sultans verbreiteten, die Ohren abschneiden liess, machte ihre Nachrichten nicht weniger glaublich.

Um sich über die Nähe des Feindes Gewissheit zu verschaffen, entsandte Sigismund den Banus Johann Marothy[15]) mit einer Reiterschar auf grössere Entfernung. Dieser drang bis gegen Trnowa vor und fand dort Bajesid's ganzes Heer.

Mit dieser Nachricht kehrte er schleunigst zurück, ohne den Feind anzugreifen, und entschuldigte dies damit, dass er die Ehre des ersten Angriffes den Franzosen überlassen wollte. Zugleich mit Marothy's Nachricht erlangte man am 27. September um die Mittagszeit im ungarischen Lager auch Kenntniss, dass seinen Reitern das türkische Heer auf dem Fuss folge.

Die Franzosen erhielten diese Nachricht, während sie bei Tisch sassen; überraschend konnte sie ihnen zwar nicht kommen; in ihrem Uebermuthe wähnten sie aber, der Sultan würde nicht wagen, vor ihnen zu erscheinen. Die Gewissheit, ihn mit seinem grossen Heere nun doch vor sich zu haben, im Vereine mit den Schmähungen, welche ihnen die Bewohner der Stadt von den Mauern aus zuriefen, regte sie aber so auf, dass sie gleich aufsitzen und dem Feinde entgegenreiten wollten. Sie begnügten sich jedoch damit, die 1000 Gefangenen, welche sie von Rahova mitschleppten, niederzumachen.

Als Sultan Bajesid im Frühjahre 1396 aus den aufgefangenen Briefen Sigismund's an Kaiser Manuel und wahrscheinlich auch durch Herzog Galeazzo Visconti von Mailand Kenntniss von dem ihm drohenden Angriffe und von dem zahlreichen Zuzug von Kreuzfahrern nach Ofen erhalten hatte, hielt er eben Constantinopel mit einem mächtigen Heere eingeschlossen. Er erliess nun sogleich Befehle zum Abmarsche seiner asiatischen Truppen und bestimmte Adrianopel als Sammelpunkt des ganzen Heeres. Nach den langen Märschen gönnte er seinen Truppen hier einige Tage der Ruhe, um sie Vorbereitungen zum Ueber-

---

[15]) Eine Urkunde Sigismund's, ein Schenkungsbrief an Marothy vom Jahre 1412, erwähnt ausdrücklich, dass dieser mit der Recognoscierung des Feindes betraut wurde, während Schiltberger sagt, dass Mircea sich hiezu angeboten und die Nachricht gebracht habe, dass Bajesid mit 20 Bannern, jedes zu 20.000 Mann, bei Trnowa stünde.

schreiten des Balkan treffen zu lassen. Als die Ankunft der Asiaten bevorstand, hob er die Belagerung Constantinopels auf und begab sich selbst nach Adrianopel.

Das türkische Heer dürfte in den ersten Tagen des September von Adrianopel aufgebrochen sein, und traf über Philippopel nach Ueberschreitung des Schipkapasses am 23. September in Trnowa ein, wo es von Marothy beobachtet worden war. Zugleich mit diesem war

Umgebung von Nikopoli.

Christliches Heer.
A Lager der Ungarn.
B Lager der Franzosen.
C Angriff der Franzosen.
  Im Vorrücken begriffene Schlachtlinie Sigismund's während der Flucht der Franzosen.
D Rechter Flügel unter Lazkovič.
E Centrum unter Sigismund.
F Linker Flügel, Mircea mit den Walachen.

Türkisches Heer.
G Leichte Reiter.
H Erstes Treffen, Bogenschützen.
I Zweites Treffen, leichte Reiter.
K Drittes Treffen, Reiter unter dem Sultan.
L Vorrückung der Serben.
M Lager der Türken.

es am 27. unweit von Nikopoli eingetroffen und lagerte ungefähr fünfviertel Meilen entfernt vom christlichen Heere.

Den Kern des osmanischen Heeres bildete schon zu Bajesid's Zeiten eine kleine Zahl besoldeter und regulärer Truppen, die, erst später vermehrt, den Grundstock des stehenden Heeres der Pforte gaben, die Janitscharen (Jeni-Tscheri, d. i. neue Truppe). Ursprünglich nur 1000 Mann stark und aus nationalen Elementen bestehend, wurden sie in der Folge meist durch gefangene und im Islam erzogene Christenkinder ergänzt und waren zu Ende des XIV. Jahrhunderts schon auf den Stand von 10.000 Mann gebracht. Diese Fusstruppe — zum Unterschiede von anderen mit weissen Filzkappen bekleidet — war mit

Skizze zur Schlacht bei Nikopoli am 23. September 1396.

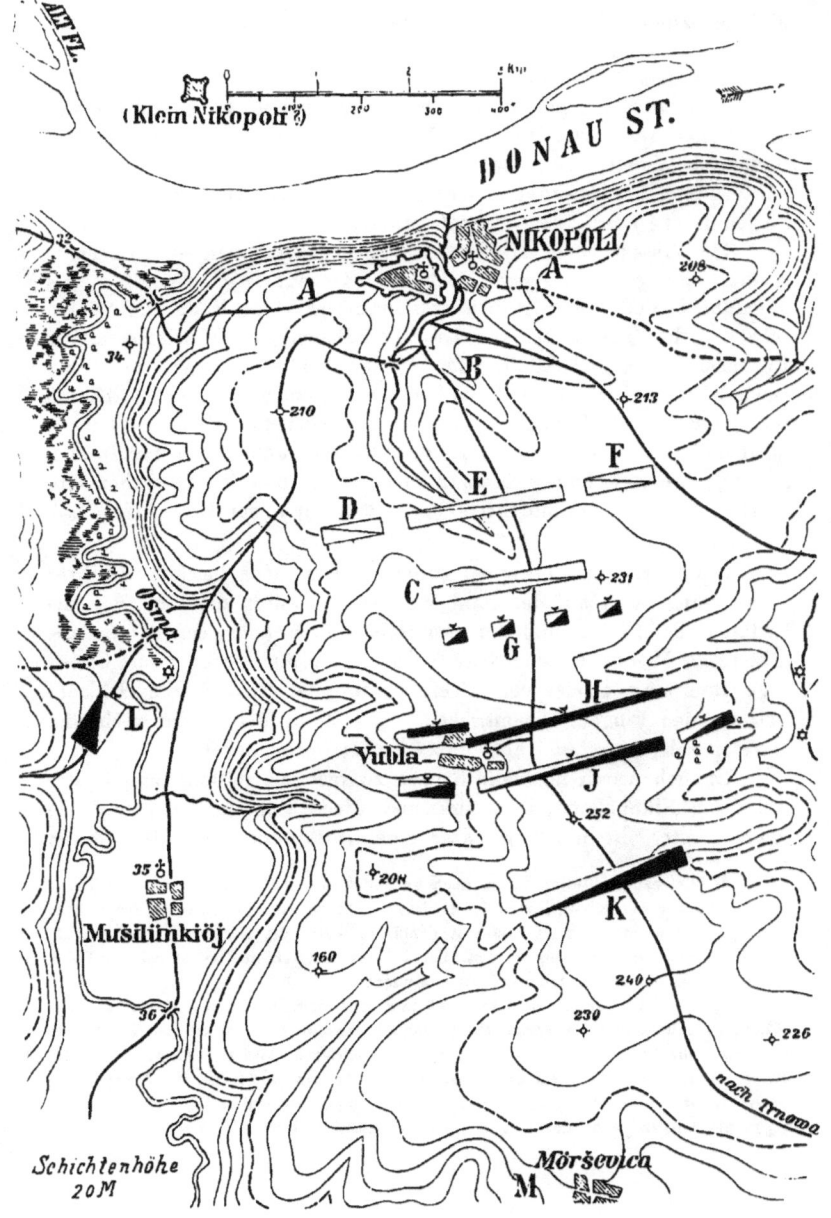

Bogen, Säbel oder Handschar, zum Theil auch mit Partisanen bewaffnet, und im ersten Gliede mit Brustharnisch versehen. Die Chargen dieser zuerst für den Hofdienst verwendeten Truppe leiteten ihren Titel zumeist aus dem Jagdgefolge und dem Küchendienste des Sultans her.

Eine zweite reguläre und besoldete Truppe waren die Sipahi, d. i. Reiter, sie waren zum Schutze der Fahne und zur Leibwache des Sultans bestimmt. Ihre Zahl betrug unter Bajesid nicht mehr als 2400 Mann, ihre Bewaffnung bestand aus einem krummen Säbel, einer langen Lanze oder einem Panzerstecher.[16])

Die Masse des Heeres bestand aus Lehenstruppen — der Lehensreiterei, mit grösserem oder kleinerem Grundbesitz belehnt — aus ungefähr 80.000 Reitern; die Bewaffnung war verschieden, die Asiaten führten neben dem Säbel vorherrschend Bogen und Wurfspiesse, die Europäer Lanze und Schild. Die Piade, d. i. Fussgänger, auch Jaja genannt, waren ursprünglich Soldtruppen, erhielten aber später ebenso wie die Reiter als Entschädigung für ihre Dienste Gründe zu Lehen; ihnen oblag auch die Herstellung der Strassen, welche das Heer ziehen musste, ihre Bewaffnung bestand aus Bogen und Seitengewehr; ihre Zahl — ursprünglich nur 10.000 — dürfte mit der Zeit auf 14.000 gestiegen sein.

Ganz irreguläre Truppen, weder besoldet, noch belehnt, mit ihrer Verpflegung meist auf den Raub angewiesen, waren die Asab, d. i. die Ledigen oder Freien, und die Akindschi oder Renner; erstere zu Fuss, letztere zu Pferde, bildeten Streifparteien, die auf eigene Faust Streifzüge unternahmen oder dem Heere vorauseilten und in der Schlacht sich auf den Flügeln herumtrieben. Ihre Zahl dürfte sehr wechselnd gewesen sein, manchmal auch 20.000 überstiegen haben.

Endlich waren noch die Serben zu rechnen, welche erst in der Nähe von Nikopoli mit dem türkischen Heere Fühlung nahmen;[17]) sie stellten unter ihrem König Lazar eine Hilfstruppe von 5000 Reitern

---

[16]) Die meisten Reiter hatten noch an der rechten Seite des Sattels eine kleine Handpauke angebracht, welche in der Schlacht während des Anreitens mit der rechten Hand gerührt wurde; erst im letzten Augenblicke wurde die Handwaffe zum Kampfe ergriffen. Solche Handpauken wurden auch bei den Tataren und selbst bei den Polen bis zum Ende des XVII. Jahrhunderts gebraucht.

[17]) Dass die Serben sich schon früher mit dem türkischen Heere vereinigt hätten, wird in keiner der vorhandenen Quellen erwähnt; ihr plötzliches Erscheinen auf dem Schlachtfelde ist daher nur dadurch zu erklären, dass sie den Anmarsch des türkischen Heeres auf ihrem Zuge von Serbien her in der Nähe von Nikopoli abwarteten, um im rechten Augenblicke in den Kampf einzugreifen — vielleicht auch gegen die Türken, wenn der Sieg den Ungarn zugefallen wäre.

bei. Die Gesammtstärke des türkischen Heeres dürfte demnach bei 140.000 Mann betragen haben.

Dem christlichen Heere fehlte eine reguläre, gut bewaffnete Fusstruppe ganz; in der Disciplin waren ihnen die türkischen Truppen entschieden überlegen und wohl auch in der Moral, da letztere weder Wein noch Spiel kannten. Das Ehrgefühl, die Triebfeder der Tapferkeit bei der Ritterschaft, wurde durch den Fanatismus und Fatalismus der Türken reichlich ersetzt.[18]) Geschütze standen noch bei keinem der beiden Heere in Verwendung, obwohl sie schon 1324 die Engländer im Kriege gegen die Franzosen und 1325 der maurische König von Granada im Kampfe gegen die spanischen Christen brauchten.

König Sigismund begab sich am Morgen des 28. September noch vor Tagesanbruch in das Lager der Franzosen und bat von Neuem — andere auf den Angriff bezügliche Verhandlungen waren schon vorausgegangen — den Ungarn oder den Walachen den ersten Angriff zu überlassen,[19]) da diese mit der Fechtweise des Feindes vertraut wären, die Entscheidung aber doch den Franzosen bleiben würde. Der Admiral de Vienne und Jean de Coucy, beide erfahrene ältere Männer, pflichteten dem vollständig bei. Marschall Boucicaut aber und der Connetable lehnten sich unter den heftigsten Verdächtigungen dagegen auf, so dass Sigismund unverrichteter Sache in sein Lager zurückkehren musste. In Voraussicht, dass der Kampf unmittelbar bevorstehe, ordnete der König nun sein Heer zur Schlacht.[20])

---

[18]) Was die Moral im türkischen Heere anlangt, so stand sie selbst in späterer Zeit, als bereits Anzeichen des Verfalles sich zeigten, entschieden höher wie in den christlichen Heeren. Noch 1554 schreibt der Venetianer Trevisani: »Die Türken haben in ihrem Heere drei Dinge nicht, Wein, Lohndirnen und Spiel. Ausserdem ist bei ihnen streng beobachtete Sitte, dass als Ursache ihres Waffenglückes betrachtete Sitte, dass sie niemals den Namen Gottes lästern und stets ihr Gebet verrichten.«

[19]) Schiltberger erzählt: Der König habe Mircea auf seine Bitte den ersten Angriff (»das erst anryten«) gestattet; als der Graf von Nevers (»der herzog von burguni«) dies hörte, wollte er das »Anreiten« den Walachen nicht gönnen und bat, es den Franzosen zu überlassen; die Einwendungen des Königs nicht beachtend, ritt er dann eigenmächtig gegen den Feind. Auch wird erzählt, die Franzosen wären zu zehn bis zwanzig auf das Schlachtfeld gezogen und hätten sich dort erst vereinigt, was jedenfalls auf sehr gelockerte Disciplin schliessen liesse.

[20]) Aschbach erzählt: Der König habe am Vorabend der Schlacht eine Abtheilung in einen Hinterhalt gelegt, der den linken Flügel des Feindes umgehen und ihn im Rücken fassen sollte; Bajesid habe dies erkannt und den Ueberfall vereitelt. Weder ältere Quellen sprechen für die Richtigkeit dieser Erzählung, noch hat sie die Wahrscheinlichkeit für sich. Nur aus Aschbach's Geschichtswerk gieng diese Erzählung auch in andere Werke über.

Die Franzosen, welche den Kampf nicht erwarten konnten, bereiteten sich auch zum Angriffe vor. Um besser marschieren zu können — denn sie hatten die Gewohnheit, im Gefechte nach Bedarf abzusteigen und ihre Pferde hinter der Front durch ihre Knechte halten zu lassen[21]) — schnitten sie die Spitzen ihrer schon oft bespotteten zwei Fuss langen Schnabelschuhe (Chaussure à la poulaine) ab. Der Admiral de Vienne, durch seine Waffenthaten berühmt, ergriff die Fahne mit dem Bilde der heiligen Jungfrau, die ihm vom Grafen von Nevers trotz seines hohen Alters übergeben worden war, und hielt den um ihn versammelten Rittern eine Anrede, die mit seiner kurz vorher im Kriegsrathe ausgesprochenen Ansicht nicht ganz im Einklange gestanden zu haben scheint. Für die Tapferkeit der Ungarn hatte er nur Verachtung und Hohn, auf die Thaten seiner Landsleute setzte er dagegen alle Hoffnung.[22]) Ohne Rücksicht auf die Vorkehrungen des Königs gab er nun — es war erst 9 Uhr Morgens — das Zeichen zum Angriff. Auf dem wellenförmigen Plateau, südlich von Nikopoli, kam es nun zur Schlacht.

Bajesid hatte die Nacht in seinem Lager, ungefähr 10 Kilometer von Nikopoli, in der Nähe von Mersowiza und am Ufer des Osmabaches zugebracht. Durch das unerwartete Vorbrechen der Franzosen scheint er überrascht worden zu sein, da er sich nicht mehr Zeit nahm, sein Heer in der bei den Türken sonst üblichen Schlachtordnung zu entwickeln und seine Treffen keine grössere Breite wie eine Lieue (4400 Meter) einnahmen.[23]) Seine Truppen scheinen daher

[21]) Dass die Franzosen die Gewohnheit hatten, in der Schlacht auch abzusitzen und zu Fuss zu kämpfen, bezeugt ihr Verhalten in den Schlachten bei Cocherel und Auray 1364, bei Roosebeka 1382 und bei Agincourt 1415. Thuroz und die Annales Flandriae bringen Berichte von Augenzeugen der Schlacht, die erwähnen, dass die Franzosen zu Fuss gefochten hätten, auch Bonfinius bestätigt es. Schiltberger, der den Angriff der Franzosen schwerlich gesehen und ihre Gewohnheit, zu Fuss zu kämpfen, auch kaum gekannt haben dürfte, schreibt: »sein Volk« (des Grafen von Nevers Volk) »war mehr den halb von den Pferden gekommen,« was wohl auch dafür spricht.

[22]) Froissart bringt die Rede des Grafen von Nevers vollinhaltlich, er sagt: »Der Kampf, den wir missbilligt haben, steht vor uns. Nicht dem Gefühle der Furcht weichen wir, im Gegentheil rechnen wir mit Zuversicht auf Erfolg. Die Hilfe der Ungarn verschmähen wir, sie ist ohnedies werthlos; fechten wir die Schlacht allein aus und setzen wir unsere Hoffnung in den, der jene nie täuscht, welche auf ihn die Hoffnung des Sieges setzen. Möge es ihm gefallen, uns zur Ehre des christlichen Glaubens den Sieg zu schenken!«

[23]) Froissart gibt diese Breite der Schlachtlinie an, es stimmt dies annähernd mit der Terrainbeschaffenheit und mit der Stärke der nach und nach in das Gefecht eingetretenen Abtheilungen der Türken überein.

auch in der Reihenfolge, in welcher sie im Lager standen, nach und nach in das Gefecht verwickelt worden zu sein.

Was die Schlachtordnung beim christlichen Heere betrifft, so kann von einer solchen kaum die Rede sein. König Sigismund unterhandelte, wie bereits erwähnt, bis zum letzten Augenblicke mit den Franzosen darüber, ohne zu einem Resultat zu kommen, und als sie schliesslich mit den Engländern, welche sich ihnen anschlossen, losbrachen, wurden sie durch einen grösseren Abstand von den anderen Abtheilungen des Heeres getrennt. Da ein grosser Theil der Ungarn nach der Niederlage der Franzosen flüchtete, scheint sich der Rest derselben mit den Deutschen zusammen nur in ein Treffen formiert zu haben.

Die Franzosen trafen zuerst auf leichte Reiterei, gegen 8000 Mann, die nach kurzem Widerstand die Front räumte. Hinter derselben hatte sich eine Linie von ungefähr 20.000 Bogenschützen formiert, welche sich durch in die Erde gesteckte, in der Höhe des Pferdebauches zugespitzte Pfähle zu schützen suchte. Die Franzosen, durch die Rüstung gegen die Pfeile geschützt, sassen nun ab, durchbrachen trotz grosser Verluste die Pfähle und schritten zum Handgemenge; die Türken hielten sich so dicht zusammen, dass es äusserst schwierig war, einzudringen, doch siegte schliesslich die überlegene Tapferkeit und die bessere Rüstung der Franzosen über die ohne Schutzwaffen kämpfenden Türken. Nach bedeutendem Verluste wichen letztere hinter die Reiterei zurück, welche — wie es heisst in Bogenschussweite — ein zweites Treffen bildete.

Die Franzosen sahen sich nun wohl einer überwältigenden Ueberzahl gegenüber; nur ein schneller Entschluss konnte ihnen Erfolg versprechen; ohne ängstlich auf Ordnung und Geschlossenheit zu sehen, suchten sie zu Fuss — wie sie waren — durch einen plötzlichen raschen Angriff in den Feind einzudringen, bevor dieser Zeit fand, sie zu umklammern. Die überraschten, durch die Niederlage des ersten Treffens verblüfften Reiter, die durch die zurückweichenden Fusstruppen wohl auch in Unordnung gekommen waren, wurden in ihren ersten Reihen niedergeworfen, und leisteten in Folge dessen nur geringen Widerstand, so dass auch dieser Haufe nach bedeutendem Verluste das Weite suchte.

Es war sonst Sitte bei den Franzosen, bei Verfolgung des Feindes wieder zu Pferde zu steigen, aber durch ihr rasches Vordringen zu weit von ihren Pferden getrennt und von dem Erfolge berauscht, überliessen sie sich, trotz aller Warnungen ihrer Führer und ohne Rücksicht auf die bereits erlittenen Verluste, der rücksichtslosesten Verfolgung. Auf der kleinen Erhebung südöstlich von Vubla angekommen, die ihnen die Aussicht bisher benommen hatte, sahen sie zu ihrem Entsetzen abermals eine zahlreiche Reitermasse vor sich ausgebreitet, die sich bald gegen sie in Bewegung setzte.

Bajesid hatte schon geschwankt, als er die Niederlage seiner vorderen Treffen wahrnahm, und war fast schon entschlossen, den Rückzug anzutreten, er besann sich nun eines Besseren.[24] Der Schrecken hatte sich nun der Franzosen, die von ihren Pferden schon zu weit entfernt waren, um sie noch erreichen zu können, in dem Masse bemächtigt, dass sie trotz der Befehle ihrer Führer sich unfähig zeigten, die Schlachtordnung wieder herzustellen. Dem tollsten Uebermuthe folgte die vollste Entmuthigung, einem augenblicklichen Stillstand die allgemeine Flucht; doch hatten Bajesid's Reitermassen die Fliehenden bald eingeholt und überholt, und ihnen den Rückweg verlegt. Der Admiral de Vienne, der auch schon eine rückgängige Bewegung gemacht hatte, kehrte, der Ehre eingedenk, wieder um, indem er seiner Umgebung zurief: »Gott sei dafür, dass wir unser Leben auf Kosten unserer Ehre erkaufen sollten, hier heisst es Vertheidigung wagen oder auf dem Bett der Ehre sterben.« Sechsmal hatte er das Banner, das er trug, von Neuem erhoben, nachdem es gesunken war, endlich fiel auch er, an seiner Seite sein Sohn, dann Philipp de Bar, Wilhelm de la Tremouille und viele Andere.

Bajesid befahl, Alles zu tödten, was sich nicht gefangen gab.

Die Franzosen mögen Wunder der Tapferkeit verrichtet haben; die feindlichen Treffen zu durchdringen, war ihnen wohl gelungen, den Feind vom Schlachtfelde zu vertreiben, gestattete ihnen aber schon ihre Zahl nicht, und Sigismund war noch zu weit zurück, um die von ihnen errungenen Erfolge ausbeuten und festhalten zu können. Die berittenen Pferdewärter sahen die Vernichtung ihrer Herren, waren aber von ihnen abgeschnitten; sie liessen die Handpferde im Stich und flohen, um sich zu retten. Die fliehenden Reiter und die herrenlosen Pferde trugen den Schrecken in die Reihen der Ungarn, die zur Unterstützung der Franzosen im Vorrücken begriffen waren. Ein Theil der Ungarn unter ihrem treulosen, dem König feindlich gesinnten Führer

---

[24] Die Erzählung: »Der Führer des gegnerischen Heeres habe schon geschwankt und war nahe daran, den Kampf aufzugeben,« wiederholt sich bei allen grösseren Schlachten, welche einen für die Ungarn ungünstigen Ausgang nahmen, hier sowie bei Varna, auf dem Amselfelde und bei Mohácz. Es mag ein schwacher Trost für den Verlustträger sein, zu sagen: »Fast hätten wir gesiegt.« Zu viel Glauben ist daher diesen Erzählungen nicht beizumessen.

Stephan Laczkovich am rechten und die Walachen am linken Flügel unter ihrem unverlässlichen Woywoden — vielleicht auch ein Vordertreffen bildend — ergriffen die Flucht.

Sigismund drang trotzdem mit dem jedenfalls noch beträchtlichen Reste der Ungarn — da sich der Erzbischof von Gran und sein Bruder Stephan Kanizsay, die beiden Rozgony, Forgács und der Banus Marothy dabei fanden, kann nur ein kleinerer Theil geflohen sein — im Vereine mit dem Grafen von Cilli, den deutschen, polnischen und anderen Kreuzfahrern in einem Treffen formiert, vor. Er traf zunächst auf Fusstruppen, die gesammelt wieder im Vorgehen gegen ihn begriffen waren; es war dies ohne Zweifel der Rest des ersten Treffens der Türken, das von den wenig zahlreichen Franzosen wohl durchbrochen, aber nicht vom Schlachtfelde vertrieben war, und sich hinter dem Rücken derselben wieder gesammelt hatte.

Darüber hinweg gieng es gegen einen Reiterhaufen, der sich dem König entgegen warf. Der Kampf gegen die überlegene Zahl — es stand wohl dem König die ganze nach dem Niederwerfen der Franzosen verfügbare türkische Reiterei gegenüber — blieb lange unentschieden, bis der Despot von Serbien mit 5000 Reitern unerwartet auf dem Schlachtfelde erschien, sich auf den rechten Flügel der Ungarn warf, und den Sieg zu Gunsten der Türken entschied.

Sigismund selbst ergriff erst, nachdem er sein Banner hatte fallen sehen, die Flucht. Er wurde vom Grafen von Cilli und dem Burggrafen von Nürnberg auf eine Galeere gebracht, auf welcher auch der Grossmeister der Johanniter, Philipp von Neillak, Nikolaus und Johann von Gara, der Graner Erzbischof und sein Bruder nebst Anderen Aufnahme fanden. Als sie stromabwärts fuhren, sandten ihnen die Türken noch Pfeile nach, schnell trug sie aber der Strom hinweg vom Orte des Schreckens und der Gefahr; mit Mühe erreichten sie die venetianische Flotte im Schwarzen Meere.

Sigismund's Truppen ergieng es nun ebenso wie den Franzosen, was nicht umkam, musste sich gefangen geben; ein geringer Theil floh zur Donau, wo ihrer ebenfalls der Tod wartete. Viele stürzten sich in den Strom, um ein Schiff zu erreichen, und kamen dabei um, oft unter den traurigsten Verhältnissen, da die Schiffe — zumeist beladene Proviantschiffe — bald überfüllt waren und untersanken. Vielen wurden, indem sie sich mit der Hoffnung auf Rettung am Bord anklammerten, die Hände abgehauen. Was am anderen Ufer der Donau ankam, wurde von den Walachen beraubt, oder kam auf dem Heimwege durch Hunger und Elend um. Der Pfalzgraf Ruprecht gelangte krank und in der

Kleidung eines Bettlers in die Heimat. wo er wenige Tage darauf starb: von den siebzehn Strassburgern. die ausgezogen waren. kamen nur zwei, von den Nürnbergern und Bayern auch nur wenige zurück.

Der Verlust des christlichen Heeres an Todten in der Schlacht wird auf 12.000 angegeben, darunter auch Dionys Marothy, Ladislaus Semsey, Rozgony und Johann Kápolyi. Tausende von Gefangenen und die völlige Zerstreuung des christlichen Heeres bezeugten den Türken, dass sie gesiegt hatten; jedenfalls aber war der Sieg theuer erkauft. denn die Zahl ihrer Todten wird mit 30.000 bis 40.000 Mann angegeben. Als Bajesid von Nikopoli über das Schlachtfeld zurückkehrte und die Menge der Erschlagenen seines Heeres sah, weinte er Thränen der Wuth und schwur, dies an den Gefangenen zu rächen. Am folgenden Morgen liess er dieselben — bei 10.000 — vor sich führen und befahl. sie zu tödten. Den Grafen von Nevers nahm er gegen das Versprechen. nicht mehr gegen ihn zu kämpfen, aus, und gestattete ihm unter den Rittern noch 24 auszuwählen, die er am Leben liess. um ein Lösegeld von ihnen zu erpressen.

Unter den Auserwählten befanden sich die vornehmsten Franzosen und Burgunder, dann zwei Bayern. Der Pikarde de Helly, welcher unter Bajesid's Vater gedient hatte und erkannt wurde. ebenso Jacques du Fay, der sich früher bei den Tataren aufgehalten hatte. erhielt das Leben geschenkt. Für den Knappen Schiltberger verwendete sich seiner Jugend halber des Sultans Sohn (er selbst sagt: »da man Niemanden tödten wollte vor zwanzig Jahren« und er war erst sechzehn Jahre alt). Des Knappen Herr, Linhart Richhartinger, nebst den von ihm benannten Bayern Werrnherr Penzenauer und Ulrich Kuchler fiel in der Schlacht. Im Ganzen soll die Zahl der nach der Schlacht Erschlagenen über 3000 betragen haben.[2b] Auf Bitten seiner Umgebung liess Bajesid am späten Nachmittag dem Morden Einhalt thun, und überliess die Gefangenen nach Vorwegnahme seines Antheiles ihren Besitzern.

Der Graf von Nevers mit seinen Auserwählten wurde über Adrianopel nach Gallipoli, später nach Brusa, und endlich nach Boli gebracht, wo sie noch längere Zeit auf ihre Befreiung warten mussten. Die Könige Karl VI. von Frankreich und Lusignan von Cypern schickten vergeblich reiche Geschenke an den Sultan. um ihre Freiheit zu erlangen; Bajesid sandte endlich Jacques de Helly nach Frankreich und forderte 200.000 Ducaten, von welchen grossmüthig auch Sigismund einen Theil übernahm. Die Freilassung erfolgte erst im Juni 1397; Bajesid entband den Grafen von Nevers von dem Schwure;

[2b]) Schiltberger gibt, wohl übertrieben, 10.000 an.

die Waffen nicht mehr gegen ihn zu führen, und forderte ihn auf, die Macht der ganzen Christenheit gegen die Osmanen aufzubieten, um Gelegenheit zu noch grösserem Ruhme zu erwerben. Von den Franzosen starb de Coucy während der Gefangenschaft, der Graf d'Eu, Henry de Bar und Guy de la Tremouille auf dem Rückwege.

Nach dem Siege drohte Bajesid, er werde Ofen erobern, Deutschland und Italien unterwerfen und sein Pferd auf dem Altare des heiligen Petrus füttern. In seinem Munde waren diese Drohungen keine leeren Worte. Die späte Jahreszeit, wohl auch der Mangel an Fahrzeugen dürften ihn abgehalten haben, gleich mit seinem ganzen Heere die Donau zu übersetzen, über die Walachei nach Ungarn einzudringen und seinen Sieg durch die gänzliche Vernichtung seiner Feinde zu vervollständigen; bis Ofen dürfte er wenig Widerstand gefunden haben.

Drei Tage blieb Bajesid am Schlachtfelde, um seinem vom Kampfe erschöpften Heere Ruhe und Erholung zu gönnen. An den Sultan von Aegypten sowie an die asiatischen Fürsten wurden Botschafter mit Siegesberichten versendet, und zur Beglaubigung erbeutete Sclaven als Geschenke beigegeben. Bajesid selbst kehrte nach Adrianopel zurück und setzte die durch den Feldzug unterbrochene Bedrängung Constantinopels fort.

Zahlreiche türkische Horden giengen am rechten Donauufer aufwärts und übersetzten, von Latkovich gerufen, die Save bei St. Demeter (Mitrowitz); durch Verrath des Befehlshabers, Matko von Szent-Marton, der sogar zum Islam übergieng, wurde die Stadt eingenommen und zerstört. Nun durchzogen türkische Horden das Land zwischen der Save und Drau, alles niederbrennend, verheerend und mit sich fortschleppend, was zu erbeuten war. Syrmien wurde ganz verwüstet, die Städte so verheert und entvölkert, dass noch viele Jahre später keine Spur mehr von ihnen zu finden war. Die Raubzüge erstreckten sich auch über die Donau bis in die Nähe von Ofen, und drauaufwärts bis Steiermark. Die Stadt Pettau, die eines solchen Angriffes nicht gewärtig war, wurde erstürmt, geplündert und niedergebrannt. Aus der Stadt und ihrer Umgebung sollen 16.000 Gefangene, Männer, Weiber und Kinder, mit all ihrem Hab und Gut fortgeschleppt worden sein. Das Erscheinen der türkischen Raubscharen war ein so rasches und unerwartetes, dass sich die Bewohner der überfallenen Ortschaften und Städte zur Abwehr nicht mehr zu rüsten vermochten. Erst der Winter konnte den Raubzügen Einhalt thun, und den rasch zusammengezogenen Truppen unter dem Banus Peter Marothy gelang es, eine im Rückzuge begriffene türkische Horde bei Posega zu schlagen, sie über die Save zurückzutreiben und ihnen einen Theil ihrer Beute abzunehmen.[26])

Auch in die Walachei fiel eine türkische Heeresabtheilung unter Ewrenosbeg ein, um den Abfall Mircea's zu rächen. Mircea zog sich aber in das Gebirge zurück; die Verheerung des Flachlandes konnte er zwar nicht verhindern, doch gelang es ihm wiederholt, einzelne Heerhaufen, die sich zu weit vorwagten, aufzureiben und selbst Ewrenosbeg so in die Enge zu treiben, dass er sich mit den Trümmern seines Heeres in ein verschanztes Lager retten und dann schnell über die Donau zurückziehen musste.

[26]) Schiltberger, der einzige, welcher wohl aus dem Munde von Gefangenen die Nachricht vom Zuge der Türken bis Steiermark bringt, sagt: »... un fur über das wasser das da ist genannt Sau, bey einer Stat genannt Mitrocz, und triib ein ganz Land auf und zoch darnach in das herzogē land von Pettaw und führt mit jm auss dem selben land sechszehen tausēt mann mit weiben und mit kindē und mit allem jrem gut, und gewan die obgenannte stat und prennet sy auss und das volk fürt er mit jm hindan eine teyl liess er in kriechenland.« Dass türkische Quellen den Zug bis Steiermark nicht erwähnen, ist begreiflich, da die wilden Horden, welche die ungarische Grenze überschritten hatten, dies wohl selbst kaum gewusst haben dürften.

Zweites Capitel.

König Sigismund kehrt zurück. — Kämpfe in Bosnien. — Sigismund zum deutschen König gewählt. — Wiederholte Einfälle der Türken in die Nachbarländer. — Zug der Ungarn in die Walachei. — Besitznahme der serbischen Grenzfestungen durch Ungarn. — Golubaz vergeblich belagert. — Verlust der Grenzfestungen bis auf Belgrad. — Einfall der Türken und Walachen in Siebenbürgen. — Murad I. bedrängt Serbien. — Semendria durch Ungarn entsetzt. — Sigismund stirbt. — 1396 bis 1438.

Als König Sigismund nach der Schlacht bei Nikopoli seine Person in Sicherheit sah, ernannte er für Ungarn einen Palatin. Unter dem Vorwande, mit Kaiser Manuel ein Bündniss schliessen zu wollen, fuhr er über Constantinopel und Rhodus nach Dalmatien, wo er am 21. December 1396 in Ragusa landete.

Des Königs Abwesenheit benützten in Ungarn die Unzufriedenen — Stephan Laczkovich an der Spitze — um gegen ihn Ränke zu schmieden. Die Nachricht von Sigismund's Tod hatte sich verbreitet; hätte er selben in der Schlacht gefunden, so wäre die Neubesetzung des Thrones dringend nothwendig gewesen, hat er aber ohne Noth das Land in äusserster Gefahr verlassen, so verdiene er nicht mehr, König zu sein. Laczkovich berief nun offen den König Ladislaus von Neapel auf den ungarischen Thron und hoffte, ihm denselben mit Hilfe des Sultans zu verschaffen, indem er für ihn um Bajesid's Tochter warb. Sigismund's Ankunft vereitelte wohl diesen Anschlag, doch hatte er nicht die Macht, seine Gegner mit voller Strenge zu bestrafen; er musste sich durch Gnadenbezeugungen seine Anhänger erhalten und neue zu erwerben suchen.

Um die Gerüchte von seinem Ableben zu widerlegen, bereiste Sigismund sein Land und berief für September 1397 einen Reichstag nach Temesvar, auf dem auch über die Mittel zur Vertheidigung des Reiches gegen die Türken berathen wurde. Die Wichtigkeit dieser Angelegenheit wohl erkennend, nahmen die Stände doch vor Allem die

Abhilfe ihrer vielfältigen Beschwerden in Verhandlung. denen Sigismund, nicht ohne dadurch sein Ansehen zu schwächen, auch entsprach. Hinsichtlich der Landesvertheidigung wurde beschlossen: »So oft ein auswärtiger Feind das Land angreift und der an der Grenze befehlende Reichsbaron ihn nicht zurückzuschlagen vermag, haben sämmtliche Magnaten, ob unter dem König selbst oder unter dem Palatin, ins Feld zu rücken; unter welchen Bedingungen dieser Dienst durch Geld abgelöst werden könne; ferner sind die Magnaten gehalten, für jeden zwanzigsten ihrer Unterthanen einen Bewaffneten auf eigene Kosten auszurüsten und in das Feld zu stellen.«[1]) Endlich wurden Verfügungen über die Besteuerung der Kirchengüter und die Eintreibung der Steuern für Kriegszwecke getroffen. Für die Vertheidigung des Landes war dadurch wohl einigermassen gesorgt, offensive Unternehmungen aber nicht nur eingeschränkt, sondern nahezu unmöglich gemacht. Unerwartete Ereignisse traten indessen ein, die Ungarn eine Reihe von Jahren der Ruhe und Sammlung gewährten, welche — gut ausgenützt — auch Gelegenheit geboten hätten, das Ansehen und die Macht des Staates neu zu kräftigen.

Bajesid, von dem man erwartete, er werde seine Herrschaft demnächst in Europa ausbreiten, beschränkte sich auf die Bedrängung Constantinopels und die Erweiterung seines Reiches in Asien. Die Führung seiner Kriege überliess er seinen Feldherren, während er sich von allen Regierungsgeschäften nach Brusa zurückzog, bis er durch das Erscheinen Timur's (»Timur lenk«, d. i. der lahme Timur, in Europa meist als »Tamerlan« bekannt) aus seiner Ruhe gestört wurde.

Timur — von dem Gedanken beseelt: dass, wie nur Ein Gott im Himmel, auch nur Ein Herrscher auf Erden sein dürfe — war nicht zufrieden, das grosse mongolische Reich neu zu gründen, er wollte die Herrschaft über die ganze Welt erringen. Ein Zusammenstoss mit Bajesid, dem mächtigsten Herrscher in Asien nach ihm, war nicht zu vermeiden, und ein Grund dazu auch bald gefunden. Am 20. Juli 1402 standen sich beide Herrscher mit ihren Heeren in der Nähe von Angora gegenüber. Die Schlacht endete mit der gänzlichen Niederlage der Osmanen und mit der Gefangennahme Bajesid's.[2])

---

[1]) Das ungarische Wort »husz« bedeutet »zwanzig«. Von der Stellung des zwanzigsten Mannes zum Kriegsdienste erhielt auch die ungarische Reiterei den Namen »Huszar«.

[2]) Timur, 1333 als Sohn eines mongolischen Stammhäuptlings geboren, wuchs, seines Erbes beraubt, in Noth und Entbehrung auf und musste in der Jugend ein Nomaden- und Räuberleben führen. Durch Klugheit und Muth gelang es ihm, sein Erbe wieder zu erlangen, sein Land von den Turkmenen zu befreien, und endlich

Während Timur noch einen Krieg mit Persien führte und in seine Residenz Samarkand zurückkehrte, überschwemmten die Tataren Kleinasien; wohl nur der Mangel an Schiffen dürfte sie vom Uebergang nach Europa abgehalten haben. 1403 starb Bajesid in der Gefangenschaft, und bald darauf, 1405, auch Timur, als er sich eben zur Eroberung von China rüstete. In Folge von inneren Unruhen zerfiel auch bald nachher sein grosses Reich.

Bajesid's Söhne, Suleiman, Isa, Musa und Mohammed, stritten sich nun um die Herrschaft, bis es dem Letzteren gelang, sich im Jahre 1406 mit Hilfe der Serben und des byzantinischen Kaisers Manuel in den Alleinbesitz des ganzen osmanischen Reiches zu setzen.

Nachdem Sigismund sich bestrebt hatte, in Bosnien, wo die königliche Macht fast nur dem Namen nach anerkannt wurde, das Ansehen Ungarns wieder zur Geltung zu bringen, was ihm nur sehr unvollständig gelang, begab er sich 1398 nach Polen, um durch Friedensverhandlungen sich gegen die Ansprüche der Königin Hedwig sicherzustellen, und dann nach Böhmen, um den Versuch zu machen, von seinem Bruder Wenzel die Verwaltung dieses Landes, vielleicht auch, da ihn die Mehrzahl der deutschen Kurfürsten abgesetzt hatte, die Regierung Deutschlands in seine Hände zu bringen. Indessen brach in Ungarn eine Verschwörung aus; durch dieselbe vollkommen überrascht, wurde Sigismund nach seiner Rückkehr im April 1401 zu Ofen durch

---

sich der Herrschaft desselben zu bemächtigen. Mit dem Erfolge wuchs sein Ehrgeiz, in kurzer Zeit gelang es ihm, sich zum Herrscher eines Weltreiches zu erheben, das sich fast über ganz Asien erstreckte. Auch das osmanische Reich wurde angegriffen, und Timur liess einen Sohn Bajesid's, der bei Siwas in seine Hände fiel, hinrichten. Durch sein bisheriges Kriegsglück übermüthig gemacht, zog Bajesid mit 120.000 Mann darunter 10.000 Serben und 18.000 Tataren, dem sechsfach überlegenen Gegner entgegen. Am 20. Juli 1402 standen sich die beiden Heere — gegen eine Million Menschen — unter Bajesid's (des Blitzstrahles) und Timur's (Eisen) Führung gegenüber. Timur's Heer fehlte es — obwohl aus den verschiedensten Völkern zusammengesetzt — nicht an einer einheitlichen Organisation, wenn es — wie Hammer sagt — auch fraglich ist, dass er die ersten Kürassierregimenter hatte (»dschiba« ist nicht »gerüsteter Reiter«, sondern jede Art Rüstung). Vom Morgen bis zum Abend währte nun die Schlacht bei Angora. Die europäischen Truppen verrichteten Wunder der Tapferkeit, die Truppen Aidin's aber, in den Reihen der Feinde ihre vertriebenen Fürsten erkennend, giengen zu Timur über, ihrem Beispiele folgten bald die Tataren und andere Asiaten. Die Schlacht war für Bajesid verloren. Der Sultan selbst hielt sich noch mit 10.000 Janitscharen in Mitte des Schlachtfeldes, bis sie dem Schwerte des Feindes erlagen oder vom Durste gequält zusammenstürzten. Bei Eintritt der Nacht suchte Bajesid zu entfliehen, sein Pferd aber stürzte und er wurde gefangen. Die Serben deckten nach tapferer Gegenwehr am linken Flügel den Rückzug Suleiman's, des Sultans ältesten Sohnes.

die Reichsgrossen zum Gefangenen gemacht und zuerst nach Wissegrad, später unter Garai's Einfluss nach Sziklós gebracht; nur dass man sich nicht einigen konnte, wer an seine Stelle treten sollte, erleichterte seinem Anhange, ihm gegen Erlassung einer Amnestie Freiheit und Thron wieder zu verschaffen.

Neuerdings verliess Sigismund 1402 Ungarn und kehrte im September nur zurück, um die Stände zu bewegen, einen Erbvertrag mit Oesterreich für den Fall seines Ablebens ohne männliche Erben einzugehen. Die Vernachlässigung der Interessen Ungarns ermuthigte seine Gegner und entfremdete ihm seine Anhänger. Ladislaus von Neapel machte abermals den Versuch, in Ungarn einzudringen, er wurde zwar von Sigismund zurückgewiesen, behielt aber Zara und die Insel Pago besetzt und verkaufte sie später, 1409, nebst seinen Ansprüchen auf den übrigen Theil Dalmatiens für 300.000 Ducaten an die Republik Venedig.

Die rasche Niederwerfung der neapolitanischen Partei veranlasste Sigismund, sein Ansehen bei den Vasallenstaaten wieder zu heben. Im Herbste 1407 zog er, nachdem Papst Gregor XIII. seiner Bitte, einen Kreuzzug zu verkünden, entsprochen hatte, mit 60.000 Mann nach Bosnien, wo die sich bekämpfenden Grossen nicht selten türkische Hilfe in Anspruch nahmen, und unterwarf das Land wieder. Trotzdem fiel im Jahre 1408 abermals eine Türkenhorde in Croatien und Krain ein, die am 9. October Möttling zerstörte und bis Tschernembl streifte. Mit reicher Beute und vielen Gefangenen kehrten die Türken zurück, ohne von Seite Ungarns gehindert zu werden.

Im Spätherbste 1410 zog Sigismund abermals gegen Bosnien, das er nun, da es in letzter Zeit so oft die Quelle vielen Unheils für Ungarn war, zerstückelte. Den nördlichen Theil verband er mit dem Banate von Machov, den westlichen mit Croatien, zu dessen Ban er den Grafen Hermann von Cilli ernannte, den östlichen mit Srebreniza gab er an den Despoten von Serbien, der wieder in ein freundschaftliches Verhältniss mit Ungarn getreten war, um dessen Unterstützung gegen die Türken zu gewinnen; schon im Feldzuge gegen Bosnien hatte Stephan Lazarević gute Dienste geleistet.

Noch während dieser Kriege feierte Sigismund seine Vermählung mit Barbara, der Tochter des Grafen von Cilli, dem er den Landstrich zwischen Drau und Mur, die sogenannte Murinsel, verkaufte.

Im Jahre 1411 wurde Sigismund, der sich als Vicar des deutschen Reiches oft und mit wenig Erfolg in die Angelegenheiten Deutschlands mengte, nach dem Tode Ruprecht's von der Pfalz nach heftigen Wahlkämpfen in Frankfurt als König ausgerufen, kam aber erst drei Jahre später nach Deutschland.

Wegen des widerrechtlichen Verkaufes von Dalmatien liess sich Sigismund in einen Krieg mit Venedig ein, der 1413 ohne wesentlichen Vortheil³) in einem fünfjährigen Waffenstillstand seinen Abschluss fand. Der vergebliche Versuch, das Ansehen des Deutschen Reiches in Oberitalien wieder zur Geltung zu bringen, die Beseitigung des kirchlichen Schismas, die Bemühungen, auf dem Concil zu Konstanz eine Reform der Kirche durchzusetzen, Reisen nach Frankreich und England, endlich die Pflichten, welche ihm die Würden als deutscher König auferlegten, hielten Sigismund über sechs Jahre von Ungarn ferne. Die auf dem Concil zu Konstanz trotz des königlichen Geleitbriefes erfolgte Verbrennung des religiösen Reformators und nationalen Agitators Hus aus Böhmen rief später noch den Jahrzehnte andauernden Hussitenkrieg hervor, welcher sowohl dem deutschen Reiche als auch Ungarn bedeutenden Schaden zufügte. Sigismund's beständige Geldnoth nöthigte ihn, auch die Mark Brandenburg — sein väterliches Erbe — an den Burggrafen von Nürnberg zu verkaufen.

Während Sigismund's Abwesenheit von Ungarn fielen 1413 die Türken in Serbien ein und verwüsteten das Land bis Novobrdo; diese Stadt wurde nur durch das rechtzeitige Eingreifen des bosnischen Woywoden Sandalj, der — von Sigismund aufgefordert — dem Despoten von Serbien zu Hilfe eilte, von den Türken befreit. Herwoya, von Ladislaus von Neapel zum Herzog von Spalato ernannt und von Sigismund in seiner Stellung belassen, fiel indessen in Sandalj's Gebiet ein und suchte seine Macht in Bosnien wieder zu gewinnen. Aufgefangene Briefe verriethen, dass er zur Erreichung seines Zieles auch mit den Türken in Verbindung stand; Sigismund ächtete ihn zu Bozen am 13. August 1413 und entsetzte ihn aller Würden. Nachdem Herwoya vergeblich gesucht hatte, den König zu versöhnen, warf er sich den Türken gänzlich in die Arme und fiel, mit ihnen verbündet und von den Venetianern mit Mundvorräthen und Kriegsbedarf versehen, in Croatien und Dalmatien ein, welche Länder er greulich verwüstete. Türkische Horden — seine Verbündeten — dehnten ihre Raubzüge bis an das Gebiet des Patriarchen von Aquileja und bis an die Grenze von Steiermark aus. Das ungarische Heer, welches gegen Herwoya auszog, wurde 1415 bei Doboj besiegt. Die Bosnier sollen die List gebraucht haben, in der gebirgigen Gegend Leute auf Aussichtspunkten aufzustellen, welche mit unwahren Zurufen die Ungarn über den Fort-

---

³) Zara und Sebenico wurde den Venetianern überlassen.

gang des Gefechtes zu täuschen suchten und so einzelne Abtheilungen zur Flucht verleiteten. Die Anführer der Ungarn, Johann Marothy, Johann Gara und Paul Csupor von Monoszlo wurden gefangen; erstere erlangten die Freiheit wieder, an Csupor aber rächte Herwoya eine ihm früher angethane Beleidigung und liess ihn in der Bosna ersäufen. Da Herwoya wenige Monate darauf starb, erntete er wenig Früchte von seinem Siege; wohl aber fassten die Türken festen Fuss in Bosnien. Mohammed I. benützte die Uneinigkeit der bosnischen Grossen, besetzte Vrhbosna (Sarajevo), ernannte Isakbeg zum Statthalter und bemächtigte sich im folgenden Jahre (1416) eines Theiles des Landes mit den Schlössern Sokol, Wissegrad und Ključ; nach Isakbeg's Tod hörte aber die türkische Heerschaft für kurze Zeit wieder auf.

Als die Nachricht von der Niederlage der Ungarn in Constanz eintraf, schickte Sigismund den Philipp (Pippo) von Ozora, Grafen von Temesvár, zur Vertheidigung der Grenze nach Croatien, doch verlautet nichts über dessen Einschreiten daselbst.

Um diese Zeit schickte Sigismund eine Gesandtschaft an den Sultan; dies hinderte nicht, dass indessen türkische Horden in seinen Ländern streiften. Eine derselben fiel 1418 in Croatien ein und mag wohl auch bis an die steirische Grenze gelangt sein.[1]) Eine Horde unter Isakbeg fiel in das Temeser Banat ein; der Vicegespan Nikolaus Peterfy raffte die wenigen Truppen der Gespanschaft zusammen und suchte den Beg im Treffen zum Zweikampfe auf, warf ihn durchbohrt vom Pferde und erwürgte ihn in Gegenwart seiner die Flucht ergreifenden Scharen. Bald darauf schlug Peterfy zum zweitenmal einen türkischen Heerhaufen, indem er alle Bauern der Umgebung aufsitzen liess und sich an der Spitze derselben mit nur wenig Bewaffneten in nächtlichem Ueberfall auf den Feind stürzte, der durch den Lärm getäuscht, eiligst die Flucht ergriff.

In der Walachei hatte sich Mircea den Zorn des Sultans zugezogen, weil er einen Kronprätendenten, der sich für Mustapha, Baje-

---

[1]) Dass um das Jahr 1418 türkische Horden auch bis an die steirische Grenze kamen, ist zwar nicht erwiesen, aber doch möglich, ja sogar wahrscheinlich. Die Nachricht aber von einer grossen Schlacht bei Radkersburg und von einem glänzenden Sieg, den Herzog Ernst von Steiermark im Verein mit Croaten unter Frangepan im October 1418 über die Türken errungen haben soll, bringt nur der wenig glaubwürdige Chronist Megiser und nach ihm andere, allerdings mit so vielen Details, die, wenn sie nicht erwiesen unwahr wären, seine Nachricht fast glaubwürdig erscheinen lassen würden. Auch Hammer bringt diese Schlacht aus derselben trüben Quelle, keineswegs aber aus türkischen Quellen. — Iwolf in den »Mittheilungen des historischen Vereines in Steiermark« weist im 10. Heft, S. 212, die Unwahrheit von Megiser's Angabe mit ziemlicher Gewissheit nach.

sid's Sohn, ausgab, unterstützte. Der falsche Mustapha war bald geschlagen. Sultan Mohammed verwüstete nun die Walachei und nahm die Schlösser St. Georg (Giurgievo) und Severin. Auf Mircea's Hilferuf beschloss nun Sigismund, als er 1419 nach Ungarn zurückgekehrt war, selbst einen Zug gegen die Türken zu unternehmen. Er zog gegen Ende September bei Grosswardein ein Heer zusammen und stand am 26. October mit demselben in einem Lager bei Orsowa,[5]) wagte aber im Angesichte eines zahlreichen feindlichen Heeres nicht, die Grenze zu überschreiten, und kehrte, ohne etwas unternommen zu haben, nach Ofen zurück.

Da der Sultan im eigenen Lande einen Aufruhr zu dämpfen hatte, und des plötzlichen Ablebens König Wenzel's wegen die Anwesenheit Sigismund's in Böhmen dringend nothwendig war, kam es 1419 zu einem Waffenstillstand, der auch nach Mohammed's I. Tod (1421) von seinem Sohne und Nachfolger Murad II. anerkannt und verlängert wurde.

Während dieser Vorgänge war der mit Venedig geschlossene Waffenstillstand 1418 abgelaufen. Die Republik eröffnete gleich den Krieg mit Wegnahme mehrerer Städte in Friaul und bediente sich hiebei auch eines Hilfsheeres von 8000 Türken, die sie in Sold nahm. Der Krieg, von Seite Ungarns nur lässig geführt, hörte endlich von selbst auf, ohne dass Frieden geschlossen wurde, da Sigismund anderwärts in Anspruch genommen war, die Venetianer aber im Besitze der meisten Küstenstädte und Inseln Dalmatiens blieben.

Beim Tode des Königs Wenzel befand sich Böhmen in vollem Aufruhr. Die Hussiten, die Anhänger der Lehre des Hus, sahen in dessen Verurtheilung nicht allein einen Justizmord, sondern auch eine Beleidigung des böhmischen Volkes; die dadurch hervorgerufene Bewegung hatte daher auch mehr einen nationalen als religiösen Charakter. Sigismund hatte in Böhmen weder einen mächtigen, noch einen genug verlässlichen Anhang; als er sich daher Ende des Jahres 1419 zur Reise dahin entschloss, mussten dort schwere und anhaltende Kämpfe geführt werden, um der hussitischen Bewegung, anfangs unter Zizka's später der beiden Prokop Führung, Einhalt zu thun, und erst

---

[5]) Sigismund urkundet am 26. October: »uff unserm newen Haus in der Bulgarei bei dem Eysern tor«, jedenfalls Orsowa; am 1. October aber noch in Grosswardein. Ein grosser Sieg, den er am 4. October zwischen Nissa und Nikopoli errungen haben soll, von dem nur ungarische Chronisten und nach ihnen Hammer berichtet, ist schon aus chronologischen Gründen unmöglich, und daher in das Reich der Fabeln zu verweisen.

im Jahre 1436 wurde Sigismund in Böhmen als König anerkannt und gekrönt.

Den Ungarn hatte die Erhaltung Böhmens für ihren König nicht geringe Opfer gekostet.⁶) Das Ansehen Sigismund's hatte hiedurch — ebenso wie durch die Annahme der deutschen Kaiserwürde — wohl an Glanz gewonnen, einen Machtzuwachs erhielt das ungarische Reich aber dadurch keineswegs.

Während des Kampfes um die böhmische Krone liessen sich die Türken trotz des abgeschlossenen Waffenstillstandes nicht abhalten, sich in den ungarischen Vasallenstaaten immer mehr festzusetzen und selbst Einfälle auf ungarisches Gebiet zu unternehmen. So fiel im Jahre 1420 eine Horde Türken durch den Vulkanpass nach Siebenbürgen ein, schlug bei Hátszeg den Woywoden Nikolaus Csáky, zerstörte die Stadt Broos und schleppte unzählige Bewohner des Brooser Stuhles in die Knechtschaft. Im darauffolgenden Jahre brachen die Türken durch den Tömöspass in das Burzenland ein, überfielen Kronstadt, dessen Befestigung noch im Bau war, plünderten die Stadt, führten den Rath sammt dem Richter Weihrauch in Gefangenschaft und hieben Alles nieder, was sich nicht rechtzeitig in das Bergschloss retten konnte. Das Aufgebot der sächsischen sieben Stühle wurde in Folge der Flucht der Szekler geschlagen; die Verwüstungen der Türken reichten bis zur Abtei Kertsch im Altthale. Sigismund trug dem Woywoden Csáky auf, jeden dritten Edelmann und jeden zehnten Bauer zur Vertheidigung des Landes aufzubieten, und eilte selbst nach Siebenbürgen. Am 4. Juli traf er zu Mühlbach ein, kehrte aber wieder nach Ofen zurück, als Mohammed, durch Unruhen in seinem Reiche beschäftigt, ihm einen fünfjährigen Waffenstillstand anbot.

Auch durch Ueberfälle und Besitzergreifung hatten die Türken ihre Herrschaft im Banate von Machov und in Bosnien ausgedehnt. In der Walachei hatte sich nach dem Tode Mircea's sein Neffe Dan 1420 mit Hilfe der Türken auf den Fürstenstuhl gesetzt. Dan sowohl, wie Twartko II. von Bosnien näherten sich nun wieder dem König Sigismund, um bei ihm Hilfe gegen die Türken sowie gegen innere Feinde zu suchen. Der kinderlose Twartko setzte sogar später (1427) den Grafen von Cilli, Schwager Sigismund's und seiner Schwester Sohn, zum Erben des Landes ein, allein er wurde wieder von Radivoy, Sohn des Ostoja, dem der Sultan seine Unterstützung lieh, bekämpft.

---

⁶) Um die Kosten des Hussitenkrieges zu decken, verpfändete Sigismund 1412 die sechzehn Zipser Städte an Polen.

Im Jahre 1424 kam der byzantinische Kaiser Manuel Paleologus an den ungarischen Hof; er wollte Sigismund zu einem Bündnisse bereden, da der Waffenstillstand mit dem osmanischen Reiche eben ablief; er musste aber sein Vorhaben aufgeben und wieder in seine belagerte Hauptstadt zurückkehren, als Abgesandte Murad's nach Ofen kamen und eine zweijährige Verlängerung des Waffenstillstandes anboten, die angenommen wurde. Unvorsichtigerweise wurde bei Abschluss desselben vergessen, die Walachei einzuschliessen, daher sich die Türken nicht scheuten, den Dan, der sich als Vasall Ungarns bekannte, zu vertreiben und dessen Bruder Radul einzusetzen. Noch im Herbste schickte Sigismund den Temesvárer Grafen Philipp von Ozora mit Truppen nach dem Süden des Reiches, um Severin in guten Stand zu setzen. Am 16. August 1425 war Sigismund selbst bei seinem Heere in Orsowa, kehrte aber bald zur Bekämpfung der Hussiten nach dem Norden seines Reiches zurück, ohne in der Walachei einzuschreiten.

Dass Ungarn nicht im Stande war, seinen Vasallenländern genügenden Schutz zu gewähren, hatten die Begebenheiten seit einer Reihe von Jahren bewiesen; das Beispiel Dan's zeigte aber, dass sie von den Türken noch weniger Schutz zu erwarten hatten; sie suchten daher stets wieder Anlehnung an Ungarn, ohne deshalb verlässliche Verbündete zu werden.

In Serbien schloss sich Stephan Lazarević, der seinen Neffen Georg Branković an Kindesstatt angenommen hatte, wieder inniger an Ungarn an. Ein förmlicher Vertrag wurde 1426 eingegangen, nach welchem alle festen Plätze am rechten Donauufer an die Krone Ungarns übergehen sollten, im Falle Stephan ohne männlichen Leibeserben sterben sollte, wogegen Georg die Nachfolge in Serbien, sowie der Schutz Ungarns gesichert wurde; als Ersatz für die abzutretenden Plätze wurden ihm Güter in Ungarn verheissen.

Als der mit dem Sultan geschlossene Waffenstillstand 1426 zu Ende gieng, wurde abermals Philipp von Ozora zur Sicherung der Grenzen an die Südgrenze des Reiches entsendet.[7]) Sigismund selbst

---
[7]) Huber schreibt nach Poggio's »Vita de Filippo Scolari« und durch Corner bestätigt: »Sigismund sendete 1426 neuerdings Pippo gegen die Türken, welche Serbien bedrohten. Obwohl auf den Tod krank, leistete Pippo dem Auftrag Folge und soll bei Golubaz einen grossen Sieg über die Türken errungen haben.« — Huber fügt bei: »Von den 20.000—40.000 gefallenen Türken muss man natürlich absehen.« — Andere Quellen führen diesen Sieg nicht an, auch scheint in diesem Jahre kein Einfall der Türken nach Serbien stattgefunden zu haben, eine bemerkenswerthe Schlacht kann also kaum geschlagen worden sein, wenn auch Pippo als Graf von Temesvár an die

kam noch im November nach Siebenbürgen, um Vorkehrungen für einen Zug in die Walachei zu treffen. Während des Aufenthaltes in Kronstadt erliess er eine Verordnung, in der über Märsche, Unterkunft und Verpflegung der Truppen entsprechende Anordnungen getroffen wurden. Arge Ausschreitungen der Truppen, besonders der aus Ungarn zugezogenen Banderien, scheinen strenge Massregeln nothwendig gemacht zu haben; Strafen wurden hiefür gesetzt uud die Führer und Bannerherren für das Verhalten ihrer Mannschaft verantwortlich gemacht.

Im Frühjahre 1427 brach der König von Kronstadt aus über den Törzburger Pass in die Walachei ein, kehrte aber am 6. April von Kimpolung wieder in das Burzenland zurück. Johann Marothy, der Ban von Machov, und Stephan Poharnok von Bersevize setzten mit den in Siebenbürgen angesammelten Truppen und den Banderien der Sachsen und Szekler den Marsch fort und hoben Dan nach Vertreibung der Türken und ihres Schützlings Radul wieder auf den Fürstenstuhl. Im Juli begab sich der König wieder in die Walachei und befahl, in der Absicht daselbst festen Fuss zu fassen, die festen Plätze an der Donau, Severin und Giurgievo, neu zu befestigen. Da der Deutsche Orden im eigenen Lande keine Kämpfe mit Ungläubigen mehr zu bestehen hatte, forderte Sigismund den Hochmeister Paul von Russdorf auf, seinem Berufe hier nachzukommen. Der Deutsche Orden sagte auch gegen Ueberlassung der verpfändeten Neumark Hilfe zu, und sandte sieben Ritter unter Niklas von Redwitz[3]) nebst einem Haufen Söldner an die untere Donau, wo ihnen die Burg Severin sammt Gebiet zur Niederlassung angewiesen wurde.

Die Ansiedlung hatte aber keinen Bestand; die der griechischen Kirche angehörigen Bewohner der Gegend glaubten in den katholischen Rittern, die sich mit ihrer Bekehrung zu viel befassten, nur Gegner und Unterdrücker zu sehen. Vom Orden auch nicht unterstützt und erneut, kam die Ansiedlung zu keiner Blüthe.

Auf die Nachricht vom Tode Stephan Lazarević', 19. Juni 1427, eilte Sigismund nach Serbien, um die Uebergabe der an Ungarn fallenden siebzehn festen Plätze selbst zu betreiben. Einer der wichtigsten

---

Grenze beordert worden sein mag, während die Türken in der Walachei standen. — Pippo stand bei Sigismund in grossem Ansehen, obwohl seine Treue und Verlässlichkeit keineswegs über alle Zweifel erhaben war.

[3]) In ungarischen Quellen wird er als Redwitz Miklos, auch Remich, Ramich und Radnich angeführt.

derselben, die Burg Golubaz, hatte aber der treulose Befehlshaber bereits für 12.000 Ducaten den Türken übergeben.⁹)

Aus den übrigen Plätzen und Ländereien, welche an Ungarn fielen, bildete Sigismund zwei Grenzbezirke; dem östlichen mit Belgrad, dessen Befestigung er neu verstärken liess, gab er den Mathäus Thallóczy zum Befehlshaber und ernannte ihn gleichzeitig zum Obergespan von Keve (Kubin); den westlichen vereinte er mit dem Banat von Machov. Um den neuen Fürsten von Serbien für die Abtretung so vieler Burgen und Gebiete zu entschädigen und ihn noch fester an Ungarn zu fesseln, verlieh ihm der König sechs Schlösser und fünf Städte im Innern Ungarns mit den dazu gehörigen Ländereien, und einen Palast in Ofen.

Den Winter über rüstete Sigismund eifrig zum Kampfe gegen die Osmanen. Um bei der Wiedereroberung von Golubaz einen Stützpunkt zu haben, liess er gegenüber eine neue Burg, Lászlóvár, aufführen und versah sie mit Geschützen, zu deren Bedienung er italienische Feuerwerker bestellte. Im Februar 1428 traf der König zu Kaschau mit dem Grossfürsten Witold von Lithauen zusammen, der ihm Hilfstruppen zu senden versprach. Gegen Ende April stand Stephan Rozgonyi mit 20.000 bis 30.000 Mann vor Golubaz; Dan, der Woywode der Walachei, führte ihm noch gegen 6000 Mann zu. Den 5. Mai traf der König selbst mit Zavissius Niger, der eine kleine lithauische Hilfstruppe befehligte, vor dem Schlosse ein.

Golubaz, jetzt noch eine stattliche Burgruine, liegt 60 Kilometer unterhalb der Einmündung der Morava am rechten Ufer der Donau und beherrscht den Eingang in die bis unterhalb Orsowa reichende, unter dem Gesammtnamen »Eisernes Thor« bekannte Stromenge Schon zur Zeit der Römer stand hier ein Castell, das für sie als Sperre der Stromenge und Endpunkt der längs des rechten Donauufers hergestellten, zur Zeit der Völkerwanderung aber schon verfallenden Strasse einen grösseren Werth hatte, als zur Zeit für die Ungarn. Vom Rande des Stromes erheben sich die mit neun Thürmen versehenen Mauern terrassenartig durch mehrere Abschnitte zu der obersten, bei 70 Meter hohen Felsplatte, welche mit einem aus achtseitigem Unterbau emporstrebenden Rundthurm, den die Türken seines stark vor-

---

⁹) Stephan Lazarević soll einem Diener als Belohnung 12.000 Ducaten versprochen und deshalb ihm das Schloss von Golubaz verpfändet haben. Als nun Sigismund das Schloss der Vereinbarung gemäss besetzen wollte, die Echtheit der Pfandurkunde aber bezweifelte und sie einzulösen verweigerte, wendete sich der Besitzer des Schlosses an die Türken, welche sich beeilten, Zahlung zu leisten und das Schloss zu besetzen.

ragenden Galeriekranzes wegen »sesir kula«, d. i. »Huttburm« nennen, gekrönt ist.

Der Eingang in den untersten Abschnitt führt über einen sieben Meter breiten, von der Donau mit Wasser gespeisten Graben durch ein weites spitzbogiges Hauptthor. Durch die Verengung des Stromes bis zu 350 Meter unterhalb des Schlosses wird die Donau gestaut und breitet sich oberhalb seeartig — die Insel Moldawa und die aus dem Wasser hervorragende Granitklippe Babakai umschliessend — bis zur Breite von 5 Kilometer aus. Beim Schlosse selbst, Lászlóvár gegenüber, hat die Donau eine Breite von 1100 Meter. Hinter dem Schlosse erhebt sich das Gebirge, theils Wald, theils Fels, steil bis zur Höhe von 400 Meter.

Das ungarische Heer umschloss die Festung zu Lande und lieferte dem zum Entsatze nach und nach anrückenden Türken glückliche Gefechte; auch eine Flotille unterstützte das Landheer und gerieth auch bald mit einigen türkischen Schiffen in Kampf.[10]) Cäcilia, die Gattin Rozgonyi's, führte im Treffen selbst eine Galeere, bohrte mehrere feindliche Fahrzeuge in den Grund und steckte andere in Brand; die kleine türkische Flotille wurde vernichtet und das Schloss von allen Seiten angegriffen. Von den Schiffen sowohl, wie vom Lande aus und auch aus Lászlóvár wurde das Schloss mit Feuerrohren beschossen; Stephan Lossontzy regierte selbst eine grosse Bombarde, die den Thürmen erhebliche Schaden zufügte. Als aber ein überlegenes türkisches Heer[11]) anrückte, wagte Sigismund nicht, sich zu schlagen und liess sich in Unterhandlungen ein. Ein Waffenstillstand wurde geschlossen, die Türken sollten das Schloss behalten, die Ungarn aber ungefährdet über die Donau zurückgehen. Sigismund verliess sich auf den Vertrag; der grösste Theil des Heeres war aber kaum auf das linke Ufer geschafft, als die osmanischen Horden — ob mit oder gegen einen Befehl ist fraglich — über die Zurückgebliebenen, darunter den König selbst, herfielen. Vom Gefechte abgemattet, konnte Lossontzy den König nur mit Mühe in einen Nachen bringen und über die Donau führen. Einem Theile der Ungarn gelang es noch, unter dem Schutze der Geschütze zu entkommen; Zavissius Niger aber, zu dessen Rettung der König sein eigenes Schiff sandte, erklärte, er wolle lieber sterben,

[10]) Eine Urkunde Sigismund's vom Jahre 1430 an Rozgonyi sagt, die türkische Flotille wäre aus den Nebenflüssen gekommen, sie kann daher weder der Zahl, noch der Grösse der Schiffe nach bedeutend gewesen sein.

[11]) Nach ungarischen Quellen hätte Sultan Murad selbst dieses Heer geführt, während griechische und türkische Quellen übereinstimmend und wohl auch richtig seine Anwesenheit vor Constantinopel bestätigen.

als seine Kriegsgefährten in der Gefahr verlassen; er und manche andere, die den Rückzug deckten, fanden den Tod, indem sie ihr Leben theuer verkauften.[12]) Der Verlust der Türken war beträchtlich, jener der Ungarn trotz der grossen Verwirrung, welche der unerwartete Ueberfall verursachte, nur gering: desto verderblicher waren aber die Folgen dieser an und für sich nicht so bedeutenden Niederlage.

Die Türken verheerten nun ungehindert Serbien mit Feuer und Schwert und nahmen fast alle den Ungarn übergebenen festen Plätze weg. Georg Branković vermochte nur dadurch des Sultans Gnade zu erkaufen, dass er sich erbot, 5000 Ducaten Jahrestribut zu zahlen und Heerfolge zu leisten, sowie jeder Verbindung mit Ungarn zu entsagen.

Auch der Walachei drohte der Zorn Murad's; ihn zu beschwichtigen, schickte Dan Gesandte und verpflichtete sich zur Leistung eines für das Land sehr hohen Tributes.

Gegen Ende Mai begab sich Sigismund von Lászlóvár über Kubin nach Temesvár. Vor Allem sorgte er nun für die Instandsetzung der Festung Belgrad (Griechisch-Weissenburg, Nandor fehérvár), des einzigen festen Punktes, der den Ungarn am rechten Donauufer noch verblieb. Zugleich pflog Sigismund durch Vermittlung Georg's Verhandlungen mit Murad; da dieser sich sehr unzugänglich zeigte, schloss er einen zweijährigen Waffenstillstand mit Venedig, in der Hoffnung, die Republik werde den Krieg mit den Türken auf Morea mit ganzer Kraft führen und dadurch Murad verhindern, Ungarn anzugreifen.

Aufstände in Kleinasien — vielleicht nicht mit Unrecht wurde ihre Entstehung später der geheimen Einwirkung Sigismund's und Branković' auf den Fürsten von Karaman zugeschrieben — riefen Murad dahin und veranlassten ihn auch, den bei Golubaz abgeschlossenen Waffenstillstand ferner einzuhalten. Bekannt sind dessen Bedingungen nicht mehr, doch ist gewiss, dass der König gegen Alles, was der Sultan nun über Serbien und die Walachei zu verhängen für gut fand, keine Einwendung erhob.

So endete der Kampf, der begonnen wurde, um die Vasallenländer mit dem Reiche zu verbinden, damit, dass die noch übrigen Trümmer des Machover Banates für Ungarn vollends verloren giengen, und Serbien nebst der Walachei gezwungen wurden, die ungarische

---

[12]) Es war dies eines der auffälligsten Beispiele, in welchem die Türken sich nicht gebunden fühlten, einen mit Christen eingegangenen Vertrag auch zu halten; es wurde dies bei ihnen fast Gewohnheit, bis sie durch Waffengewalt hievon abzustehen gezwungen wurden. Doch nahmen die Christen es den Türken gegenüber — wie später zu sehen ist — auch nicht zu genau.

Oberhoheit mit dem türkischen Joche zu vertauschen. Mit zu geringen Mitteln, ohne zwingende Noth und zu einer Zeit begonnen, in der in Folge mehrjähriger Missernte Theuerung und Hungersnoth im Lande herrschte, während im Norden die Hussiten ungestraft bis an die Donau vordringen und beutebeladen nach Böhmen zurückkehren konnten, wurde ein Krieg geführt, der bei einiger Voraussicht leicht hätte vermieden werden können.

Da Murad auch mit der Einnahme von Thessalonika, dann mit der Bekämpfung der Venetianer auf Morea beschäftigt war, verliefen die nächsten Jahre für Ungarns Südgrenze ziemlich ruhig, die Zeit der Ruhe wurde aber zur Vorbereitung neuer Kämpfe gegen die Osmanen wenig ausgenützt.

Anfangs 1429 begab sich Sigismund nach Polen, wo er dem König Wladislav angeblich Vorschläge machte, die Moldau zu theilen, nachdem ihr Woywode Alexander in den letzten Kriegen die nach den Verträgen schuldige Heerfolge nicht geleistet hatte. Kaum nach Ungarn zurückgekehrt, musste er sich in das Deutsche Reich begeben, wo seine Anwesenheit schon dringend begehrt wurde. Seine längere Abwesenheit von Ungarn voraussehend — denn er wollte sich in Rom zum Kaiser krönen lassen und den Gang des demnächst zusammentretenden Concils lenken — ernannte er eine Regentschaft unter Nikolaus Gara. Im September 1430 kam Sigismund nach Nürnberg; im Frühjahr 1431 brach er mit geringer Begleitung von Basel auf, wurde nach manchen Kämpfen im November zu Mailand mit der eisernen Krone gekrönt und setzte erst im Frühjahr 1432 die Reise nach Siena fort, wo er im Juli eintraf. Während seines neunmonatlichen Aufenthaltes daselbst schickte Sigismund den Entwurf eines Wehrgesetzes nach Ungarn. Im April 1433 zog er von Siena ab, wurde im Mai zu Rom mit der Kaiserkrone gekrönt und kam erst am 18. October 1433 nach Basel zurück.

Während dieser Zeit hatte in der Walachei Mircea's Sohn Wlad, der 1396 als Geisel nach Ofen gekommen war, von dort aber nach Constantinopel entfloh und in die kaiserliche Leibwache eintrat, einen Anhang geworben, den Woywoden Dan entsetzt und ihn sammt seinem Bruder enthaupten lassen. Im Februar 1431 kam Wlad nach Nürnberg, wo er von Sigismund mit der Walachei belehnt und mit dem von ihm gestifteten Drachen-Orden betheilt wurde. Auf dem Rückwege warb Wlad — auch Drakul,[13] der Teufel, genannt — mit Sigismund's

---

[13] Wlad erhielt den Beinamen Drakul, d. i. Teufel oder auch Drache. Der Name kann sowohl dem ertheilten Drachenorden, als auch Wlad's teuflischer Grausamkeit den Ursprung verdanken.

Einwilligung in Ungarn Mannschaft und zog in die Walachei, wo unterdessen Radul vom Sultan eingesetzt worden war. Gleich nach seiner Ankunft kam es zur entscheidenden Schlacht, in welcher Radul's türkisches Kriegsvolk geschlagen und er selbst getödtet wurde.

Wlad Drakul — den Sultan mehr fürchtend, wie den entfernten ungarischen König — sicherte sogleich seine Stellung durch Abschluss eines Schutzvertrages mit den Türken und durch Entrichtung eines Tributes an den Sultan.

Ungeachtet des Friedens fiel nun Alibeg im Vereine mit Wlad 1432 in Siebenbürgen ein und belagerte die von ihren Bürgern vertheidigten sächsischen Städte Hermannstadt und Kronstadt. Während die sächsische Bevölkerung hinter den Mauern ihrer festen Plätze Schutz fand, breiteten sich die Feinde über das offene Land aus und plünderten durch vier Tage das Burzenland, einen Theil des Repser Stuhles und das Szeklerland. Zahllose Menschen wurden in die Sclaverei geführt. Ohne ernsten Widerstand im freien Felde zu finden, zerstreute sich das türkisch-walachische Heer, plündernd und sengend, nach allen Richtungen, bis es durch eine in Eile zusammengeraffte ungarische Truppe, die ihm besonders an schweren Reitern überlegen war, unverschens angegriffen und bis an die Donau zurückgetrieben wurde. Die einzeln überfallenen Haufen wurden zersprengt und zumeist aufgerieben.[14]) Um sich vor Ueberfällen und Raubzügen zu schützen, hatten die Sachsen in Siebenbürgen ihre Kirchen befestigt und sie mit Ringmauern umgeben. Um von allen Bewegungen jenseits der Grenze rechtzeitig Kenntniss zu erhalten, liessen die sieben sächsischen Stühle auch die Grenze von Kronstadt bis Hátszeg von 2000 Wächtern bewachen und hielten Kundschafter in der Walachei.

Auch in das Banat von Severin fielen Türken ein; der Banus und deutsche Ordensritter Niklas Redwitz wurde geschlagen, das Schloss von Severin erobert und hiebei alle dort angesiedelten Ordensritter niedergemacht; die Niederlassung derselben verfiel damit gänzlich.[15])

Um den Frieden wieder herzustellen und Sigismund, dessen Macht vielleicht überschätzt wurde, zur Erlangung der Kaiserwürde Glück zu wünschen, entsendete der Sultan eine Botschaft an den Kaiser, die im Herbste 1432 zu Basel empfangen wurde.

[14]) Seadeddin bringt diese Angaben, welche, obwohl in ungarischen Quellen nicht angeführt, wohl glaublich scheinen.

[15]) Windek und Pesty. Im Namensverzeichniss, welches Voigt in seiner Geschichte des Deutschen Ritterordens bringt, erscheint der Name Nikolaus Redwitz nicht. Die Acten im Archiv des Deutschen Ritterordens zu Wien reichen nicht über das XVI. Jahrhundert zurück.

Während dieser Zeit hatte Murad unter dem Vorwande, dass ihm durch Mileva, Bajesid's Gemahlin,[16]) selbst das Erbrecht nach Stephan Lazarević zustünde, von Georg Branković die Uebergabe von ganz Serbien verlangt. Da Isabeg schon mit einem Heere an der Grenze stand, liess sich Georg Branković zu neuen Tributversprechungen herbei, mit welchen Murad zufrieden schien. Isabeg, dessen raubsüchtige Horden sich nicht zügeln liessen, fiel nun doch in Serbien ein, wurde aber zurückgewiesen. Da er den Sultan abermals gegen Serbien aufhetzte, musste sich Gregor zu neuen Zugeständnissen herbeilassen, und liess selbst dem Sultan seine Tochter Mara zur Frau anbieten. Mit Mara's Mitgift unzufrieden, befahl der Sultan 1432 abermals Isabeg, nach Serbien einzufallen, dieser zog aber nach der Einnahme von Krusevaz und der Belagerung von Srebreniza, bei Eintritt des Winters wieder ab. Um sich zu sichern, verlobte endlich Georg seine Tochter dem Sultan, hielt sie aber ihrer Jugend wegen noch zurück. Er erwirkte sich auch die Erlaubniss — angeblich zum Schutze gegen Ungarn, in der That aber, um überhaupt einen festen Punkt an der Donau zu haben — die Festung Semendria (Szendrö, Smederovo) zu bauen. Georg traute dem Sultan wenig und suchte daher, während dieser mit dem Fürsten von Karaman in Krieg kam (die Veranlassung dazu gab scheinbar ein Streit um ein Pferd) wieder in Fühlung mit Ungarn zu gelangen; seine Tochter Katharina gab er dem mit Sigismund verschwägerten Grafen Ulrich von Cilli zur Frau, und sicherte für alle Fälle seiner Familie eine Zuflucht in Ungarn.

Nach vierjähriger Abwesenheit kehrte Sigismund im October 1434 wieder nach Ungarn zurück und regelte auf dem nächsten Reichstage die Wehrverfassung nach dem von ihm in Siena ausgearbeiteten Entwurfe. Mit Rücksicht auf die drohende Kriegsgefahr sollte das Reich in militärische Districte eingetheilt und genau bestimmt werden, wie viele Truppen der König, die Reichsbarone, die Prälaten, die Bannerherren und die Gespanschaften zu stellen hätten. Nur wenn die Macht des Königs — sie war in erster Linie zum Schutze des Reiches bestimmt — nicht ausreichte, sind die Banderien der letzteren zur Abwehr des Feindes heranzuziehen; ferner wurde die Zahl und Bewaffnung der beizustellenden Mannschaft im Falle eines allgemeinen Aufgebotes bemessen.

---

[16]) Mileva, die Tochter des auf dem Amselfelde erschlagenen Königs Lazar, musste auf Befehl ihrer Mutter dem Sultan Bajesid ihre Hand geben; da sie kinderlos starb, hatte Murad thatsächlich gar keinen rechtlichen Anspruch auf das Erbe von Serbien.

Obwohl dieser Entwurf nicht ausdrücklich zum Gesetz erhoben wurde, galt er doch die nächsten Jahrhunderte hindurch als Grundlage der Heereseinrichtungen in Ungarn.

Im Jahre 1436 reiste Sigismund wieder nach Böhmen. So nachgiebig er sich nun dort gegen die Hussiten zeigte, so unduldsam war er gegen ihre Glaubensgenossen in Ungarn, sowie gegen die Anhänger der griechischen Kirche in Südungarn und Siebenbürgen, besonders aber gegen die Patarener in Bosnien, die er mit unerbittlicher Strenge verfolgte. Die Bekehrungsversuche hatten aber wenig Erfolg. Sie sowohl wie die Bedrückung des Landvolkes durch den Adel und die Bischöfe verursachten einen Aufstand, der im folgenden Jahre in Siebenbürgen und den angrenzenden Comitaten mit Gewalt unterdrückt werden musste.

Murad war über die Verhandlungen, welche Branković mit Ungarn pflog, über den Umstand, dass er sich krönen liess, und weil er ihn für den Anstifter der Wirren in Kleinasien hielt, sehr aufgebracht. Noch im Jahre 1436, während Sigismund's Abwesenheit, fielen die Türken wieder in Serbien ein, bemächtigten sich der Schlösser Ostrowitza und Boratsch, und zerstörten das Kloster Ravanitza. Streifende Türkenhorden sollen auch die Donau überschritten haben und bis Temesvár vorgedrungen sein.[17]) Um Murad zu besänftigen, liess ihm Georg die Auslieferung seiner Tochter anbieten. Die Vermählung wurde in Adrianopel vollzogen. Georg's ältester Sohn aber dort als Geisel zurückbehalten.

In Bosnien benützte der Sultan die Uneinigkeit der Grossen und nahm neuerdings die Stadt Vrhbosna ein, in die er eine Besatzung legte. Stephan Twartko II. suchte 1436 vergeblich in Ungarn Hilfe und unterwarf sich, in sein Land zurückgekehrt, gänzlich der Oberherrschaft der Türken.

Anfangs 1437 verlangte Murad, von fanatischen Türken aufgestachelt, die Uebergabe von Semendria. Branković verweigerte sie. traf aber zugleich Anstalten, die Festung in Vertheidigungszustand zu setzen. Seinen Sohn Gregor ernannte er zum Befehlshaber der Stadt. er selbst aber flüchtete mit seinem jüngsten Sohne Lazar und mit seinen Schätzen nach Ungarn, um dessen Hilfe anzurufen. In Erwartung, die Festung noch unvorbereitet zu finden, brach Murad noch vor Einbringung der Ernte nach Serbien auf, um die Stadt zu belagern.

---

[17]) Sigismund selbst erwähnt diesen Einfall, um sein verspätetes Eintreffen auf dem Landtage zu Iglau (5. Juli 1436) zu entschuldigen. Ungarische Quellen erwähnen denselben nicht, doch wird er von Seadeddin (Zinkeisen I, 580) bestätigt.

Unter Pongraz von Szent-Miklos stand eine ungarische Heeresabtheilung in Belgrad; ihr schlossen sich einige Taboritenscharen unter Giskra von Brandeis, die in Böhmen in Sold genommen und von Pressburg aus zu Wasser zur Verstärkung der Besatzung nach Belgrad gesendet worden waren, an. Anfangs Juli brach Pongraz von Belgrad auf, überfiel die vor Semendria stehenden Osmanen, brachte ihnen eine schwere Niederlage bei und zwang sie zum Abzug aus Serbien. Bei 40.000 Türken sollen erschlagen worden sein; mit der Nachricht von diesem glänzenden Siege trafen am 17. Juli vier der vornehmsten Führer der Türken gefesselt in Prag ein. Nähere Umstände über dieses Ereigniss sind nicht bekannt, doch wurde der glänzende Erfolg hauptsächlich Johann Hunyady zugeschrieben, der an der Spitze seiner siebenbürgischen Truppen den Ausgang des Treffens zu Gunsten der Ungarn entschied. Der Sieg wurde nicht weiter verfolgt, änderte aber auch nichts an der allgemeinen Lage.

Zu den Sorgen Sigismund's um sein Reich und um die Kirche gesellte sich nun in Prag auch noch eine schwere Krankheit. Als er sein Leben in Gefahr sah, gieng sein Streben dahin, seiner einzigen Tochter Elisabeth und ihrem Gemahl, dem Herzog Albrecht von Oesterreich die Nachfolge in allen seinen Ländern zu sichern. Er berief beide nach Prag und reiste ihnen entgegen, fühlte sich aber in Znaim zur Fortsetzung der Reise zu schwach. Den anwesenden ungarischen und böhmischen Grossen empfahl der Kaiser seine Tochter Elisabeth und ihren Gemahl zu seinen Nachfolgern; nicht nur deren angeborene und durch Verträge bekräftigte Rechte bestimme sie hiezu, auch das Wohl der Länder verlange die Vereinigung derselben unter einem Herrscher. Sie gelobten, seinem Willen zu entsprechen und alles aufzubieten, um ihre Mitbürger zur Befolgung desselben zu bewegen.

Am Abend des 9. December 1437 verschied Kaiser Sigismund zu Znaim, nachdem er beinahe siebzig Jahre gelebt und durch fünfzig Jahre in Ungarn regiert hatte. Der Verlust sämmtlicher Vasallenländer Ungarns und der dalmatinischen Küstengebiete war das Ergebniss seiner langjährigen Regierung. Den Angriffen der Venetianer im Westen, und der Osmanen im Osten hatte er nicht zu widerstehen vermocht.

Die spätere Vereinigung der Kronen Deutschlands und Böhmens mit jener Ungarns hatte letzterem zu wesentlichem Nutzen nicht gereicht. War der Gedanke, durch Vereinigung dieser Länder Ungarns Macht zu heben und das Land dadurch widerstandsfähiger gegen das Andringen der Osmanen zu machen, auch nicht unrichtig, so waren doch die Zeitverhältnisse hiezu sehr ungünstig. Die religiösen, in damaliger Zeit von den politischen Verhältnissen kaum zu trennenden Wirren in Böhmen absorbierten einen bedeutenden Theil der Kräfte Ungarns und behinderten deren Verwendung sowohl zur Vertheidigung des Reiches im Kampfe mit den Osmanen, wie auch zur Unterwerfung der stets zur Unbotmässigkeit geneigten Vasallenländer. Die Verbindung mit dem Deutschen Reiche war bei den wenig geordneten Zuständen desselben zudem eine so lose, die vielseitigen Anforderungen an die Stellung eines römisch-deutschen Kaisers zur Zeit der Kirchenspaltung auch so gross, dass die Kraft eines Mannes zur Bewältigung derselben kaum ausreichte.

In der ungarischen Geschichte wird die Regierung Sigismund's oft recht abfällig beurtheilt; wenn seine unleugbaren Fehler und Schwächen auch manche Ereignisse nachtheilig beeinflusst haben mögen, so ist doch nicht zu übersehen, dass die nationalen Verhältnisse sowie die vielerlei Anforderungen, die man an ihn stellte, seine Lage wesentlich erschwerten. Endlich ist es sehr fraglich, ob von jenen Prätendenten, die seinerzeit auf den Thron Ungarns Anspruch erheben konnten und auch thatsächlich erhoben, auch nur einer besser entsprochen hätte wie Sigismund.

Drittes Capitel.

König Albrecht von Ungarn. — Türken und Walachen fallen in Siebenbürgen ein. — Sultan Murad erobert Semendria. — Das Heer der Ungarn bei Titel zerstreut sich. — Albrecht stirbt. — Thronstreit. — Wladislav (Varnensis) wird zum König in Ungarn gewählt. — Geburt des Ladislaus (Posthumus) und Tod der Königin Elisabeth. — Erfolgreiche Vertheidigung Belgrads durch Thallóczy. — 1438 bis 1442.

Albrecht begab sich nach dem Tode Sigismund's sogleich nach Ungarn. Um dem vermeintlichen Wahlrechte Ungarns nichts zu vergeben, musste er sich gefallen lassen, dass man seine Gattin nachträglich wählte; auch manche andere Zugeständnisse musste er machen, welche die königliche Macht wesentlich beeinträchtigten, ohne dem Lande zu nützen. In Böhmen, wo das Erbrecht Elisabeth's am wenigsten bestritten werden sollte, stellte die hussitische Partei der Anerkennung Albrecht's ganz unannehmbare Bedingungen und wählte, ohne eine Antwort abzuwarten, den polnischen Prinzen Kasimir zum König. Der Bürgerkrieg in Böhmen und Einfälle der Polen in Ungarn, die mit Waffengewalt zurückgewiesen werden mussten, waren die Folge.

In Siebenbürgen, wo die Ruhe seit dem Bauernaufstand noch nicht hergestellt war, ernannte Albrecht den Desiderius Losonczy zum Woywoden und sandte ihm, da das Land von den Osmanen und dem abtrünnigen Wlad Drakul bedroht war, mehrere tausend Mann; die Siebenbürger Sachsen wurden zu grösserer Wachsamkeit aufgemuntert, Wlad vor dem Treubruch und dem Bündniss mit den Osmanen gewarnt.

Albrecht begab sich hierauf nach Wien, wo er die Nachricht von seiner Wahl zum Deutschen Kaiser empfieng.

Murad konnte die vor Semendria erhaltene Schlappe nicht vergessen und beschloss noch im Sommer 1438, als er aus Kleinasien zurückkehrte, nach Siebenbürgen einzufallen. Wlad Drakul, als Vasall zum Pfortendienste einberufen, stellte sich sammt seinem Heere dem Sultan zur Verfügung und bot sich an, an der Spitze des türkischen Heeres nach Siebenbürgen einzudringen.

Das türkische Heer übersetzte bei Severin die Donau und erreichte über Karansebesch das Marosthal. Die nur schwach befestigte Stadt Mühlbach wurde berannt und ergab sich nach Aufforderung Drakul's, der mit mehreren Bürgern bekannt war; er beredete sie, mit Hab und Gut in die Walachei zu ziehen, von wo sie nach ihrem Willen wieder zurückkehren konnten. Ein Mann von Adel jedoch, der früher gegen die Türken gefochten hatte, sagte, er wolle lieber sterben als sich mit Weib und Kind in ihre Hände geben, und bewog noch andere zu dem Entschlusse, sich zu vertheidigen. Er zog sich mit ihnen in einen Thurm zurück, den sie mit Lebensmitteln und Waffen reichlich versahen. Als nun die Türken in die von den Einwohnern verlassene Stadt eindrangen, wurde der Thurm in der Erwartung, dort viel zu gewinnen, mit Wuth angegriffen und, da er nicht leicht erstürmt werden konnte, durch herum geschlichtetes Holz in Brand gesteckt. Als es im Thurme allmählich ruhiger wurde, löschte man das Feuer aus und brach die Thüre auf; von den Vertheidigern fand sich nur mehr ein Knabe von 16 Jahren am Leben, der in die Sclaverei geführt wurde und erst nach 20 Jahren, in seine Heimat zurückgekehrt, seine Leiden sowie die Sitten und Gebräuche der Türken beschrieb. Vor Hermannstadt, das in seine Mauern eine grosse Zahl Bewohner der umliegenden Orte aufgenommen hatte, lagen die Türken durch acht Tage vergeblich; in Schässburg wurde das Schloss von ihnen überfallen; Mediasch und die Vorstädte von Kronstadt wurden eingeäschert. Durch 45 Tage wurde der südliche Theil Siebenbürgens durchzogen und verheert und gegen 70.000 Menschen durch den Pass von Törzburg in die Gefangenschaft geführt.

Stephan Losonczy hatte zwar gleich nach dem Einbruche der Türken die Kriegsmannschaft aufgeboten, aber es versammelte sich eine so geringe Zahl unter seiner Fahne, dass er sich darauf beschränken musste, Menschen und Vieh möglichst aus dem Bereiche des Feindes wegzuschaffen.[1])

---

[1]) Die Behauptung, dass Losonczy die Türken auf dem Rückzuge noch angegriffen und ihnen viele Gefangene abgenommen habe, verdient wenig Glauben, da er sich veranlasst sah, zahlreiche Herren und Edelleute, welche dem Aufgebote nicht Folge geleistet hatten, dem Gesetze gemäss mit Einziehung der Güter zu bestrafen; Königin Elisabeth begnadigte sie in der Folge und gab ihnen die Güter wieder zurück.

Noch zu Ende des Jahres 1438 verbreitete sich das Gerücht. dass die Türken gewaltig rüsten, um Serbien zu erobern und in Ungarn einzufallen. Die Vertheidigung der meist gefährdeten Strecke der Grenze vertraute Albrecht dem Johann Hunyady und seinem jüngeren Bruder an, indem er ihnen das Banat von Severin verlieh. Ersterer hatte sich schon in den Hussitenkriegen unter Sigismund und im Vorjahre bei Semendria hervorgethan. Eine spätere Urkunde, nach welcher die Brüder Hunyady für hervorragende Leistungen vor dem Feinde mit Gütern beschenkt wurden,[2]) nennt ohne Angabe von Zeit die Grenzfestungen »Sevrin«, »Gewrin« (Giurgievo?), »Orswa« (Orsowa) und »Mihald« (Mehadia), deren Vertheidigung die Brüder mit Glück durchführten; es können dies nur Begebenheiten von untergeordneter Bedeutung gewesen sein, die sich Ende des Jahres 1438 oder Anfangs 1439 ereignet haben dürften.

Als Albrecht im März 1439 nach Pressburg kam, fand er das ganze Land in Aufregung. Murad hatte Drakul, gegen den ihn der Ausgang des letzten Feldzuges misstrauisch machte, und den Despoten von Serbien, von dem er abermals die Uebergabe von Semendria begehrte, zum Pfortendienst einberufen. Drakul hoffte das Ungewitter noch zu beschwören und begab sich nach Adrianopel, wurde aber in den Thurm von Gallipoli geworfen, bis er den Treuschwur erneuert und seinen Sohn als Geisel zurückgelassen hatte. Branković wusste, was ihm bevorstand, und floh deshalb — seine Schätze in Ragusa deponierend — mit seinem jüngsten Sohn nach Ungarn, während er Gregor wieder die Vertheidigung von Semendria überliess. Ueber die Rüstungen des Sultans gelangten Berichte nach Ofen und auch Hunyady in Siebenbürgen erklärte, dass er ohne ansehnliche Verstärkung im Falle eines Angriffes nicht widerstehen könne.

Aus Böhmen und Polen trafen ungünstige Nachrichten ein; Murad war bestrebt, auch diese Länder für einen Bund wider Ungarn zu gewinnen. Die Gefahr erkennend, wandte sich Albrecht nach Deutschland und bat dringend, ein starkes Heer an die böhmische Grenze zu schicken. Doch Böhmen und Polen scheuten sich schliesslich, ein Bündniss mit dem Erbfeinde der Christenheit einzugehen,

---

[2]) Teleki, I, S. 143 und Seadeddin (Zinkeisen I, S. 585) erwähnt eines Zuges der Ungarn im Jahre 1438 bis Nikopoli, der zum Entsatz Semendrias unternommen worden wäre, eine jedenfalls in dieser Art unrichtige Angabe; wohl aber könnte Hunyady als Ban von Sevrin einen Streifzug über Klein-Nikopoli hinaus bis »Gewrin« unternommen haben, der, da er in der allgemeinen Lage nichts änderte, als unwesentlich keine besondere Beachtung fand.

und Papst Eugen vermittelte einen Waffenstillstand bis Ende September. Als König Albrecht im Mai in Ofen eintraf, legte er — vielleicht durch körperliche Leiden an seine Sterblichkeit gemahnt — den Ständen eine Urkunde vor, welche seiner Gemahlin und seinen Kindern die Thronfolge in Ungarn sichern sollte; sie wurde von den Ständen angenommen, jedoch nicht ohne dass diese Bedingungen stellten, durch welche die königliche Macht abermals eingeschränkt wurde. Um diese Zeit kam es auch zu Reibungen zwischen den Magyaren und den in allen grösseren Städten Ungarns die Mehrzahl der Bewohner ausmachenden Deutschen. Der Hass gegen dieselben übertrug sich auch auf den der ungarischen Sprache nicht mächtigen König, während die Königin sich geschmeichelt fühlte, deshalb ihm vorgezogen zu werden; sie scheint es auch gewesen zu sein, welche die allzugrosse Nachgiebigkeit ihres Gemahls gegen die Stände verschuldete, wofür sie wenig Dank erntete. Als der König vorschlug, die deutschen Fürsten und andere Länder gegen die Osmanen zu Hilfe zu rufen, fanden die Ungarn, sie selbst wären stark genug, und sie bedürften nichts weiter als Ordnung und eines Führers; ziehe der König selbst ins Feld, so sei beides da; es werde daher die Hilfe der Fremden nicht nöthig sein, wo die Kraft des Landes ausreiche.

Zu Ende Mai rückte der Sultan mit einem Heere, dessen Stärke mit 130.000 Mann angegeben wird, in Serbien ein und belagerte Semendria, während einzelne Horden die Donau übersetzten und bis Temesvár streiften. Der König erliess daher ein allgemeines Aufgebot und bestimmte Szegedin und Tiderev (Titel) am Zusammenfluss der Donau und Theiss als Sammelpunkte.[3]) Die königlichen Truppen und einige Banderien erschienen wohl in den Lagern, als aber König und Königin in Tiderev eintrafen, hatten sich dort nicht mehr als 25.000 Mann eingefunden, eine Macht, die kaum hinreichte, die immer kühner werdenden Streifpartien der Türken zurückzuweisen, viel weniger aber die Donau zu übersetzen und sich mit dem Heere Murad's zu messen. Das Land war nicht so erschöpft, um darin die Ursache der Gleichgiltigkeit gegen die so drohende Gefahr zu suchen, wohl aber mag das Ansehen des Königs durch die ihm abgerungenen Zugeständnisse so gesunken gewesen sein, dass man seinem Rufe Folge zu leisten kaum der Mühe wert fand.

---

[3]) »Rev« ist ungarisch »Fähre«, »Tiderev« wahrscheinlich »Theissfähre« oder »Titel«. Das Plateau von Titel ist jedenfalls ein sehr geeigneter Sammelplatz für ein Heer in jener Gegend.

Während nun das Heer an der Donau in vergeblicher Erwartung neuer Zuzüge unthätig stand, brach im Lager zufolge des langen Aufenthaltes in der während der Sommerszeit so ungesunden Gegend, sowie des Mangels an entsprechender Nahrung eine bösartige Ruhr aus, die täglich mehr Opfer hinraffte und endlich alle Bande der Zucht und Ordnung auflöste. Sechs Bannerherren verliessen eigenmächtig das Lager, und als am folgenden Tage der verhängnissvolle Ruf: »farkas«, d. i. »der Wolf«, erscholl,[4]) zerstreute sich der grösste Theil des Heeres; kaum 6000 Mann blieben beisammen.

Die Belagerung Semendrias wurde unterdessen fortgesetzt; mit den schwersten Mauerbrechern waren die Thürme zum Theil in Schutt gelegt. Vom Hunger auch auf das Aeusserste gebracht, und aller Aussicht auf Entsatz beraubt, musste Gregor am 27. August die Stadt nach dreimonatlicher nicht unrühmlicher Vertheidigung übergeben.[5]) Der Sultan versprach Gregor zwar Freiheit und Leben, liess ihn aber bald darauf unter dem Vorwande, er habe mit seinem Vater verkehrt, einkerkern, und später, 1440, als Georg Branković überall Hilfe gegen die Türken suchte, sowohl ihn wie seinen als Geisel in der Türkei lebenden Bruder blenden. Nach Zurücklassung einer Besatzung in Semendria überfluthete nun das türkische Heer ganz Serbien, wandte sich über Novobrdo nach Bosnien, nöthigte den König Twartko II. zur Erhöhung des Tributes, und kehrte beutebeladen mit einer Unzahl von Gefangenen nach Adrianopel zurück. Ungarn blieb für diesmal von dem Einbruche der Türken verschont.

Um die Schmach dieses für Ungarn zwar unblutigen, aber doch unrühmlichen Feldzuges abzuwaschen, und der doch demnächst drohenden Gefahr entgegenzutreten, beschlossen der König und die Königin, Georg Branković und die wenigen im Lager zurückgebliebenen Prälaten und Bannerherren im kommenden Jahre abermals einen Feldzug zu unternehmen. Nebst der Heranziehung der Banderien wurde die Aufstellung eines zahlreichen Söldnerheeres und, da die erforderlichen Geldmittel die königlichen Einkünfte bei weitem überstiegen, die Einhebung einer Kriegssteuer verabredet, bei deren Eintreibung die anwesenden Herren

---

[4]) »Farkas kialtani« d. i. »Wolf schreien« — nach ungarischem Gebrauche so viel als: »rette sich wer kann« oder: »Verrath«. Nach Engel: ein schon seit König Coloman übliches Fluchtgeschrei, könnte aber auch nur das Anrücken der Türken bedeutet haben, deren altes Wappen der Wolf war (Hammer I, 183).

[5]) Irene, Gregor's Frau, soll aus Habsucht die Magazine von Semendria ohne Wissen ihres Mannes vorher verkauft haben, welchem Mangel man in der Eile nicht mehr abhelfen konnte, daher die Uebergabe der Stadt nach verhältnissmässig kurzer Zeit nothwendig wurde.

ihre Unterstützung zusagten; diejenigen, die sich widersetzen würden, sollten mit Verlust ihrer Güter und des Kopfes bestraft werden. Albrecht versprach auch, auswärtige Fürsten um Unterstützung anzugehen, und kehrte nach Verstärkung der Besatzungen in den Grenzfestungen, selbst von der im Lager herrschenden Ruhr ergriffen, nach Ofen zurück.

Als Albrecht's Krankheit zunahm, wollte er sich nach Wien bringen lassen, unterbrach aber seine Reise in Langendorf (Neszmyl, unweit Gran) und machte in Vorahnung seines herannahenden Todes ein Testament, in welchem er verordnete, dass, falls die Königin, welche in gesegneten Umständen war, einen Sohn gebären würde, die Regierung bis zu dessen Volljährigkeit unter Aufsicht der Mutter und des Herzogs Friedrich von Oesterreich-Steiermark von neun Tutoren zu führen wäre. Wenige Tage später, am 27. October 1439, beschloss Albrecht im Alter von 42 Jahren sein Leben.

Friedrich — am 2. Februar 1440 auch zum Deutschen Kaiser gewählt — war nicht der Mann, um die von Albrecht ihm zugedachte Stellung auszufüllen. Guter Familienvater, guter Hauswirth, auch gebildeter wie die meisten Fürsten seiner Zeit, war er phlegmatisch, fast apathisch und misstrauisch; nicht mit Unrecht wird ihm trotz grosser Ausdauer Mangel an Energie vorgeworfen.

In Oesterreich erkannten die Stände die Rechte des zu erwartenden Thronerben an; andere Bestrebungen machten sich aber in Böhmen und Ungarn geltend, wo man weder zu Friedrich noch zu Elisabeth besonderes Vertrauen hatte. In Ungarn nahm zwar Elisabeth die Regierung in ihre Hände, aber bei der von den Türken drohenden Gefahr war dem Lande weder mit einem Weibe noch mit dem zu erwartenden Kinde geholfen, und es machte sich die Ansicht geltend, dass nur ein Mann die Regierung führen und das Land gegen die anstürmenden Osmanen zu vertheidigen vermöge. Unter den von den Ständen ins Auge gefassten Fürsten war auch der dem Knabenalter kaum entwachsene König Wladislav von Polen; für ihn sprach auch seine Abstammung, er war ebenso wie Elisabeth ein Enkel Ludwig's des Grossen. Ausschlaggebend für diese Wahl mag aber gewesen sein, dass man hoffte, durch Vereinigung der beiden Königreiche den Türken eine grössere Macht entgegenstellen zu können und eine Vereinigung der Türken und Polen zu vereiteln, welche Murad, der bereits eine Gesandtschaft nach Krakau abgeschickt hatte, anstrebte. Wenn Elisabeth sich mit dem freilich um 15 Jahre jüngeren Wladislav vermählte, sollte das zu erwartende Kind, wenn ein Knabe, Oesterreich und Böhmen, ein von Wladislav zu erhoffender Sohn Ungarn und Polen erhalten. Während hierüber verhandelt wurde, genas Elisabeth am 22. Februar 1440 eines Knaben, der den Namen Ladislaus (Posthumus, d. i. der Nachgeborene) erhielt, und am 15. Mai zu Stuhlweissenburg zum König gekrönt wurde.

Da Elisabeth alle Rechte ihres Sohnes wahren wollte, und alle weiteren Verhandlungen mit Wladislav, der sich bereits in Besitz der Hauptstadt gesetzt hatte, abbrach, kam es zu einem Bürgerkrieg, der ohne Entscheidung hin und her schwankte, bis es endlich den Bemühungen des Papstes und Kaiser Friedrich's gelang, eine Basis für einen Ausgleich zu finden, der beide Parteien befriedigte. Doch wurde den weiteren Verhandlungen durch den plötzlichen Tod Elisabeth's am 19. December 1442 ein Ende gemacht.

Die Zeit des Thronstreites in Ungarn liess Murad nicht unbenützt verstreichen; hatte er im Vorjahre Semendria erobert, Serbien und fast ganz Bosnien in völlige Abhängigkeit gebracht, so strebte er 1440 den letzten festen Platz am rechten Donau- und Saveufer, den Ungarn noch besass, Belgrad (Griechisch-Weissenburg Nandor fejérvár, Alba regalis, Beograd, das alte Singidunum) in seine Macht zu bringen. Die Zeit dazu war günstig, denn weder Elisabeth noch Wladislav konnten etwas für die bedrohte Stadt thun; doch hatte sie in Johann Thallóczy, dem Prior von Vrana, seiner Abkunft nach ein Ragusaner, einen tüchtigen und tapferen Befehlshaber.

Murad hatte sein Heer im Frühjahr 1440 gesammelt und traf Ende April vor Belgrad ein. Thallóczy zog dem Sultan entgegen, und scheint ihm auch ein Gefecht geliefert, sich aber — der augenscheinlichen Ueberzahl weichend — wieder in die Festung zurückgezogen zu haben.[6] Der Sultan schloss nun die Stadt zu Land und zu Wasser ein; auf der Landseite näherten sich die Türken in regelmässigen Laufgräben, deren erster von Alibeg, dem Sohne des Ewrenos, ausgeführt worden sein soll, der Umfassungsmauer; zu Wasser schnitten mehr wie 100 Schiffe die Festung von Ungarn ab. Gegen die Festung geschleuderte Steine fügten derselben grossen Schaden zu, sie brachten die Thürme zum Falle und machten die Mauern dem Erdboden gleich.[7] Allein die Besatzung hinderte alle Anstrengungen der

---

[6] Thuroz allein bringt die Nachricht von einem längeren Gefechte, welches Tallóczy den Türken noch vor der Belagerung geliefert haben soll; selbes dürfte sich wohl nur auf einen Ausfall zur Erkennung des Gegners beschränkt haben.

[7] Chalkokondilas (nach Engel) sagt: sie brauchten »Steinwerfende Maschinen« und Dukas (nach Huber) nennt sie: »Πετροβολίσμοι«.

Türken, die beschädigten Stellen der Mauern wurden in der Nacht wieder hergestellt, und zahlreiche Ausfälle beunruhigten die Angreifer. Besonderen Schaden fügten die Geschütze der Ungarn, welche — wie Dukas sagt — mit fünf bis sechs Kugeln aus Blei in der Grösse einer pontischen Nuss (Wallnus) geladen wurden, den Belagerern zu.

Nachdem die Belagerung drei Monate gedauert hatte, schickte Wladislav Ende Juli den Polen Lenzycky an den Sultan, welcher ihm erst zu Beginn des Jahres ein Bündniss gegen Ungarn angetragen hatte, um ihm seine Erhebung auf den ungarischen Thron anzuzeigen, und die Einstellung der Feindseligkeiten zu verlangen; der Gesandte konnte aber nur mit Mühe zum Sultan gelangen, da alle Wege von den Türken verlegt waren. Murad erklärte erst nach drei Tagen antworten zu wollen, und schickte den Gesandten nach Semendria, wo er ihn bis zum Ende der Belagerung behielt.

Die Anstrengungen, um Belgrad in die Hände zu bekommen, wurden nun verdoppelt; in an Pfeile gebundenen Briefen machte der Sultan der Besatzung die glänzendsten Versprechungen, wenn sie ihm die Stadt überlieferte, und als dies nichts fruchtete, beschloss er einen allgemeinen Sturm zu unternehmen. Nachdem ein Theil der Mauern in Bresche gelegt worden war, liess er den Festungsgraben mit Holz anfüllen, um den Angriff zu erleichtern; der Prior von Vrana liess aber in der Nacht Pulver auf das Holz werfen und als am folgenden Morgen die Türken den Graben überschritten, einige schon auf Leitern die Mauer zu ersteigen versuchten, schleuderten die Vertheidiger Fackeln, brennende Scheiter und Kohlen auf das im Graben aufgeschichtete und mit Pulver vermischte Holz, so dass eine grosse Menge der Türken elend zu Grunde gieng.[8]) Von den Schiffen wurden mehrere durch Geschütze der Festung in den Grund gebohrt, andere durch den Wind an die Mauer getrieben und genommen. Die Hoffnung auf Erfolg aufgebend, zog der Sultan endlich im October ab. Den Gesandten Wladislav's schickte er nun mit der Erklärung zurück: »Wenn der König Frieden haben wolle, müsse er Belgrad abtreten und auf Serbien verzichten.« Die jedenfalls nicht unbedeutenden Verluste der Türken werden wohl übertrieben mit 17.000 bis 20.000 Mann angegeben.

---

[8]) Huber (»Die Kriege zwischen den Ungarn und Türken 1440 bis 1443«) schildert die Belagerung von Belgrad nach den Berichten von Chalkokondilas, Ducas und Thuroz. Letzterer lässt dem letzten Sturm eine von den Türken angelegte und von den Vertheidigern entdeckte Mine vorausgehen, was auf eine schon ausgebildete Entwicklung des Minenkrieges schliesen liesse; die ersten mit Pulver geladenen Minen kommen jedoch erst Ende des XV. Jahrhunderts vor.

Nur der heldenmüthigen Vertheidigung Belgrads ist es zu verdanken, dass Ungarn nicht schon damals von den Türken verwüstet, wenn nicht erobert wurde. Ihre Raubzüge auf ungarisches Gebiet und nach Siebenbürgen setzten sie trotz der bei Belgrad erlittenen Verluste fort und kehrten beutebeladen und mit einer Unzahl Gefangener zurück.[9])

Nach diesen Einfällen wurde in Ungarn das erstemal das Auftreten der orientalischen Pest beobachtet, die früher schon auf anderem Wege nach Europa gelangt war, nun aber fast jedem Einfalle der Türken folgte, Tausende von Menschen hinraffte und sich oft weit über die von ihnen berührten Landstriche ausbreitete.

In die Zeit der Belagerung von Belgrad fiel auch der Sieg, welchen Hunyady und Ujlaky über die Anhänger der Königin Elisabeth bei Bataszek errangen, und damit die Stellung und das Ansehen Wladislav's wesentlich förderten. Zum Lohne für diesen Sieg wurde Hunyady zum Grafen von Temesvár und mit Ujlaky zugleich zum Woywoden von Siebenbürgen ernannt; später wurde ihm auch die Vertheidigung Niederungarns und Belgrads anvertraut.

[9]) Seadeddin sagt: »Man schleppte so viele Gefangene fort, dass man eine schöne Sclavin um ein Paar Stiefel, und einen Sclaven um 150 Aspern verkaufte.«

Viertes Capitel.

Johann Hunyady. — Sein Zug gegen Semendria. — Seine Siege bei St. Imre und am Eisernen Thor-Pass. — König Wladislav zieht nach Bulgarien. — Hunyady's siegreiche Gefechte bei Nissa. — Vergebliche Versuche der Ungarn, in das Marizathal zu gegelangen. — Rückzug der Ungarn. — Ihr Sieg am Fusse des Kunovizagebirges. — Friedensschluss. — 1441 bis 1444.

König Wladislav konnte keine bessere Wahl treffen, als er die Vertheidigung der Südgrenze des Reiches in die Hände Johann Hunyady's legte. Dieser, als tapferer Krieger, fähiger und auch vom Glücke begünstigter Heerführer bewährt, tritt nun — obwohl keinem der grossen Adelsgeschlechter, ja nicht einmal von Geburt dem magyarischen Stamme angehörend — sowohl in der ungarischen Geschichte, wie in der Geschichte des Kampfes wider die Osmanen in den Vordergrund.

Hunyady's Vorfahren waren zweifellos Rumänen und scheinen durch König Sigismund bei seinen wiederholten Zügen in die Walachei für ihm geleistete wichtige Dienste zur Uebersiedlung auf ungarisches Gebiet veranlasst und mit dem königlichen Dominium Hunyadvár im Albenser Comitat in Siebenbürgen beschenkt worden zu sein, welche Schenkung in einer noch vorhandenen Urkunde vom Jahre 1409 bestätigt wird.[1]) Hunyady's Vater wird in der erwähnten Urkunde als

---

[1]) Die Urkunde ist mitgetheilt bei Fejér, Kemény und Schmidt. Auch Hunyady's Zeitgenosse Aeneas Silvius, der spätere Papst Pius II., sagt von ihm: »Er war ein Dake, oder wie sie jetzt genannt werden, ein Walache.« Die fast gleichzeitige Cillier Chronik sagt: »Hunyadt Janus war aus dem Landt Walachei burtig und eines geringen Rittermessigen Geschlechts.« Ueber Hunyady's Geburtsjahr schwanken die Angaben zwischen 1387 und 1394.

Die viel verbreitete Erzählung, dass Hunyady die Frucht eines Verhältnisses Sigismund's mit der schönen Elisabeth Morsinay wäre, welche er gelegentlich seines Aufenthaltes in Siebenbürgen kennen lernte, verdankt ihren Ursprung erst dem Ende des XV. Jahrhunderts und verdient ebenso wie die Bemühungen, aus ihm einen Szekler zu machen, oder seine Abstammung von alten Geschlechtern herzuleiten, nur als Märchen der Erwähnung.

»Voyk, Sohn des Serbe« und als »Kriegsmann des königlichen Hofes« (aulae nostrae militis) angeführt, scheint demnach einem königlichen Banderium angehört zu haben, und nahm, als er sich auf seinen Besitz, dem er seinen Namen entlehnte, zurückgezogen hatte, eine geachtete Stellung in Siebenbürgen ein. Eine seiner Töchter soll er an den Sohn eines walachischen Fürsten verheiratet haben — ein Beweis, dass die Familie die Verbindung mit ihrem Stammlande nicht aufgegeben hatte — die beiden anderen nahmen siebenbürgische Edelleute, Pankratius Dengeleg und den Johann Székely, zur Ehe.

Von den Brüdern Johann Hunyady's, des künftigen Gubernators, scheint einer schon im Kindesalter gestorben zu sein, während ein zweiter, der auch den Namen Johann führte, mit seinem Bruder erzogen wurde, sich ebenfalls durch hervorragende Tapferkeit auszeichnete, in Folge der mit seinem Bruder erfochtenen Siege gleichzeitig mit ihm die Würde eines Ban von Severin erhielt, aber einige Jahre später, wahrscheinlich 1442,[2]) den erhaltenen Wunden erlag; er wurde im Dome zu Weissenburg (Karlsburg) beigesetzt.[3])

Als Geburtsjahr Johann Hunyady's ist mit Wahrscheinlichkeit 1392 oder 1393 anzunehmen. Später erst erhielt seine Familie den Beinamen »Corvinus«, ob von Johann's angeblichem Geburtsort »Hollo« (der Rabe) mag in Frage gestellt sein; viel wahrscheinlicher ist, dass er dem Familienwappen — einem Raben mit einem Ringe im Schnabel — seinen Ursprung verdankt.

Ueber Hunyady's Jugendjahre ist wenig bekannt.[4]) Dem Beispiele seines Vaters folgend, trat er früh in die Dienste König Sigismund's

---

[2]) Nach Fraknói soll er in der Schlacht bei Szent-Imre im Jahre 1442 den Heldentod gefunden haben.

[3]) Der Grabstein dieses Bruders des Gubernators scheint erst später auf seinen dermaligen Platz gebracht und aus verschiedenen Theilen zusammengesetzt worden zu sein. Die Inschrift führt Johann als »Minor«, als »Miles« und »Frater Gubernatoris« an, er muss sich daher auf einen jüngeren Bruder des Gubernators beziehen und einige Jahre nach seinem Tode — als Johann bereits Gubernator war — errichtet worden sein. Von der Jahreszahl ist MCCCCXXX . . noch deutlich zu lesen, die Ergänzung aber so verstümmelt, dass dieser Stein wohl Zeugniss vom Vorhandensein dieses Hunyady's, keineswegs aber über das Todesjahr desselben gibt.

[4]) Die Nachricht der Cillier Chronik: »Hunyad war etwan der von Cilli Diener und lag ihn nur mit dreien Pferden zu hoff,« »als man gesagt hat«, ebenso die Angabe, dass er im Dienste des Bischofs Demetrius Zéchy (er war von 1375 bis 1379 Bischof von Agram) gestanden wäre, entbehrt jeder Begründung; Hunyady müsste 1379 doch wenigstens zehn Jahre alt gewesen sein und bei seinem Tode, 1456, ein Alter von mehr wie 87 Jahren erreicht haben, was mit allen sonstigen Angaben in Widerspruch steht.

und folgte ihm auf den Fahrten seines ruhelosen Lebens. Schon 1414 war er um die Person des Königs, als dieser in Aachen gekrönt wurde, 1420 kämpfte er an seiner Seite gegen die Hussiten; ob er den Zug gegen Rom mitmachte, ist nicht gewiss, in Italien war er jedoch. Mit voller Begeisterung gab er sich dem kriegerischen Berufe hin, zu welchem er alle Vorzüge einer körperlichen und geistigen Veranlagung in sich fühlte. Dass er sich die damals einem Staatsmanne fast unentbehrliche lateinische Sprache nicht vollkommen aneignete und auch in späteren Jahren sie zu schreiben nicht im Stande war, wäre noch kein Beweis einer mangelhaften Bildung, da in so kriegerischen Zeiten mehr auf Ausbildung im Waffendienste als auf Gelehrsamkeit gesehen wurde. Jedenfalls aber hatte er am Hofe Sigismund's, dem Brennpunkt aller Bewegungen der christlichen Völker — wenn ihn seine bescheidene Stellung von den leitenden Kreisen auch ferne hielt —, doch reichliche Gelegenheit, sich die Vortheile eines erweiterten Gesichtskreises und einer höheren Auffassung anzueignen.

Als König Sigismund 1428 an der unteren Donau gegen die Türken kämpfte und die Wintermonate in Temesvár zubrachte, mag es sich ereignet haben, dass Hunyady die Bekanntschaft des mächtigen und reichen, auch wegen seiner heldenmüthigen Kämpfe gegen die Türken bekannten Gutsbesitzers Ladislaus Szilágyi[5]) machte und seine Tochter Elisabeth zur Frau nahm. Dieser Ehe entsprossen zwei Söhne, der ältere, Ladislaus, 1433, der jüngere, Mathias, zu Klausenburg 1440 geboren; beide waren noch berufen, in der Geschichte Ungarns eine wichtige Rolle zu spielen.

Obwohl beim Concil zu Konstanz Augenzeuge des Haders in der Kirche, bewahrte sich Hunyady doch seine Religiosität, die sich mit Rücksicht auf den Kampf gegen die ungläubigen Mohammedaner selbst zum Fanatismus steigerte.

Der Umstand, dass Johann Hunyady, der doch den Königen Sigismund und Albrecht so viel zu verdanken hatte, sich so leicht von den Interessen ihres Erben trennte, kann eine Entschuldigung wohl nur in den Zeitverhältnissen finden, welche einer kräftigen und zielbewussten Regierung dringend bedurften, eine solche aber weder von der Mutter, noch von dem Vormunde des Kindes Ladislaus, dem Kaiser

---

[5]) Die Szilágyi stammten aus Bosnien, aus dem Geschlechte der Garázda; sie zeichneten sich in den Kämpfen gegen die Türken sowie gegen den abtrünnigen Hervoya aus. Ihre Anhänglichkeit an Ungarn, sowie ihre Treue gegen den König fand reiche Belohnung, sie wurden 1407 und 1408 mit ausgedehntem Länderbesitz beschenkt und in die Reihen der ungarischen Magnaten aufgenommen.

Friedrich, der ohne genügende Hausmacht auch sich so geringer Sympathien in Ungarn zu erfreuen hatte, erwartet werden konnte.

Als Hunyady nach seiner Ernennung zum Befehlshaber in Belgrad noch im Jahre 1441 in diese Stadt kam, plünderten eben die Leute Isakbeg's, des Befehlshabers von Semendria, die umliegenden Ortschaften und brannten sie nieder. Hunyady zog mit den wenigen verfügbaren Truppen aus der Festung, um die Räuber zu vertreiben, nahm ihnen die Beute ab und verfolgte sie durch drei Tage bis in die Nähe von Semendria. Als Hunyady den Rückzug antreten wollte, suchte ihm Isakbeg den Weg zu verlegen; dies rechtzeitig bemerkend, griff er aber die Türken mit geordneten Scharen an und trieb sie mit bedeutendem Verluste zurück. Wenn dieses Gefecht auch nur aus Anlass eines Streifzuges stattfand, und auch nur eine geringe Zahl Truppen daran betheiligt war, so hatte es doch eine moralische Bedeutung, indem es das Selbstbewusstsein der Ungarn den so sehr gefürchteten Türken gegenüber hob.

Viel bedeutender waren die Kämpfe mit den Türken im folgenden Jahre 1442, während Ungarn auch nach dem Ableben Elisabeth's im Thronkampfe nicht ganz zur Ruhe kommen konnte. Die Moldau und Walachei, von den Ungarn keine Hilfe mehr erwartend, erkannten die Oberhoheit des Sultans an; Georg Branković war verdächtig, mit dem Sultan in geheimer Verbindung zu stehen, um durch seine Gunst wieder in den Besitz Serbiens zu gelangen, und Murad selbst hielt den Augenblick für günstig, die früheren Misserfolge auszulöschen und das von Parteien gespaltene Ungarn ganz zu unterwerfen. Im Frühjahr sammelte er die europäischen Truppen, bei 80.000 Mann, darunter 4000 Janitscharen, an der Donau und liess dieses Heer unter seinem Oberstallmeister Medsidbeg, einem erfahrenen alten Kriegsmann, der vor 40 Jahren Siwas gegen Timur vertheidigt hatte, bei Nikopoli den Strom übersetzen, mit dem Auftrage, Ungarn zu erobern.

Medsidbeg brach unerwartet durch das Altthal in Siebenbürgen ein. Das wohlvertheidigte Hermannstadt umgehend, verbreitete sich das türkische Heer plündernd über das ganze Land. Bei der Schnelligkeit des Einfalles der Türken war es dem Woywoden Hunyady, der, vom Schauplatz des Bürgerkrieges zurückgezogen, sich nun ganz der Vertheidigung der Grenze widmete, nur möglich, mit geringen, in der Eile zusammengezogenen Streitkräften Weissenburg zu erreichen. Als nun die Türken, nachdem sie einen grossen Theil Siebenbürgens plündernd durchzogen hatten, mit ihrer Beute an Menschen, Habe und

Vieh unweit der Stadt lagerten, so dass man daselbst den Rauch der niedergebrannten Ortschaften wahrnehmen konnte, zog ihnen Hunyady am 18. März in Begleitung des Bischofs Georg Lepes, eines wegen seiner Heftigkeit bekannten Mannes, mit nur geringer Mannschaft entgegen. Als sie im Marosthal aufwärts gegen Szent-Imre gelangt waren, trafen sie unvermuthet auf den Feind, und sahen sich, von allen Seiten angegriffen, zur Flucht genöthigt. Der Woywode entkam noch rechtzeitig, doch wurden manche seiner Leute niedergemacht; der Bischof aber, der sich zu weit vorgewagt hatte, stürzte beim Uebersetzen des Ampolybaches, kaum 2000 Schritte vor den Mauern der Stadt, vom Pferde; er wurde hier vom Feinde ereilt und gleich enthauptet.[6]) Weissenburg nicht weiter beachtend, zog Medsidbeg abermals plündernd und sengend durch das Land.

Unterdessen sammelte Hunyady in Weissenburg die Banderien der umliegenden Gespanschaften; auch Ujlaky stiess zu ihm, und mit seinem ansehnlich verstärkten, auch mit einigen Feuergewehren und Geschützen ausgerüsteten Heere wollte er dem Feinde entgegenziehen. Medsidbeg, der das mit Freude vernimmt und erklärt: »Er soll nur kommen und uns noch grösseren Gewinn bringen als früher!« kommt ihm aber zuvor und zieht selbst gegen Weissenburg. Am 24. März trifft er in Szent-Imre ein. Ein Spion brachte alle für den bevorstehenden Kampf von Medsidbeg getroffenen Anordnungen in Erfahrung und eilte zu Hunyady, um ihm mitzutheilen, dass seine Rüstung, sowie die Farbe seines Pferdes dem Feinde verrathen worden sei, und die kühnsten und bestbewaffneten Krieger ausgewählt worden seien, um ihn zu tödten. Ein Edelmann Namens Simon Kamonya (Kemeny?) ruhte nicht eher, als bis ihm Hunyady nach langer Weigerung gestattete, Rüstung und Pferd zu tauschen, indem er ihm 500 der tüchtigsten Krieger an die Seite gab.[7]) Am Morgen des 25. März zog nun Hunyady aus Weissenburg dem durch den letzten Sieg übermüthig gemachten Feind entgegen. Kamonya traf an der Teufelsschlucht auf den Gegner und hielt den wüthenden Anprall desselben standhaft aus, während Hunyady, den Ampolybach überschreitend, die vorliegenden Höhen mit Benützung der vorhandenen Schluchten unbemerkt ersteigt und vom Berge Bilag aus den rechten Flügel und Rücken des Feindes bedroht. Kamonya unterliegt zwar endlich und

---

[6]) Die Stelle, wo Bischof Lepes enthauptet wurde, ist durch ein Steinkreuz mit einer Inschrift bezeichnet.

[7]) Die etwas märchenhaften Einzelheiten dieses Kampfes, für deren Richtigkeit nicht gebürgt werden kann, bringt Bonfinius und nach ihm Andere.

wird sammt seiner Schar niedergemacht, die Schlachtreihen der Türken werden aber durch das unerwartete Vorbrechen Hunyady's zersprengt und gegen Szent-Imre gedrängt. Während nun die Türken mehr um ihre Rettung als um den Sieg kämpften, gelang es den nur unter geringer Bedeckung im Lager zurückgelassenen Gefangenen, sich zu befreien; im Verein mit den Siegern fielen sie nun den Türken in den Rücken und brachten sie vollständig in Verwirrung.

Als Medsidbeg die Niederlage und Flucht der Seinen wahrnimmt, flieht auch er, wird aber von den nachsetzenden Ungarn eingeholt und sammt seinem Sohne niedergemacht. Nachdem alle Gefangenen befreit waren und die früher gemachte reiche Beute den Türken abgenommen worden war, verfolgte Hunyady, dem sich wohl auch die Hermannstädter Bürger angeschlossen haben mögen,[8]) den unaufhaltsam fliehenden Feind durch die Gebirgspässe und machte noch viele Gefangene. Bei 30.000 Türkenleichen sollen das Schlachtfeld bedeckt haben, während der Verlust der Ungarn nur 3000 Mann betrug. Unter den Opfern soll sich auch Hunyady's gleichnamiger Bruder Johann befunden haben.

Mit der Nachricht über den erfochtenen Sieg, für den Hunyady als Befreier des Vaterlandes, als Retter der Sclaven und als unüberwindlicher Feldherr gepriesen wurde, sandte er Trophäen an den König und den Despoten von Serbien, und erbaute im Jahre 1445 zum Andenken an den errungenen Sieg ein Kloster im Töwisthale.[9])

Eine Folge dieses Sieges war die Rückkehr der Woywoden der Moldau und Walachei unter die ungarische Oberhoheit.

Als der Sultan die Niederlage seines Heeres und den Tod Medsidbeg's erfuhr, beschloss er, Rache dafür zu nehmen. Er wollte selbst nach Siebenbürgen ziehen und liess für das Frühjahr 1443 einen Heereszug vorbereiten; doch war es vielleicht die Nachricht vom Abfall des walachischen Woywoden, die ihn bewog, den Feldzug noch in diesem Jahre anzuordnen, und — da deshalb die Rüstungen nicht so umfassend sein konnten, als er wünschen mochte — das Heer nicht selbst anzuführen, sondern dem Eunuchen Schehabeddin Pascha, einem

---

[8]) Dass der Sieg bei Szent-Imre einem Ausfalle der Hermannstädter Besatzung zuzuschreiben wäre, wie verschiedene Quellen behaupten, ist kaum möglich, da Hermannstadt bei 70 Kilometer von Szent-Imre entfernt ist; dass die Hermannstädter sich auch an der Verfolgung Medsidbeg's betheiligt haben, als dessen Heer flüchtig an der Stadt vorbeieilte, ist aber sehr wahrscheinlich. Nach Thuroz wäre Medsidbeg vor Hermannstadt durch eine Kanonenkugel getödtet worden.

[9]) An Stelle des einstigen von Hunyady erbauten Paulaner Eremitenklosters steht jetzt die katholische Kirche sammt Pfarrhaus in Töwis.

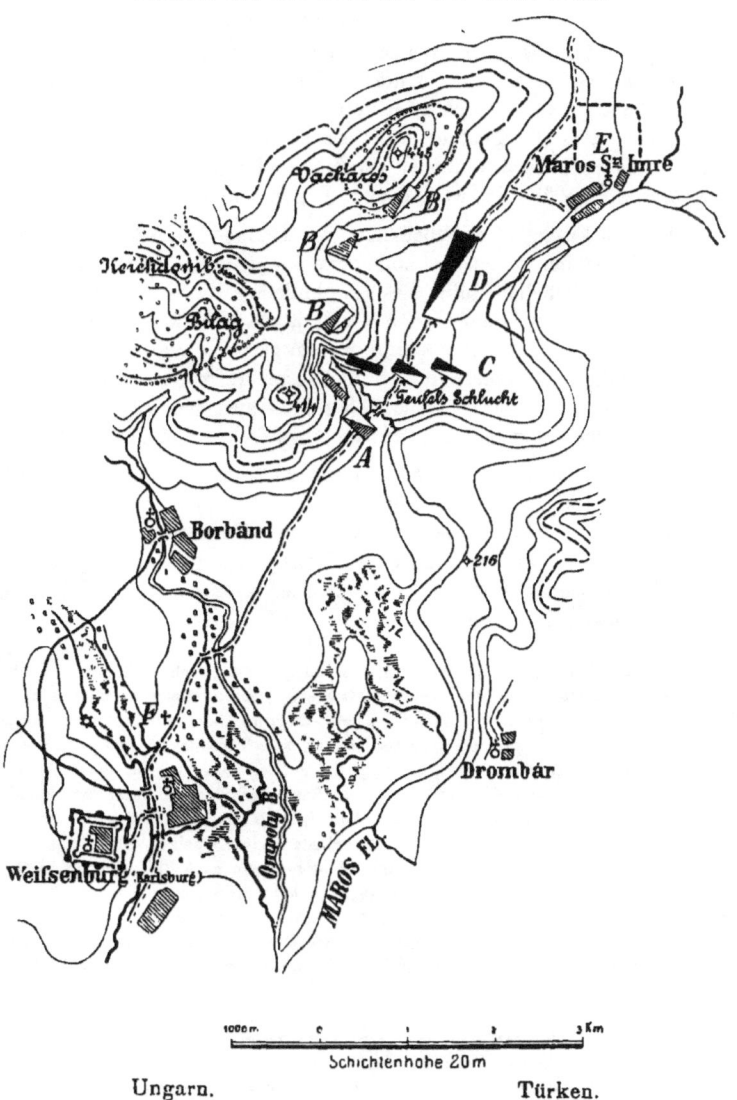

Gefecht bei St. Imre am 25. März 1442.

Ungarn.
A Kamonya's Abtheilung.
B Hunyady's Truppen.

Türken.
C Angriff gegen Kamonya.
D Medsidbeg's Heer im Vormarsche.
E Lager der Türken.

F Denkmal des im G-fechte am 15. März gefallenen Bischofs Georg Lepe-.

Kupelwieser, Ungarns Kämpfe mit den Osmanen. 2. Aufl.

kriegserfahrenen Manne, den Oberbefehl zu übertragen und ihm die Weisung zu ertheilen, die Walachei zur Strafe des Abfalles zu verwüsten und vor gänzlicher Unterwerfung Ungarns nicht zurückzukehren. Schehabeddin. noch übermüthiger wie Medsidbeg, rühmte sich prahlerisch. dass die Feinde, wenn sie seinen Turban nur erblickten, schon mehrere Tage weit fliehen würden, und pflegte zu sagen: »Mein Schwert ist eine Wolke, welche statt Regen nur Blut vergiesst.«

Das türkische Heer übersetzte die Donau bei Nikopoli. Nachdem die Walachei verwüstet und dort reiche Beute gemacht worden war, vermied Schehabeddin die gewöhnlichen Einbruchsstellen nach Siebenbürgen, da sich auf Hunyady's Rath die wehrfähige Bevölkerung der Walachei meist in das Gebirge zurückgezogen und dort die Pässe zur Vertheidigung eingerichtet hatte; donauaufwärts ziehend, betrat er mit der Absicht, den Eisernen Thor-Pass zwischen Karansebes und Hátszeg zu überschreiten. bei Orsowa ungarisches Gebiet.[10])

Unterdessen hatte Hunyady in Siebenbürgen Truppen gesammelt, die allerdings dem Feinde an Zahl nicht gleich kamen, und zog, nachdem er über die Einbruchsstelle des Feindes Gewissheit erlangt hatte, demselben längs des Nordrandes des Grenzgebirges bis an den Eisernen Thor-Pass zwischen Hátszeg und Karansebes entgegen, entschlossen, zu siegen oder zu sterben.

---

[10]) Das Privileg Hunyady's vom Jahre 1453, das auch Aufklärungen über diesen und die nächsten Kämpfe gibt. enthält keine Ortsbestimmung. In den südlichen Karpaten führen nur zwei Punkte den Namen »Eisernes Thor«, die Stromenge an der Donau oberhalb Severin und der Gebirgsübergang vom Temescher Banat nach Siebenbürgen zwischen Karansebes und Hátszeg (enger begrenzt zwischen den Gebirgsdörfern Ohaba-Bistra und Várhély, dem alten Sarmizigethusa — unter den Römern Ulpia-Trajana). Letzterer Pass ist aus der Walachei nur nach Passierung des ersteren zu erreichen. Wenn der byzantinische Geschichtschreiber Chalkokondilas von Schehabeddin sagt: »Er überschritt den Ister und marschierte nach Siebenbürgen, indem er einige Tage durch das Land Ungarn zog«, so kann damit nur gemeint sein: »Er übersetzte die Donau, zog längs derselben aufwärts, betrat oberhalb Severin ungarisches Gebiet und brauchte noch drei bis vier Tage, um den Eisernen Thor-Pass oder Karansebes zu erreichen.« Wenn Chalkokondilas ferner sagt: »Hunyady folgte dem Pascha längs des Gebirges«, so muss damit nicht gemeint sein, dass er ihm auf dem Fusse folgte — er müsste den Pascha dann im Rücken angefallen haben, was nicht geschah — wohl aber kann er seiner Bewegung auf der Nordseite des Gebirges gefolgt sein, und nachdem er sah, dass der Gegner die Uebergänge am Alt und Schyl nicht benützte, sich gegen den Eisernen Thor-Pass gewendet haben. Es steht dann auch die Angabe, dass die Schlacht »ad locum, qui Vaskapu (vas ist ungarisch Eisen, kapu Thor) genannt wird«, nicht in Widerspruch mit dem Privileg Hunyady's und Ujlaky's.

Den Pass überschreitend, stürzte sich nun Hunyady's tapferes Heer aus dem Gebirge von allen Seiten auf den überraschten Gegner, der trotz der ungeheuren Uebermacht geschlagen wurde. Eine Unzahl Fahnen wurden erbeutet, 5000 Gefangene gemacht und Tausende von Todten bedeckten das Schlachtfeld, darunter viele der tapfersten Führer der Türken. Aus der Banater Ebene zurückkehrende Streifpartien, die von der Niederlage ihres Führers noch keine Kenntniss hatten, wurden ohne Mühe einzeln aufgerieben, die mitgeführten Gefangenen in Freiheit gesetzt.[11]

Eine Gesandtschaft des Sultans, die im Juli 1442, gerade nach dem Eintreffen der Nachricht über den letzterrungenen Sieg an den Hof nach Ofen kam, um neuerdings die Uebergabe Belgrads zu verlangen, wurde mit Hinweis auf die letzten beiden Siege abgewiesen.

Wenn Hunyady mit so geringen Mitteln so glänzende Siege erringen konnte, während die Hauptmacht des Königs noch durch die Kämpfe im Innern in Anspruch genommen war, so konnte man noch viel glänzendere Erfolge erwarten, wenn König Wladislav die Streitkräfte seiner beiden Reiche den Türken entgegenstellen würde. Die Stimmung im Lande benützend, setzte nun der Cardinal von St. Angelo, Julian Cesarini, welchen Papst Eugen IV. im Sommer 1442 als Legaten nach Ungarn geschickt hatte, alles in Bewegung, um den König zu einem energischen Angriff auf die Ungläubigen anzueifern, und war deshalb auch eifrig bemüht, zwischen Wladislav und Elisabeth, und nach deren Ableben zwischen ersterem und Kaiser Friedrich als Vormund des jungen Ladislaus einen Frieden oder doch einen Waffenstillstand herbeizuführen. Mit dem Aufgebote seiner ganzen Beredsamkeit suchte der feurige Cardinal Anfangs 1443 auf dem Reichstage zu Ofen den König und seine Räthe sowie die ungarischen Grossen zum Kriege zu entflammen. Bedeutende Subsidien von Seite des Papstes und Hilfstruppen von den katholischen Fürsten stellte er in Aussicht. Auf dem Reichstage zu Pfingsten — den 9. Juni — erneute er seine Anstrengungen und wurde hiebei vom Despoten von Serbien lebhaft unterstützt, der sein Land wieder gewinnen und zugleich an Sultan Murad die Blendung zweier seiner Söhne rächen wollte.

Briefe der Republik Ragusa, dann Nachrichten von Hunyady aus Belgrad steigerten die Kampflust der Ungarn noch mehr. Spione

---

[11]) Bonfinius, der Historiograph des Königs Mathias, gibt von dieser Schlacht eine ganz fabelhafte Beschreibung, in der Bombarden, Streitwagen und schwer bewaffnete Reiter Rollen spielen, die weder der Zeit noch dem Orte der Schlacht entsprechen können.

hatten an Hunyady berichtet, das türkische Reich sei durch Aufstände zerrissen; der Sultan, durch den Herrscher von Karaman geschlagen, sei auf eine Insel geflohen und gestorben; in Adrianopel habe man einen seiner Söhne zum Sultan ausgerufen; die europäischen Provinzen seien nur schwach besetzt; wenn Ungarn mit 30.000 Streitern in Serbien einrücke, würden die Türken alle Gebiete bis zum Meere freiwillig räumen. Wenn diese Gerüchte auch übertrieben waren, so wirkten sie doch auf den Reichstag so mächtig ein, dass der Krieg wider die Osmanen beschlossen wurde.

Den Bemühungen des Legaten gelang es endlich nach langen und mühevollen Verhandlungen, einen zweijährigen Frieden zwischen Kaiser Friedrich und dem König Wladislav zum Abschluss zu bringen und denselben auch auf Giskra auszudehnen, der noch von Elisabeth als Befehlshaber im Norden Ungarns eingesetzt, sich dort fast als Gebieter fühlte. Papst Eugen IV. widmete den fünften Theil der Einkünfte der apostolischen Kammer für die Ausrüstung des Heeres. sonst waren aber seine Bemühungen, die christlichen Mächte zur Hilfe heranzuziehen, von geringem Erfolge. Den Kaiser und den Deutschen Orden, auf deren Beistand er besonders rechnete, konnte man zur Beistellung von Hilfstruppen nicht bewegen, beide waren interessiert, die Macht Ungarns sowie Polens nicht zu sehr überhandnehmen zu lassen.

Da der bevorstehende Feldzug (später, obwohl er kaum vier Monate währte, der »lange Feldzug« genannt) als Angriffskrieg ausserhalb der Reichsgrenze geführt werden musste, konnte in Ungarn von einem allgemeinen Aufgebot nicht die Rede sein; man musste sich daher zumeist auf die Anwerbung eines Söldnerheeres beschränken und die nöthigen Geldmittel hiezu bewilligen.[12]) Die Aufstellung und Leitung desselben wurde an Johann Hunyady als »Capitanus exercitus generalis« übertragen.

Obwohl der Sommer noch zu Rüstungen verwendet werden musste und der Feldzug aus ökonomischen Rücksichten erst nach eingebrachter Ernte begonnen werden sollte, brach der König in Begleitung des Cardinallegaten und des Despoten von Serbien schon im Juli von Ofen auf, wo sich auch Hunyady eingefunden hatte.

Während der König in Peterwardein weilte, sammelte sich das Heer nach und nach in Titel. Polnische und walachische Hilfs-

---

[12]) Einen sehr bedeutenden Beitrag zu den Rüstungen stellte auch Georg Branković, Hunyady's Anwerbung von Söldnern geschah zum grossen Theil auf seine Kosten.

völker [13]) schlossen sich hier an, ebenso mehrere Tausend durch den Legaten angeworbene und vom Papst besoldete Kreuzfahrer — meist Böhmen — auch manche ungarische Bannerherren mit ihren Scharen. Sehr zahlreich dürften aber weder die Hilfsvölker noch die freiwillig theilnehmenden Ungarn, welche sich zu einem Feldzuge ausserhalb des Landes nicht verpflichtet halten mochten, gewesen sein.

Die Geschichtsquellen über den »langen Feldzug« sind äusserst spärlich und zum Theil wenig verlässlich. [14]) Die Zeitangaben, nach welchen man den Gang der Ereignisse festhalten könnte, sind gering, und Orte werden häufig mit damals üblichen oder auch während des Feldzuges entstandenen, jetzt aber nicht mehr gebräuchlichen Namen bezeichnet. Ebenso schwankend sind die Angaben über die Stärke des ungarischen Heeres. [15]) Beim Uebertritt über die Grenze bei Belgrad wird das Heer kaum viel mehr wie 25.000 Streitbare und zwar meist Reiter gezählt haben. Auch Kriegswagen, wie sie von den Hussitenführern in Böhmen mit Vortheil verwendet wurden, angeblich in der Zahl von 600, waren beim Heere, sie fanden aber bei der Abneigung der ungarischen Heerführer, welche lieber in freiem Felde kämpften, keine Verwendung; ob es bei dem fast gänzlichen Mangel an gebahnten Strassen überhaupt möglich gewesen wäre, sie mit Vortheil zu verwenden, scheint fraglich. Spätere Historiographen erwähnen auch, dass Geschütze (bombardae) mitgeführt worden wären, dass sie auch Verwendung fanden, wird aber in keiner der gleichzeitigen Quellen angeführt. An sonstigen Fuhrwerken, theils zur Beförderung der Vorräthe, theils zur Befriedigung des Aufwandes, ohne welchen ein König

---

[13]) Dass an diesem Feldzuge mit den walachischen Hilfstruppen auch Wlad Drakul selbst sich betheiligt hätte, wie mehrseitig behauptet wird, ist nicht erwiesen.

[14]) Die Geschichtsquellen über diesen Feldzug beschränken sich auf einen Brief Hunyady's an Ujlaky (Katona XIII, I, 251), einen Brief Wladislav's an den Dogen von Venedig (Huber. Kämpfe 1441 bis 1444); das Gedicht Michael Beheim's »Von dem König Wladislav, wie er mit den Türken streit«, nach der Erzählung Maegest's (dem Namen und mehrerer Ausdrücke nach wohl ein Siebenbürger Sachse, der den Zug in untergeordneter Stellung mitmachte, herausgegeben von Karajan 1848); das Bruchstück einer Beschreibung des Feldzuges von dem böhmischen Rottenführer Jennik von Mečkow, der den Zug auch nur in bescheidener Stellung mitgemacht haben kann (mitgetheilt von H. Jireček); dann Briefe von Aeneas Silvius. Von älteren Historiographen ist nur Callimachus, Dlugos und Chalkokondilas zu erwähnen, während Bontinius nur verwirrt, und die von Hammer angeführten türkischen Quellen fast allen Werthes entbehren.

[15]) Beheim's Angabe über die Stärke des Heeres »14.000 durchaus wehrbare Leute« dürfte sich wohl nur auf die von Hunyady selbst angeworbene und befehligte Schar beziehen.

mit seinem Gefolge damals nicht ins Feld ziehen konnte, war selbstverständlich kein Mangel.

Ueber die Zahl und Zusammensetzung des türkischen Heeres sind die Angaben nicht verlässlicher. Zu Beginn des Feldzuges scheinen den Ungarn nur die der Grenze zunächst stehenden Truppen entgegen getreten zu sein, später besetzten die Janitscharen die Pässe des Hämus, und schliesslich rückte der Sultan mit den in Adrianopel gesammelten Truppen, auch aus Kleinasien — aus der grossen Türkei, wie Beheim sagt — nach. Die Gesammtstärke mag bei 150.000 Mann betragen haben.

Zu Ende September übersetzte das ungarische Heer bei Peterwardein und Slankamen die Donau, dann bei Belgrad die Save.[16]) Nach Passierung von Kragujevaz wurde die türkische Festung Krusevaz, wie es scheint, ohne erheblichen Widerstand zu finden, genommen und zerstört. Das Heer wendete sich dann nach Osten und erreichte in der Nähe von Alexinaz die bulgarische Morava. Um Kundschaft einzuziehen und zu fouragieren, wurden 500 Reiter über den Fluss geschickt; sie entdeckten bald eine weit überlegene feindliche Abtheilung, vor der sie sich zurückziehen wollten; eingeholt und zum Schlagen gezwungen, kehrten sie aber um und verfolgten die zurückweichenden Feinde eine weite Strecke.[17])

Die Morava wurde nun unangefochten überschritten und am jenseitigen Ufer ein Lager bezogen, in welchem der König mit dem Hauptheere verblieb, während Hunyady mit 12.000 auserlesenen Reitern, darunter sein und Ujlaky's Banderium — letzterer war krankheitshalber in Siebenbürgen zurückgeblieben — gegen Nissa (Nisch) vorrückte. Die Stadt wurde ohne Mühe eingenommen, dann geplündert und niedergebrannt.

Während Hunyady kurze Zeit dort verweilte, wurde er von drei aus verschiedenen Richtungen kommenden türkischen Heerführern an-

---

[16]) Die Angabe, das ungarische Heer wäre über die Donau nach Serbien gegangen (Callimachus und Andere), muss unbedingt als unrichtig erklärt werden. Beheim nennt »Tutenrib« als Uebergangspunkt über die Donau, Karajan erklärt dies mit »Tóti rep«, d. i. slavische Führe, und bezieht dies auf »Salsus lapis«, d. i. Slankamen, welchen Punkt (nebst Cobin gegenüber von Semendria) auch Callimachus erwähnt. Für ein an der Theissmündung gesammeltes Heer waren die Mittel zum Uebersetzen der Donau bei Peterwardein und Slankamen gewiss vorhanden, dann stand das Heer aber noch nicht in Serbien, und Belgrad bleibt dann der einzige Uebergangspunkt über die Save, um nach Serbien zu gelangen.

[17]) Callimachus gibt an, diese Abtheilung von 500 Mann wäre nahezu aufgerieben worden.

gegriffen. Der erste war Escbeg (Isakbeg von Semendria); er wurde leicht besiegt und in die Flucht geschlagen. Einem zweiten, nicht genannten Führer (novus basa), der von Sophia kam, erging es nicht besser, er musste zurückweichen. Der dritte endlich, Twrhanibeg (Turachanbeg), muss von Süden gekommen sein, auch er wurde ge-

Gefechte Hunyady's in der Umgebung von Nisch bis zum 3. November 1443.

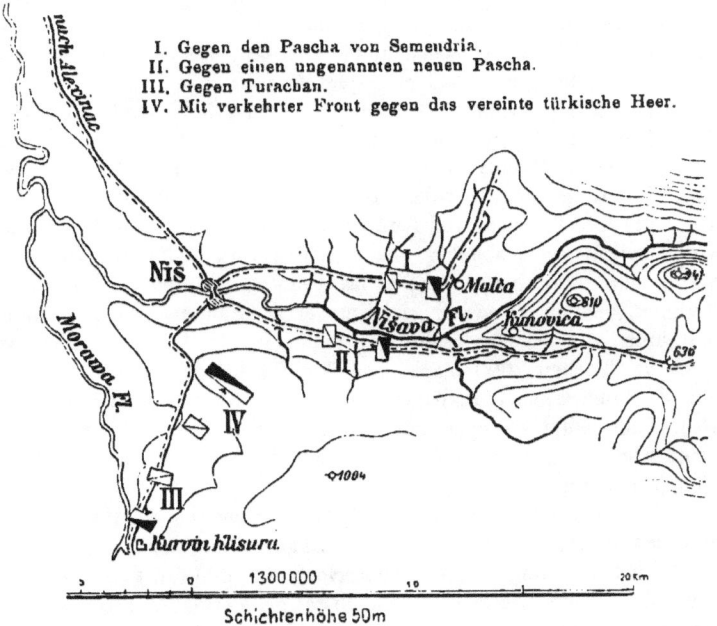

I. Gegen den Pascha von Semendria.
II. Gegen einen ungenannten neuen Pascha.
III. Gegen Turachan.
IV. Mit verkehrter Front gegen das vereinte türkische Heer.

schlagen und zurückgetrieben. Hunyady glaubte, dass diese drei Abtheilungen die Absicht gehabt hätten, am selben Tage vor Nissa einzutreffen und mit vereinter Macht sein Lager anzugreifen, woraus wohl geschlossen werden kann, dass die Gefechte mit diesen drei Abtheilungen kurz hintereinander durchgeführt worden sein dürften.

Während nun Hunyady gegen Turachan mit der Front gegen Süden stand, brachten ihm Kundschafter am 3. November die Meldung, dass sich in seiner linken Flanke ein anderes grosses und mächtiges

Heer befinde, mit dem sich auch die früher geschlagenen Abtheilungen — wohl nur jene Esebeg's und des ungenannten neuen Paschas — vereinigt hätten, das im Begriffe wäre, gegen das Lager des Königs zu ziehen. Es muss dies ein Heer gewesen sein, das an der Nischawa abwärts zog und die zwei geschlagenen Abtheilungen wieder aufgenommen hatte, nach des Königs Angabe bei 30.000 Mann. Ohne Verzug kehrte Hunyady wieder gegen Nissa zurück und erblickte gegen Abend beim Austritt auf die Ebene — wie er in dem Brief an Ujlaky selbst sagt — ein so ungeheures feindliches Heer, dass er einigermassen beängstigt war; doch habe er wieder Muth gefasst, die Schlachtreihen unverzüglich geordnet und sich auf den Feind geworfen, der mit Gottes Hilfe durch seine und des Ujlaky Leute, ohne selbst bedeutende Verluste zu erleiden, besiegt wurde.

Der Kampf währte bis in die Nacht des 3. November 1443. An demselben betheiligten sich auf türkischer Seite ausser dem schon erwähnten neuen Pascha und Esebeg noch ein alter, nicht genannter Pascha, der gefangen wurde, ferner Kesebeg von Widdin, Ziwanbeg von Kursolch, Turachan von Kursangh, Omarbeg von Sophia, Ziwanbeg von Koywanow, Balabanbeg von Tokat, Alibeg, Sohn des Timurtasch von Sumla, Hamzabeg von Beze, Isakbeg von Philippopel, Daubeg von Zethnice, endlich Kapusbeg, der Kanzler des Sultans, und noch andere Anführer, von welchen mehrere getödtet wurden.[18]) An Todten verloren die Türken 2000 Mann; von den Flüchtigen wurden noch viele von den zum Theil christlichen Bewohnern, die sich dem ungarischen Heere überhaupt gewogen zeigten, erschlagen. 4000 Gefangene und neun erbeutete Feldzeichen wurden von Hunyady in das Lager des Königs gebracht.

Hunyady sagt in seinem an Ujlaky gerichteten, vom 9. November datierten Brief: »Dieser Sieg, der in Ungarn wohl schon bekannt sein dürfte, wurde wenige Tage vorher erfochten,« und führt nun der Reihe nach die in der Umgebung von Nissa gelieferten vier Gefechte an. Genau gibt auch König Wladislav in einem Briefe an den Dogen von Venedig den 3. November an, an welchem ein »Sieg über 30.000 Feinde oder nicht weniger über den Vicekaiser der Türken, gewöhnlich Pascha genannt, erfochten worden sei«.[19]) Ebenso äussert sich Aeneas Silvius;

---

[18]) Hunyady erwähnt zwölf, der König dreizehn Führer der Türken, die in der Schlacht anwesend gewesen wären; Hammer bringt zum Theil andere Namen.

[19]) Huber (Die Kriege 1440 bis 1444) erwähnt dieses Schreiben, das italienisch übersetzt in der »Cronica di Bologna« erhalten ist; es ist datiert »nel defensione esercituale nostro apresso le contrade di Ongaria e apresso la fortezza chiamata Nissae apresso il luogo della rotta a predetta« vom 9. November 1443.

nach Anführung der vier Gefechte sagt er: »Haec acta sunt ad tertium diem Novembris.« Es kann sich dies wohl nur auf die Beendigung dieser Gefechte, also auf das letzte beziehen, während die drei anderen schon der zurückzulegenden Entfernungen wegen, kaum an demselben Tage, vielleicht sogar mehrere Tage früher vorgefallen sein dürften.

Von Nissa führt die Strasse gegen Sophia östlich längs des rechten Ufers der Nischawa aufwärts, verlässt den Fluss am Fusse des Kunovizagebirges, geht in den gleichnamigen Pass [20]) und tritt am Ende desselben wieder an den Fluss, an welchem jetzt 6 Kilometer aufwärts die Stadt Bela-Palanka (Ak-Palanka, Musa- oder Mustafa-Palanka) liegt. Hunyady datiert seinen Brief an Ujlaky: »in descensu Regali Scaronensi, octavo die omnium Sanctorum adoppositum castri rupti. Balran dicti.« Der Brief des Königs an den Dogen ist von Nissa, den 9. November datiert, es muss daher Hunyady an diesem Tage mit seinen 12.000 Reitern als Vorhut ungefähr einen Tagmarsch weiter vor gestanden sein; er wird auch nicht im Passe selbst, sondern vor demselben Stellung genommen haben, um dem nachfolgenden Heere den Durchzug zu sichern. Wenn nun auch für »Scaronensis« keine Erklärung zu finden ist, so kann die Burg »Balran« nur an Stelle von Bela-Palanka, dem römischen »Remisiana«, gesucht werden, von welcher römischen Niederlassung vor 500 Jahren noch bedeutende Reste zu sehen waren, die später das Baumateriale für das türkische Castell Belapalanka liefern mussten.[21])

[20]) C. Jireček sagt, noch jetzt führe ein Karaul den Namen Kunoviza, erwähnt aber nicht, dass die Berggruppe zwischen dem Pass und der Nischawa »Kunobarki Vrch« und ein Dorf in dieser Gruppe Kunobiža genannt wird. Der Karaul Kunobiža war ein unbedeutender späterer türkischer Bau — ein Wachthaus zum Schutze der Strasse —, der jetzt dem gänzlichen Verfalle nahe, oder vielleicht schon verfallen ist.

[21]) An Stelle des alten Remisiana fand 1099 Peter von Amiens ein ganz verfallenes Städtchen, und 1433 — also wenige Jahre vor dem Feldzuge — der französische Reisende de Brocquière die Ruinen einer vollständig zerstörten Stadt, die er »Ysourière« nennt (Izwor ist slavisch »Quelle«, und »Mokro«, wie ein an Remisiana grenzender, schon im X. Jahrhundert bekannter Ort heisst, bedeutet »feucht«.). Später erbaute Musa Pascha im XVI. Jahrhundert aus den Trümmern der römischen Stadt ein Castell, das nach ihm Musa- oder Mustafa-Palanka genannt wurde, das heutige Bela- oder Ak-Palanka. In neuester Zeit fand Kanitz in Bela-Palanka und dem nebenliegenden Mokro nicht unbedeutende Reste der römischen Stadt, die wohl schliessen lassen, dass im XV. Jahrhundert dort noch grössere Burgruinen gestanden haben mögen, und der von Hunyady angeführte, jetzt ganz unbekannte Name des verfallenen Schlosses Balran sich auf selbe bezieht. Für Scarona ist keine Aufklärung zu finden, wenn diese Bezeichnung nicht vielleicht auf den damals schon nicht mehr gebräuchlichen Namen Remisiana zurückzuführen ist.

Hunyady erhielt hier auch die Nachricht, dass Sultan Murad mit einem enormen Heere nur drei Tagmärsche entfernt stünde, und sprach die Erwartung aus, dass demnächst ein entscheidender Kampf bevorstehe. Wenn Murad auch im Anmarsche war, so erwies sich doch die Nachricht von seiner Nähe als unbegründet. Die Stimmung des ungarischen Heeres war in Folge der errungenen Siege eine gehobene. Täglich kamen auch Leute mit Geschenken ins Lager. Bulgaren, Bosnier, Albanesen und Raszier (Serben), die sich über die Erfolge des christlichen Heeres freuten und nicht selten die Stärke desselben vermehrten. Das Wetter war bisher sehr günstig, die Zufuhr von Lebensmitteln aus dem Lande so reichlich, dass die auf den Wagen mitgeführten Vorräthe noch nicht angegriffen waren. Rücksichtslos wurden hingegen auf dem weiteren Vormarsche alle Orte, welche von Anhängern des Islam bewohnt waren, mit Feuer und Schwert verwüstet, die Einwohner — zum nicht geringen Theil zum Islam übergetretene Bulgaren — wurden niedergemacht. Die Zerstörungswuth gieng sogar so weit, dass in Orten, wo sich Widerstand zeigte, nicht nur alle Menschen, sondern auch alles Vieh erschlagen wurde.

Während des weiteren Vormarsches traf auch Ujlaky mit nicht bedeutender Verstärkung beim Heere ein. Pirot und Sophia, wo das Heer gegen Ende November oder Anfangs December eingetroffen sein dürfte, [22]) wurden nach geringem Widerstand eingenommen, geplündert und zerstört.

Um von Sophia nach Philippopel zu gelangen, ist der Gebirgszug, welcher den Balkan mit dem Rhodopegebirge verbindet und die Flussgebiete des Isker und der Mariza trennt, zu überschreiten. Von den Uebergängen kommen in Betracht: Der südliche aus dem Kessel von Ichtiman an Banja vorüber, der mittlere von Ichtiman durch das Trajansthor und endlich der nördliche über das Thal von Slatiza (Isladi) und durch das Topolnizathal.

Der südliche Uebergang führt von Ichtiman über die Wasserscheide des Karabair (683 Meter Seehöhe) in das Sulu Derbend (Wasserpass) genannte Marizathal. Dieser Weg, den Römern noch unbekannt, wurde 1193 von den Kreuzfahrern, 1389 von Murad I. benützt, jetzt führt die Orientbahn hier durch; ob derselbe von den Türken

---

[22]) Vom 9. November bis Anfangs Februar 1444 fehlen nahezu alle verlässlichen Zeitangaben. Wir wissen nur, dass am 24. December, dem Vorabend des Christtages, ein Kampf, und zwar wahrscheinlich der letzte, an einem der gegen Philippopel führenden Pässe, und auf dem Rückzug des ungarischen Heeres am Fusse des Kunovizagebirges eine Schlacht stattfand, die bei Mondbeleuchtung endete.

besetzt war, ist nicht bekannt; einen Versuch, hier durchzudringen, machte das ungarische Heer nicht.

Der zweite Weg führt von Ichtiman über den Pass des Trajansthores (Trajanova Vrata, Kapulu Derbend, d. i. Thorpass) mit einer Seehöhe von 800 Meter in das Marizathal. Die schon unter Kaiser Trajan erbaute und bis in die neueste Zeit meist benützte Strasse nach Constantinopel führt durch diesen Pass, der seinen Namen einer Befestigung aus der byzantinischen Zeit verdankt, welche den Weg durch ein Thor abschliesst.[23]) Auf diesem Wege hatten sich die geschlagenen türkischen Abtheilungen zurückgezogen, nachdem sie dieselben durch Verhaue u. dgl. ungangbar gemacht hatten. Hier stand das Anrücken des Sultans aus Adrianopel mit den Janitscharen und den asiatischen Truppen zu gewärtigen, welche diesen Pass auch noch vor Eintritt der Winterkälte erreichten.

Endlich führt der dritte Weg von Sophia längs des Südabhanges des Etropol Balkan (Veliki Balkan) über einen bei 870 Meter hohen Sattel, von welchem jetzt die Strasse über den Balkan gegen Orhanie abzweigt, in den Thalkessel von Slatiza, von dem aus man südlich durch das Topolnizathal Tatar-Bazardschik erreicht[24]).

Die Versuche der Ungarn, durch das Trajansthor zu dringen, scheiterten sowohl an dem Widerstand der Türken als an der Ungunst der Witterung. Schneestürme und grosse Kälte stellten sich ein, welche von den Türken auch benützt wurden, um alle Zugänge durch Begiessen mit Wasser ungangbar zu machen. Die Erfolglosigkeit aller Bemühungen einsehend, entschloss sich Hunyady auf Anrathen des Despoten von Serbien, der das Land in Folge seiner vielen Reisen auf der Balkan-Halbinsel gut zu kennen glaubte, das Trajansthor zu umgehen und den zuletzt geschilderten Weg durch das Becken von Slatiza einzuschlagen.

Unterdessen war Sultan Murad mit den Janitscharen und den asiatischen Truppen gegen die Pässe herangekommen; ein Kriegsrath unter seinem Vorsitze wurde nun gehalten, an dem die vornehmsten

---

[23]) Auf dem eigentlichen Joche standen zu beiden Seiten der Strasse zwei Castelle, welche durch eine mit einer Pforte versehenen Mauer aus starken Quadern verbunden waren. Die Ruinen dieser später mehrfach restaurirten Befestigung bestanden noch zu Beginn dieses Jahrhunderts; erst im Jahre 1835 liess Usref Pascha von Sophia die Pforte demoliren, und seither wurde das Steinmateriale dieser Castelle zu Strassenbauten u. dgl. verwendet.

[24]) Die jetzt das Srednagoragebirge umgehende, über Karlovo führende Strasse nach Philippopel gehört erst der neuesten Zeit an.

Heerführer theilnahmen. [25]) Der Sultan sprach sich dahin aus, dass man dem an Zahl schwächeren christlichen Heere ohne Verzug eine Schlacht liefern solle, indem durch längeres Zögern die Feinde ermuthigt, die eigenen Truppen entmuthigt würden. Kasim, der Beglerbeg von Rumili, schloss sich der Ansicht des Sultans an. Als die übrigen schwiegen und der Ansicht des Sultans nicht entgegenzutreten wagten, erhob sich Turachan und gab seine Meinung dahin ab, dass man sich zurückziehen solle, bis die Feinde durch Hunger genöthigt sein würden, umzukehren, um dann über sie herzufallen. Isabeg endlich vertrat die Ansicht, man solle sich nicht zurückziehen, um nicht die Entmuthigung des Heeres und den Abzug der asiatischen Truppen und des Fussvolkes zu veranlassen, aber auch keine offene Feldschlacht liefern, sondern die Uebergänge über das Gebirge befestigen und hier Stand halten, bis die Feinde zum Abzug gezwungen wären, dann aber sie mit Reiterei verfolgen und ihnen möglichsten Schaden zufügen. Dieser Meinung schlossen sich auch die anderen Führer an, und die Anordnung zur kräftigsten Vertheidigung der Engpässe wurde getroffen.

Ein ganz deutliches Bild der Kämpfe, welche nun stattfanden, geben die vorhandenen Quellen nicht. Ob der Kampf um den Trajanspass ganz ruhte, während ein Theil — wahrscheinlich der grössere — des ungarischen Heeres sich gegen Slatiza wendete, [26]) ist nicht zu entnehmen. Ereignisse von Bedeutung scheinen aber am Trajanspasse nicht mehr vorgekommen zu sein.

Als die Ungarn in den Thalkessel von Slatiza hinabstiegen, fanden sie den Eingang in das Topolnizathal bereits von den Türken besetzt. Ihrem Auftrage zuwider griffen die Türken, auf ihre Uebermacht vertrauend, das Heer des Königs an, wurden aber zurückgeworfen und besetzten einen Berg (Beheim nennt ihn »Altindag«, slavisch »Sladagora«, zu deutsch »guldin Berg«), der schon zur Vertheidigung vorgerichtet war. [27]) Drei Tage steht das ungarische Heer vor diesem Berg, am

---

[25]) Chalkokondilas bringt die Nachricht über diesen Kriegsrath, die, wie Huber erwähnt, im allgemeinen der Wahrheit entsprechen mag, wenn man auch von dem Wortlaute der von ihm mitgetheilten Reden absehen muss.

[26]) Die häufig verbreitete Annahme, dass der König nur bis Sophia oder gar nur bis Nissa gelangte, ist unrichtig und verdankt wohl nur ihren Ursprung dem Umstande, dass als Heerführer zumeist nur Hunyady genannt wird, auf dessen Initiative wohl auch alle Anordnungen zurückzuführen sind, was bei der Jugend und Unerfahrenheit des Königs wohl begreiflich erscheint.

[27]) Kanitz meint, das denkwürdige Gefechtsfeld dürfte zwischen Petričevo (Petrisch) und Polbren nahe dem Schismanberg — einem Berg am rechten Ufer des Topolnizabaches, auf welchem der kleine Ort Schismane liegt, der sich zur Ver-

Vorabende des Weihnachtstages bestand der König noch einen harten Kampf, der vom Morgen bis in die Nacht währte. ²⁸) Aus ihrer Stellung auf dem Berge überschütteten die Türken das ungarische Heer mit einem Pfeilregen, auch Wladislav wird von einigen Pfeilen getroffen, die nur durch die Rüstung aufgehalten werden. Dieser Kampf scheint der letzte gewesen zu sein, der um den Uebergang durch die Pässe geführt wurde. Die Erfolglosigkeit weiterer Bemühungen einsehend, ordnet der König den Rückzug an, der umso nothwendiger erscheint, als auch Krankheiten einreissen, unter den Pferden eine verheerende Seuche ausbricht, die Lebensmittel allmählich zu schwinden beginnen, das verwüstete Land hiefür keinen Ersatz, und die verheerten Städte bei der eingetretenen Kälte keine Unterkunft bieten.

Unbelästigt vom Feinde, der durch die Ungunst der Witterung von der augenblicklichen Verfolgung abgehalten wurde, traten die Ungarn den Rückzug in grosser Eile an. Die Beute, welche man nicht fortschaffen konnte, wurde theils in die Brunnen geworfen oder vertilgt, die Fuhrwerke, zu welchen die Zugthiere fehlten, verbrannt.

Der Sultan schickte nun zur Verfolgung der Ungarn den Kasim Pascha mit den europäischen Reitern und vier anatolischen Sandschakbegen nach. Dieser folgte dem ungarischen Heere über den Isker und die Nischawa und traf erst am Fusse des Kunovizapasses mit ihm zusammen. Die Nachhut der Ungarn musste, während der König und Hunyady schon den Kunovizapass betreten hatten, zur Deckung des Rückzuges am linken Ufer des Crnevareka — rothen Baches — stehen bleiben. Hier zeigten sich plötzlich am anderen Ufer des Baches Reiter, welche nicht Miene machten, zum Angriff überzugehen. Auf die Meldung des Befehlshaber der Nachhut — es soll Georg Branković gewesen sein — liess der König die Wagen unter Bedeckung von Fussvolk weiter fahren und kehrte mit Hunyady zurück. Bevor er noch bei der Nachhut angelangt war, hatte aber der Kampf schon begonnen. Die Ungarn hatten sich durch das Wasser, das den Pferden bis an den Bauch reichte, auf die gegenüberstehenden Reiter gestürzt und sie

<hr />

theidigung des Thales besonders eignet — stattgefunden haben. Die Volks-Tradition knüpft an diesen Punkt die Sage einer grossen Schlacht, welche einst hier stattgefunden habe.

²⁸) Wenn Długos, der kein Augenzeuge dieser Kämpfe war, von »bombardis, sagitis balistarum et alliis jaculis« spricht, mit welchen man die Türken vom Berge vertreiben wollte, so wäre zu bemerken, dass Geschütze (bombardae) sonst nicht erwähnt werden, sonstige Schleudermaschinen aber kaum bis gegen Slatiza geführt worden sein dürften, er daher mit seinen Angaben wohl nur den späteren Begriffen einer heissen Schlacht Rechnung tragen wollte.

zurückgedrängt. ²⁹) Die Dämmerung war schon eingetreten, als die Verfolgenden auf einer Wiese — wohl zwischen Crnevareka und dem Mokrobache — Wachtfeuer und, um dieselben gelagert, das türkische Heer wahrnahmen. Obwohl an Zahl gering, warfen sie sich unter grossem Lärm mit Trommel- und Trompetenschall auf den einen Angriff nicht gewärtigenden Feind. Panischer Schrecken ergriff die Türken, fast ohne sich zu wehren, flohen sie, ihre Zelte und alles im Stich lassend. Vom aufgehenden Mondschein begünstigt, währte die Verfolgung bis Mitternacht. Tausende von Leichen bedeckten das Schlachtfeld. Unter den Gebliebenen war auch ein Verwandter des Sultans, der in Tamjaniza, einem Orte am Eingange des Kunovizapasses, begraben wurde. ³⁰) Beute durfte trotz der günstigen Gelegenheit nicht gemacht werden, da sie fortzuschaffen unmöglich war. Kasim Pascha selbst und Mahmud Tschebeli, des Sultans Schwager und Beg eines asiatischen Bezirkes, ³¹) wurden gefangen, sie wurden geschont, 170 andere Gefangene auf Hunyady's Befehl niedergemacht. Noch auf dem Schlachtfelde schlug König Wladislav mehrere zum Ritter.

Diese Schlacht, die letzte des »langen Feldzuges«, welche um Mitternacht bei Mondbeleuchtung endete, muss, da der Vollmond im

²⁹) Eine genaue Angabe über den Ort dieses Kampfes fehlt, nachdem aber die beiden Heere durch ein so tiefes Wasser getrennt waren, dass es den Pferden beim Durchfurten bis an den Bauch reichte, so kann selber nur an der Mündung des Crvenareka — rothen Baches — in die Nischawa stattgefunden haben. Der Crvenareka ist ein Wildbach mit sehr wechselndem Wasserstande; bis in die neueste Zeit nicht überbrückt, war er aber doch mächtig genug, um im Jahre 1885 die jetzt dort befindlichen beiden Brücken fortzureissen; der Nischawafluss ist in der ganzen Gegend nicht zu durchfurten, und der bei Bela-Palanka in denselben mündende Mokrabach hat so steile Ufer, dass er nur auf der Brücke oder durch Fussgänger bei den jetzt oberhalb derselben befindlichen Mühlen überschritten werden kann, welche Mittheilungen ich Kanitz verdanke. Mit vollem Rechte glaube ich daher den Ort dieses Zusammenstosses beider Heere an den rothen Bach verlegen zu können. Als Ort der Schlacht gibt Bonfinius und Michael Konstantinović (auch der Janitschar oder Constantin von Ostrovica genannt) übereinstimmend die »Gegend am Berge Cunoviza« an. Leunclavius lässt sie an der Nischawa, die am Fusse des Kunovizagebirges vorbeifliesst, schlagen, während Callimachus, der den König als Secretär begleitete und der Schlacht beiwohnte — auch durch einen Pfeil am Finger verwundet wurde — die »letzten Abhänge des Hämus am Berge Cunoviza auf den Feldern von Jalovaz« angiebt, letzteres eine Ortsbezeichnung, welche in der zurückgelegten Strecke jetzt nicht mehr zu finden ist.

³⁰) Gegen Ende des XV. Jahrhunderts fand der aus der Türkei zurückkehrende Michael Konstantinović das Grab noch vor.

³¹) Es ist nicht sichergestellt, ob Mahmud Tschelebi bei diesem letzten Kampfe, oder schon in einem früheren Gefechte gefangen wurde.

Jänner des Jahres 1444 auf den 5. dieses Monates fiel[32]), an diesem oder einem der nächstfolgenden Tage stattgefunden haben.

Der sogenannte »lange Feldzug«, dessen Ausgang zwar den gehegten Erwartungen nicht entsprach, fand mit diesem letzten Siege noch zur rechten Zeit einen glänzenden Abschluss. Die Türken stellten die weitere Verfolgung ein, aber auch das ungarische Heer, durch die Anstrengungen des Krieges auf das Aeusserste erschöpft, ja vielleicht

Schlacht am Fusse des Kunovizagebirges Anfangs Jänner (ungefähr den 6.) 1444.

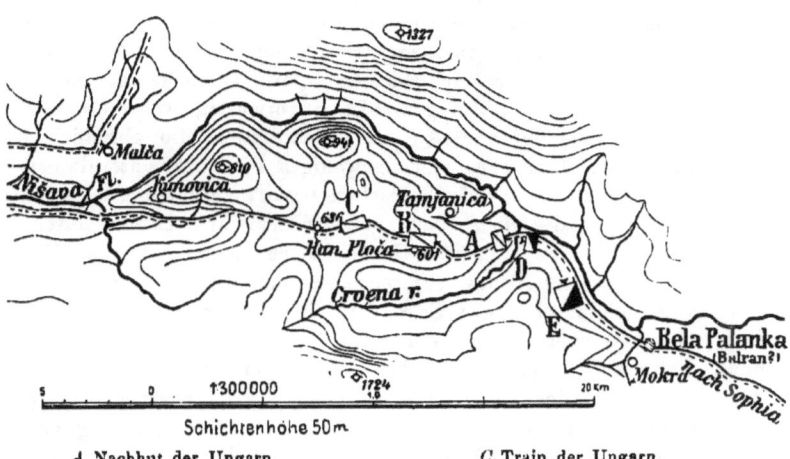

A Nachhut der Ungarn.
B Hauptcolonne der Ungarn.
C Train der Ungarn.
D Vorhut der Türken.
E Lager der Türken.

der Auflösung schon nahe, setzte nach kurzem Aufenthalt in Serbien den Rückmarsch fort. Schon in Serbien kamen Friedensanträge von Seite des Sultans, den eine dritte Erhebung des Fürsten von Karaman nach Kleinasien rief. Die Anträge wurden abgewiesen, aber auch die Bemühungen des Despoten, den König zum Ueberwintern des Heeres in Serbien und zur Fortsetzung des Krieges bis zur Wiedereroberung

[32]) Nach Mittheilung des Directors der Wiener Sternwarte, Dr. E. v. Weiss, fiel der erste Vollmond im Jahre 1444 auf den 5. Jänner, und zwar einen Sonntag — den 13. Ramadan des Jahres 847 der Hegira. — Da die Ungarn den 25. December 1443 den Rückzug aus dem Thale von Slatiza antraten, so können sie den 5. oder 6. Jänner am Fusse des Kunovizagebirges angelangt sein; der Schlachttag wäre damit annähernd sichergestellt.

seines Landes zu bewegen, blieben vergeblich. In Belgrad blieb Hunyady zur Vertheidigung der Grenzen zurück. Anfangs Februar 1444 traf der König in Ofen ein. In feierlichem Einzuge wurden die erbeuteten Fahnen und 4000 Gefangene, darunter mehrere Begs und Paschas, als Zeichen des Sieges mitgeführt. In der Marienkirche zu Pest wurde das Dankesfest gefeiert, die erbeuteten Fahnen niedergelegt und zwölf Wappen der hervorragendsten Krieger aufgehängt. An die Wiederaufnahme des Krieges wurde im Augenblicke nicht gedacht, die angeworbenen Krieger wurden entlassen und zerstreuten sich.

So endete der mit so geringen Mitteln unternommene Krieg, obwohl er einzelne so glänzende Siege aufzuweisen hatte, ohne allen nachhaltigen Erfolg. Alle Eroberungen wurden wieder aufgegeben, die christlichen Bewohner der durchzogenen Länder, die sich vertrauensvoll dem siegreichen Heere angeschlossen hatten, der Rache der Türken wieder preisgegeben und das ganze Land verwüstet, wobei Christen und Mohammedaner gleichmässig zu leiden hatten. Im christlichen Abendlande aber machte es einen gewaltigen Eindruck, dass die so gefürchteten Türken in so vielen Schlachten besiegt wurden und trotz des heftigen Widerstandes ein so beträchtlicher Theil ihres Landes durchzogen werden konnte. Von allen Seiten kamen Gesandte an den Hof Wladislav's, um ihm Glück zu wünschen und zur Fortsetzung des Krieges aufzumuntern. Papst Eugen IV., die Venetianer, Philipp von Burgund versprachen die Absendung von Kriegsschiffen an den Hellespont, um den Uebergang türkischer Truppen aus Asien zu hindern. Alles dies bewog den Ende April zu Ofen abgehaltenem Reichstag, die Wiederaufnahme des Krieges zu beschliessen; die Einhebung von Steuern für denselben wurde willig gewährt und die Aufstellung eines Söldnerheeres angeordnet.

Georg Branković, der an Hunyady zum Ersatz für Rüstungsauslagen die Herrschaft Vilagos überliess, war mit dem Plane eines grossartigen Unternehmens gegen die Türken, das hauptsächlich vom päpstlichen Legaten Cardinal Julian Cesarini befürwortet wurde, nicht zufrieden, da ihm Murad schon zu Beginn des Jahres 1444 die Herausgabe von Serbien anbot, und ihm seine beiden Söhne — wenn auch geblendet — zurückstellte. Da es Branković zunächst um die Wiedererlangung seines Landes zu thun war, führte er die Verhandlungen weiter und gewann auch Hunyady, der die Kräfte des Landes für einen neuen Angriffskrieg zu erschöpft gehalten haben mag, für den Frieden. Obwohl die Vorbereitungen für den Krieg schon beschlossen waren, kamen die Friedensanträge für Ungarn nicht ganz unerwünscht, umsomehr, als die Bedingungen, zu welchen der Sultan sich herbeiliess, wenn sie auch unleugbar den Keim zu neuen Conflicten in sich trugen, für den Augenblick doch sehr günstig schienen. Er wollte Serbien mit allen Festungen und dem früher zu Serbien gehörigen Theil Albaniens an Georg zurückgeben, und die Oberhoheit Ungarns über Serbien und die Walachei anerkennen wenn auch beide Länder zugleich an den Sultan Tribut zahlen sollten. Bosnien, wo Stephan Thomas mit Uebergehung Cillis zum König gewählt worden war und sich den Ungarn unterworfen hatte, wurde dadurch auch wieder frei. Für die Freigebung seines Schwagers und der übrigen Gefangenen erbot sich der Sultan, 100.000 Ducaten zu zahlen und sogar dem König Wladislav im Falle eines Krieges 25.000 Mann zuzuführen.

Die Siege der Ungarn in den letzten Jahren waren auf den Sultan nicht ohne Einfluss geblieben; die Rüstungen des Abendlandes zur See blieben ihm nicht unbekannt; der Aufstand der Fürsten von Karaman war noch immer nicht ganz unterdrückt. Georg Castriota[33] — Skanderbeg genannt — der Sohn des vertriebenen Fürsten von Croja in Albanien hatte sich seines Landes wieder bemächtigt und einem türkischen Heere eine blutige Niederlage beigebracht; der Sultan fühlte daher selbst dringend die Nothwendigkeit, einen Theil seiner Feinde zur Ruhe zu bringen, um unterdessen die übrigen niederzuwerfen. Gesandte Murad's, die, in der Meinung, Hunyady wäre der eigentliche Regent Ungarns, zuerst mit Friedensanträgen zu diesem nach Temesvár kamen, wurden an den König gewiesen, von welchem die Entscheidung abhänge.

Auf dem Reichstage zu Szegedin begann sich bereits die ungarische Streitmacht zu sammeln; dorthin beschied der König auch

---

[33] Georg Castriota, von den Türken Skanderbeg, d. i. Alexander Beg, genannt, war der Sohn des Fürsten Iwan von Croja in Albanien, dem alten Epirus; er kam 1423 nach Unterwerfung seines Vaters als neunjähriger Knabe an den Hof des Sultans, wo er seinem Glauben entsagen musste. Durch seine Kühnheit und Tapferkeit in den Kriegen Murad's in Asien erwarb er sich des Sultans Gunst. Als Georg's Vater 1431 starb, verlangte er sein Erbe zurück, das ihm von dem misstrauischen Sultan verweigert wurde. Als das türkische Heer am 3. November 1443 bei Nissa geschlagen wurde, zwang Georg bei Nacht den beim Heere anwesenden Secretär des Sultans unter Androhung des Todes, ihm einen Ferman auszustellen, der den Befehlshaber von Croja anwies, ihm die Festung und Verwaltung des Landes zu übergeben. Nachdem er dem Schreiber des Fermans den Dolch in die Brust gestossen hatte, verliess er in der Verwirrung der Flucht mit 300 Albanesen das Heer und setzte sich so hinterlistig in den Besitz seines väterlichen Erbes. Ganz Albanien erhob sich nun, und schon im Juni 1444 konnte Georg einem türkischen Heere eine Niederlage in der Dibraschlucht beibringen.

die türkischen Gesandten, theils um ihnen zu imponieren, theils auch um bei widrigem Ausgange der Verhandlungen gleich losschlagen zu können. Mitte Juli empfieng König Wladislav die 100 Mann starke Gesandtschaft, an deren Spitze ein griechischer Renegat stand, und nahm Murad's Geschenke entgegen. Die Friedensbedingungen wurden annehmbar befunden und ein zehnjähriger Waffenstillstand geschlossen, der vom König und den ungarischen Grossen auf das Evangelium, von Murad's Gesandten auf den Koran beschworen wurde. Die in Ungarn bereits angeworbenen Söldner wurden entlassen. Kreuzfahrer aus dem Auslande waren noch keine eingetroffen.

Georg Branković, der seine ganze Beredsamkeit aufgeboten hatte, um die Nothwendigkeit darzuthun, zuerst Serbien zu befreien, bevor man an grössere Unternehmungen denken könne, kehrte nun nach Serbien zurück, um sein Land von den Türken zu übernehmen, und blieb den nächsten Ereignissen in Ungarn gänzlich ferne.

Fünftes Capitel.

König Wladislav beschliesst den Frieden zu brechen. — Das ungarische Heer zieht bis Varna. — Sultan Murad I. übersetzt den Bosporus und folgt dem ungarischen Heere. — Schlacht bei Varna. — Niederlage der Ungarn und Tod des Königs. — Hunyady kehrt nach Ungarn zurück. — 1444.

Während der ganzen Friedensverhandlungen beobachtete der Cardinallegat Julian Cesarini ein finsteres Stillschweigen. Nicht Willens, sie zu billigen, konnte er unter den für Ungarn so günstigen Verhältnissen sich der Annahme derselben auch nicht widersetzen. Kaum hatten aber die osmanischen Gesandten mit dem Friedensvertrage, dessen Bedingungen in kürzester Zeit erfüllt werden sollten, Szegedin verlassen, so langte vom Cardinal Francesco Alberti, dem Admiral der päpstlichen Flotte, die Botschaft an, er habe mit der vereinigten burgundisch-italienischen Flotte am Hellespont Stellung genommen, und einem türkischen Heere den Weg von Kleinasien versperrt; das von Truppen ganz entblösste Europa von den Türken zu befreien sei leicht, wenn der König rasch mit einem Heere nach Rumelien ziehe. Auch der byzantinische Kaiser Johann Paläologus warnte vor dem treulosen Türken, der den Frieden nur geschlossen habe, um sich aus seiner gefahrvollen Lage zu retten, und ihn später umso sicherer brechen werde, um sich für die auferlegten Opfer zu rächen. Die Ankunft der Kreuzfahrer stand auch schon bevor. Endlich kam auch noch die Nachricht, dass Murad, der noch vor Abschluss des Friedens nach Kleinasien übersetzt war, der Kriege überdrüssig, die Regierung seinem zwölfjährigen Sohne übergeben und sich zum Genusse vollständiger Ruhe nach Magnesia zurückgezogen habe.

Der König und alle, die für den Krieg eingenommen waren, bereuten nun den voreilig geschlossenen Frieden, und Cesarini, der durch denselben das schönste Ziel seines Lebens — die Vertreibung der Osmanen aus Europa — vereitelt sah, feuerte den glaubenseifrigen

König, auf den alle diese Nachrichten nicht ohne Eindruck blieben, noch mehr zur Wiederaufnahme des Krieges an. Der Cardinallegat erklärte nun, Wladislav habe gar nicht das Recht gehabt, ohne Zustimmung des Papstes und hinter dem Rücken seiner Bundesgenossen mit den Ungläubigen Frieden zu schliessen, und löste ihn zur Beruhigung seines Gewissens von dem Eide, den er den Feinden der Christenheit geleistet hatte. Auch Hunyady soll erst dadurch für den Krieg gewonnen worden sein, dass ihm der Cardinallegat die Erhebung zum König von Bulgarien in Aussicht stellte.

Auf dem Reichstage zu Szegedin am 4. August 1444 sprachen sich zwar die polnischen Abgeordneten für die Erhaltung des Waffenstillstandes aus, der König aber und seine Grossen waren für den Krieg, und schworen einen Eid, dass sie am 1. September mit einem Heere in der Gegend von Orsowa sein und dann ungesäumt nach Rumelien vordringen würden. Das Gelübde übernahmen und unterzeichneten jene Prälaten und Herren, welche den König begleiten wollten: die Bischöfe Simon Rozgonyi von Erlau, Johann de Dominis von Grosswardein und Rafael von Bosnien, dann Johann Hunyady; ihre Zustimmung bezeugten auch der Bischof von Csánád, der Palatin Hédervary, der Landesrichter Georg Rozgonyi, der Oberststallmeister Pálóczy, der Oberschatzmeister Ország, der Mundschenk Czudor und sieben andere Magnaten.

In grosser Eile wurden nun die Vorbereitungen zum Kriege getroffen; das Heer sollte zahlreicher werden als im Vorjahre. Die Vasallenländer, ebenso alle christlichen Staaten Europas wurden zur Mithilfe aufgefordert. Stephan Thomas von Bosnien, die Moldau und Walachei verpflichteten sich zum Beistand, während der Despot von Serbien hartnäckig jede Mithilfe verweigerte. Branković hatte durch den selbst vermittelten Frieden den Besitz seines Landes erreicht, den er anstrebte; da Murad, bemüht, allen Friedensbedingungen zu entsprechen, Serbien zwar nicht binnen acht Tagen, was schon der Entfernung wegen unmöglich war, aber doch bis halben September geräumt hatte, glaubte er keine Ursache zu haben, den Frieden wieder zu brechen. In Polen beschworen die Stände den König, als seine Gesandten den Beschluss des Krieges bekannt gaben, mit Hinweis auf die Tatareneinfälle und auf die Uneinigkeit im Lande, welche seine Anwesenheit dringend nothwendig machte, von dem verhängnissvollen Vorhaben, auf dem der Segen Gottes unmöglich ruhen könne, abzulassen; eine ausgiebige Hilfe von dort war daher nicht zu erwarten, ein Theil der angeworbenen Söldner zog sogar aus Gereiztheit gegen die Ungarn wieder ab. Auch die westeuropäischen Staaten verhielten sich theilnahmslos, und die neuerdings versprochene, ohnedies fragliche Hilfe des byzantinischen Kaisers hätte erst später zur Geltung kommen können. Castriota wollte aus Albanien mit 3000 Reitern zu den Ungarn stossen, wurde aber von Branković in den Gebirgspässen aufgehalten und am Durchzuge durch Serbien verhindert.

Auch in Ungarn fand der Feldzug den erwarteten Beifall nicht: ausser den drei Bischöfen schlossen sich nur wenige Bannerherren an, und als die Zeit zum Aufbruch kam, hatten sich in Szegedin kaum mehr wie 10.000 bis 12.000 Mann eingefunden, von welchen ungefähr zwei Drittel Ungarn, der Rest zur Hälfte je polnische und andere Kreuzfahrer waren.[1]

Nicht am 1. September, aber doch in der zweiten Hälfte dieses Monats traf der König in Orsowa ein. Hier stiess auch Hunyady, der zum Oberbefehlshaber ernannt wurde, mit 4000 meist aus eigenem Gelde angeworbenen Reitern zum Heere.

Der König übersetzte ungefähr am 20. September bei Orsowa die Donau. Mehr wie 1000 Wagen, die zur Nachfuhr von Proviant und zur Beförderung des mit übermässigem Aufwande ausgestatteten Hofhaltes dienten, wurden unterhalb Severin über den Strom gesetzt. Um den Train nicht zu belasten, liess man aber die schweren Geschütze zurück und führte nur wenige kleinere Feuerschlünde mit. Am ersten Marschtage erreichte das Heer einen Markt — vielleicht Kladowa —, nach dessen Einnahme die daselbst wohnenden Türken erschlagen

---

[1] Die Quellen für diesen Zug, besonders aber über die Schlacht bei Varna, zum Theil auch von Zeissberg angeführt und ihrem Werte nach beurtheilt, sind: Długos, meist den Aufzeichnungen des Bischofs Spitignew von Krakau folgend und gegen Hunyady nicht unparteiisch; die Briefe des Aeneas Silvius; Gregor von Sanok, später Erzbischof von Lemberg, der als junger Priester den Zug mitmachte; Bonacorsi — Callimachus genannt — meist den Mittheilungen Długo's und Gregor's folgend; die Byzantiner Georgius Phrantzes und Nikolaus Chalkocondilas, zum Theil auch von den bei Hammer und Zinkeisen angeführten türkischen Quellen, Derwisch Achmed, Neschri, Idris und Seadeddin beeinflusst, dann der Zeitgenosse und Biograph Skanderbeg's, Marinus Barletius; der Brief des Andreas de Palatio an den Cardinal Ludovicus; die Aufzeichnungen des Constantin von Ostraviza, endlich das bereits erwähnte, Gedicht Beheim's; Bonfinius schrieb erst viel später. Thuroz und Kattona bringen ungarische Quellen. Von Neueren sind zu erwähnen Engel und Fessler, besonders aber die wertvolle Abhandlung Köhler's über die Schlacht bei Varna; weniger wertvoll ist die Darstellung dieser Schlacht von Schels. In topographischer Beziehung, soweit es das Schlachtfeld von Varna betrifft, haben Jochmus, Kanitz und C. Jireček wesentlich zur Aufklärung desselben beigetragen; nicht unerwähnt kann ich hier die Mittheilungen lassen, welche ich dem österreichisch-ungarischen Generalconsul, Herrn Karl Peez, über Varna und seine Umgebung verdanke.

wurden. Nach vier bis fünf Tagen überschritt das Heer den Timok und traf am sechsten Marschtage — ungefähr am 26. September — vor Widdin ein (die Entfernung von Orsowa nach Widdin beträgt bei 110 Kilometer). Hier hielt sich das Heer mehrere Tage auf, scheint auch die Vorstädte, um die ein Kampf geführt wurde, zerstört, die Stadt selbst aber nicht eingenommen zu haben.[2]) Im Vormarsche wurde Rahowa berührt, das von den Türken in der Nacht vorher geräumt worden war. Das christliche Heer liess sich während des Marsches zu vielen Ausschreitungen hinreissen; Rauben war an der Tagesordnung, auch christliche Bewohner wurden nicht geschont; sogar Kirchen — freilich schismatische — wurden beraubt und zerstört. Die Sympathien der Bevölkerung erwarb sich das Heer nicht.

Von Widdin führt der nächste Weg nach Gallipoli, wo die Vereinigung des Heeres mit der Flotte in Aussicht stand, über den Balkan in das Marizathal gegen Adrianopel. Obgleich ein türkisches Heer zur Vertheidigung der Gebirgsübergänge nicht vorhanden war, so war doch an ein Ueberschreiten des Balkans, der selbst noch in späterer Zeit als kaum gangbar gehalten wurde, in so später Jahreszeit und mit so grossem Train nicht zu denken; ebenso wäre die Verpflegung in dem dünn bevölkerten Hochgebirge ohne geordneten Nachschub kaum möglich gewesen. Ein zweiter Weg führt mit Umgehung des Balkans über Varna, dann längs der Küste des Schwarzen Meeres über Constantinopel nach Gallipoli. Die Verpflegung des Heeres erschien hier um so leichter, als man sich anfangs von der Donau nicht zu weit entfernte und von Varna an schon auf die Mitwirkung der Flotte rechnen zu können glaubte. Diesen Weg einzuschlagen, entschloss sich nun der König.

Nach weiteren 18 Tagmärschen, ungefähr am 26. Marschtag seit dem Aufbruch von Orsowa, am 16. October erreichte das Heer Nikopoli (von Widdin bei 220 Kilometer; es wurden demnach im Durchschnitte kaum mehr wie 12 Kilometer täglich zurückgelegt). Da Nikopoli befestigt und mit zahlreicher Besatzung versehen war, die Belagerung der Stadt aber bei dem Mangel an Geschützen und Belagerungsmaschinen zu viel Zeit in Anspruch genommen hätte, begnügte sich der König, die Vorstädte niederzubrennen. Während eines zwei- bis dreitägigen Aufenthaltes vor der Stadt kam Wlad Drakul, der Woywode der Walachei, mit 4000 Reitern zum Heere; er suchte den König

---

[2]) Nach Beheim wären Widdin und Nikopoli vom ungarischen Heere eingenommen und die türkische Bevölkerung niedergemacht worden, während die Christen sich in Widdin dem Heere angeschlossen hätten; beides unwahrscheinliche und im Widerspruch mit anderen Quellen stehende Angaben.

von der Fortsetzung des Feldzuges abzubringen, indem er darauf hinwies, dass das Jagdgefolge des Sultans allein schon grösser wäre, wie das ungarische Heer.³) Der Siege des Vorjahres eingedenk, und dem Rathe Hunyady's sowie des Cardinallegaten folgend, gieng der König darauf nicht ein, obwohl er auf weitere Hilfe nicht zu rechnen hatte. denn hier traf ihn auch die Nachricht, dass Branković, der die pflichtmässige Heerfolge selbst verweigerte, auch Skanderbeg den Marsch durch Serbien verwehrte, und dass der byzantinische Kaiser, von dem man erwartete, dass er kriegsbereit an den Dardanellen stünde, in Serbien die Hochzeit seiner Nichte mit einem Sohne des Despoten feierte. Wlad kehrte unmuthig zurück und überliess die Führung der walachischen Reiterschar seinem Sohne.

Hunyady führte nun mit 3000 Ungarn und den Walachen die Vorhut, ihr folgten die Wagen und dann der König mit den übrigen Truppen. Ueber den Weg, welchen das Heer ferner einschlug, sind die auf uns gekommenen Nachrichten sehr spärlich und unzuverlässig; gewiss ist, dass das Heer nicht — wie mehrfach behauptet wird — über Nikup an der Rusiza, dem alten Nicopolis ad Istrum, und über Trnowa zog.⁴) Ob Sistov, Ruscuk oder Rasgrad berührt, wurde, ist un-

³) Gelegentlich eines Kriegsrathes vor Nikopoli soll Wlad mit Hunyady in Streit gerathen und auf ihn mit gezogenem Säbel eingedrungen sein, was seine Verhaftung zur Folge gehabt hätte. Thatsache ist, dass Wlad selbst dem König auf seinem Zuge nicht weiter folgte. Auch soll dieser Zwist die später zum Ausbruch gekommene Feindschaft zwischen Wlad und Hunyady veranlasst haben.

⁴) Ueber den Marsch des ungarischen Heeres bis Nikopoli bringen Palatio wie Beheim wenig verlässliche Nachrichten. Ueber den weiteren Vormarsch führt Palatio an, das Heer wäre auf einer Römerstrasse vorgedrungen, auf welcher »kostbare Gebäude und Marmor-Monumente, stolze Bögen und hohe Säulen in ihren Trümmern die Zerstörungswuth der Türken bezeugten«. Diese Reste der Römerherrschaft haben wohl nur in der Einbildung Palatio's existirt, denn in Nikup sowohl wie in Devna — dem alten Marcianopolis — können schon damals nur Schutthaufen vorgefunden worden sein. Eine Römerstrasse führte auch zum Theile längs der Donau. Gegen die Annahme, dass das Heer über Nikup und Trnowa gezogen wäre, spricht auch der Umstand, dass in diesem Falle das Heer des Sultans den König wohl schon bei dieser Stadt eingeholt haben müsste, was nicht geschah. Beheim bringt nun über die letzte Marschstrecke bis Varna nach Mägest's Erzählung viele und an und für sich auch glaubliche Details, die sich auf dessen eigene Erlebnisse, vielleicht aber auch auf Erzählungen Anderer gründen, in einem oder dem anderen Falle möglicherweise auch gleichzeitig geschehen sein können. Beheim lässt das Heer in einem Tage »Rabautsch« — eine unbekannte Stadt —, nach weiteren zwei Tagen Jenibazar und nach viertägigem Aufenthalt Schumla erreichen. Dass das ungarische Heer am 9. November vor Varna ankam, ist sichergestellt; rechnet man nun nach Beheim's Angaben nach rückwärts, so müsste das ungarische Heer am 11. October von Nikopoli aufgebrochen und schon am 16. vor Jenibazar gestanden sein, mithin in sechs Tagen eine Strecke

sicher; Beheim nennt nur den Ort Rahautsch, es dürfte damit wohl Rasgrad gemeint sein. Erst über das Eintreffen des Heeres vor Jenibazar und Schumla sind wieder ausführlichere, wenn auch nicht ganz verlässliche Angaben vorhanden.

Aus Jenibazar, einer Stadt mit Schloss, in welcher nach mehrtägiger Belagerung alle Bewohner erschlagen und selbst das Vieh nicht geschont wurde, erliess der König am 24. October einen Aufruf, in welchem er die Uebergabe von Schumla, Mahoraz (Mraćovo, unweit von Pravadi), Petrez, Cavarna, Varna und Galata, sowie aller übrigen in Thrazien gelegenen, den Christen entrissenen festen Orte verlangt, und den türkischen Besatzungen im Falle der Uebergabe freien Abzug, im Falle des Widerstandes aber den Tod versprach. Als Ueberbringer dieses Aufrufes wurden gefangene Türken verwendet, welche die Freiheit erhielten.

Schumla mit einer auf Felsen gelegenen Burg, in welche sich viele Bewohner aus der Umgebung geflüchtet hatten, wurde nach hartnäckigem Kampfe am dritten Tage genommen. Auf einen Thurm hatten sich die Hauptleute mit 50 Mann geflüchtet; als in denselben eine Oeffnung gebrochen und Feuer angelegt wurde, stürzten sich die Vertheidiger, nachdem sie die Waffen weggeworfen hatten und ihnen keine Gnade gewährt wurde, von der Höhe des Thurmes herab. Fünf Tage verblieb das Heer in Schumla; während des Aufenthaltes daselbst entsendete der König 500 Mann gegen Trnowa, wo sie wohl auf die Vorhut des türkischen Heeres gestossen sein dürften; sie wurden geschlagen und kehrten mit einem Verluste von 300 Mann zurück.

Nach einem beschwerlichen Marsch durch eine wasserarme Gegend gelangte das Heer nach Provadia (griechisch Provadion, deutsch Schafburg). Die Stadt Provadia liegt in einem Thale an dem gleichnamigen Flusse, der einen Theil des davor liegenden Grabens mit Wasser füllte; auf dem die Stadt überragenden Felsplateau liegen jetzt die Ruinen einer zum Theil in Stein gehauenen und mit grossen Werkstücken ausgeführten Burg Tasch-Hissar, d. i. Steinburg.[5]) Zwei Tage, den

von beiläufig 200 Kilometer (33 Kilometer im Tage) zurückgelegt haben, was bei den schlechten Wegen und dem grossen Train mit Rücksicht auf die geringe Marschleistung der früheren Tage sehr unwahrscheinlich ist. Dass Beheim Jenibazar vor Schumla berühren lässt, kann ebenso seiner geographischen Unkenntniss wie der Vergesslichkeit Mügest's oder auch dem Umstande, dass beide Orte von verschiedenen Abtheilungen zu gleicher Zeit erreicht wurden, zuzuschreiben sein. Es ist auch nicht unmöglich, dass einzelne Abtheilungen verschiedene Wege benützt haben.

[5]) Beheim nennt Provadia gar nicht und sagt: »und er (der König) zog vorwärts bis zum Morgen, wo er Wasser fand, ein Schloss, das Taschassar war genannt,

4. und 5. November, lag der König vor der Burg, zu welcher der Aufgang über meist in Fels gehauene Stufen führte. Stadt und Burg wurden erstürmt, reiche Beute, besonders an Kleidern, wurde gemacht, der König liess jedoch die Beute abnehmen und unter dem Schlossthurme, in welchen sich ein Theil der Besatzung zurückgezogen hatte, verbrennen. Die Türken, welche dem Feuer, das den Thurm ergriff, entrinnen wollten, wurden mit einem Pfeilregen überschüttet. Als die

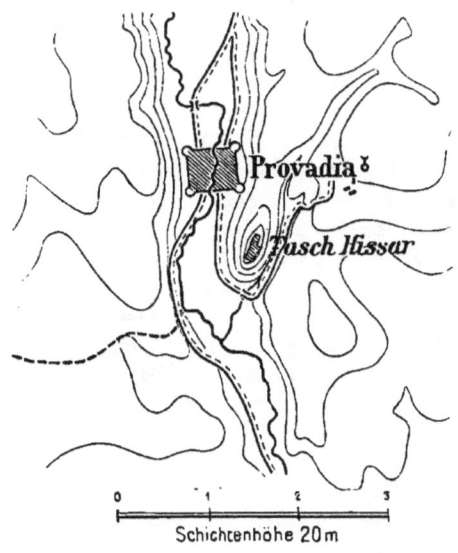

Schichtenhöhe 20 m

das lag ober einem Wasser. Es war zu deutsch genannt Steinpürk.« Beheim fasst die Stadt Provadia und das Schloss Tasch-Hissar, das jetzt noch diesen Namen führt, zusammen, scheint aber die Begebenheiten vor Steinburg und vor Petrez, wohin das Heer am folgenden Tage kam, auch miteinander zu verwechseln. Er sagt von Petrez: »... und fanden eine Stadt, darinnen lag ein Haus, gemacht auf einem hohen Berg, keine schwache Büchs, noch Stiegens Werk konnte ihnen leicht machen Furcht. Stadt und Schloss hat um einen Graben, gehauen in ein Fels tief, der voller Regenwasser lief, man mocht es wohl gehaben. Petrus war es türkisch erkannt, die Petersburg zu deutsch genannt etc.«, Petrez liegt einsam auf einem Fels, an dessen Fuss nie eine Stadt war. Was hier von Petrez gesagt wird, stimmt auch mit den Beschreibungen von Provadia, wie Moltke und Kanitz sie geben, ziemlich überein. Was Długos und Palatio erwähnt, dass eine grosse Zahl Gefangener, Slaven und Ungarn, befreit und vom König über die Donau nach Ungarn geschickt worden waren, ebenso was Beheim sagt, dass die Türken sich vor den feindlichen Pfeilen schützen wollten, indem sie christliche Weiber vor sich hinstellten, weist auf eine grössere Stadt, daher eher auf Provadia wie auf Petrez hin.

Türken sich zurückziehen mussten, stellten sie in ihrer Gewalt befindliche Christenweiber zum Schutze vor sich, auf deren Flehen der König das Schiessen einstellte. Endlich wurde die Burg wie die Stadt aber doch genommen und die Vertheidiger theils in den mit Wasser gefüllten Graben geworfen, die fliehen wollten, durch die Pfeile erreicht. . Der Pole Johann von Tarnow wurde hier schwer verwundet; Lesko von Bobritz zeichnete sich beim Sturme aus, er erstieg der Erste die Bresche. Eine beträchtliche Zahl von in der Stadt befindlichen Gefangenen, Slaven und Ungarn, wurde in Freiheit gesetzt und über die Donau nach Siebenbürgen, das durch frühere Verheerungen stark entvölkert war, zurückgesendet.

Vor Provadia erhielt der Cardinallegat die überraschende Nachricht, dass Sultan Murad die Regierung wieder übernommen und im Angesicht der Flotte den Hellespont mit einem Heere überschritten habe.

Nach einem weiteren Tagmarsch erreichte das Heer Petrič. Diese Burg, von Beheim Petrus oder Petersburg, von Długos und Callimachus Petrez und Pezech genannt, liegt — jetzt bereits verfallen — auf einer steil nach Norden abfallenden Bergzunge gegenüber der Mündung des Devnathales, unweit dem Westende des oberen Devnasees.[6]) Die Südseite der Burg ist durch einen bei 3 Meter breiten, in Fels gehauenen Graben geschützt. Die Walachen suchten mit Steigleitern die Mauern der Burg zu erklimmen, wobei 30 Mann den Tod fanden. Auch Ungarn versuchten die Mauern zu ersteigen, ein herabstürzendes Stück derselben begrub 25 Mann. Der Versuch der Besatzung, durch eine Höhle zu entkommen, wurde durch die Walachen vereitelt. Endlich wurde die Burg aber doch erstürmt und die Vertheidiger niedergemacht.

Am nächsten Abend erreichte das Heer — vielleicht aber auch nur ein Theil desselben — ein kleines Schloss (Mihelitsch nennt es

---

[6]) Die Ruinen der Burg Petrez (Petrič kalessi) sind in der russischen Specialkarte von Bulgarien eingezeichnet. C. Jireček, der sie beschreibt, erwähnt, dass man am Fusse des Burgfelsens eine Menge von Pfeilspitzen, steinerne Grabkreuze und Töpfe mit Menschenknochen fand. Köhler wusste vom Vorhandensein dieser Burg nicht, und suchte es in Pravadi. Der jetzt unbedeutende Ort Devna oder Devnja liegt bei 9 Kilometer nördlich von Petrez an Stelle des von Kaiser Trajan erbauten Marcianopolis und war schon im Mittelalter vollständig verfallen, jetzt sind kaum Spuren davon zu finden. Palatio erwähnt, dass in Petrič 5000 Mann durch Feuer oder Schwert vernichtet wurden, die Burg ist nicht so gross, um eine solche Zahl Vertheidiger zu fassen, wenn die Türken bei Vertheidigung der festen Plätze Verluste in so grossem Masse erlitten haben, so kann das wohl nur bei Provadia der Fall gewesen sein.

Beheim); als es die Ungarn am 9. November stürmen wollten, fanden
sie es verlassen.⁷) Ereignisse, welche wohl gleichzeitig mit der Belagerung
der letzten Orte vorgefallen sind und nur von Theilen des
Heeres ausgeführt worden sein können, sind die Erstürmung von
Caligra (Cap Gülgrad), eines Schlosses am Nordende der Bucht von
Varna, und die Zerstörung von 28 Galeeren in der Mündung des
Flusses Kamtschik (Pamisus), die wohl bestimmt gewesen sein dürften,
den Türken gelegentlich einer Unternehmung auf der Donau zu dienen.

    Noch am 9. November erreichte der König mit dem Heere Varna,
wo ihm die Schlüssel der Stadt und jene der Schlösser von Galata
(am Südende der Bucht von Varna), von Makropolis (der nördlich am

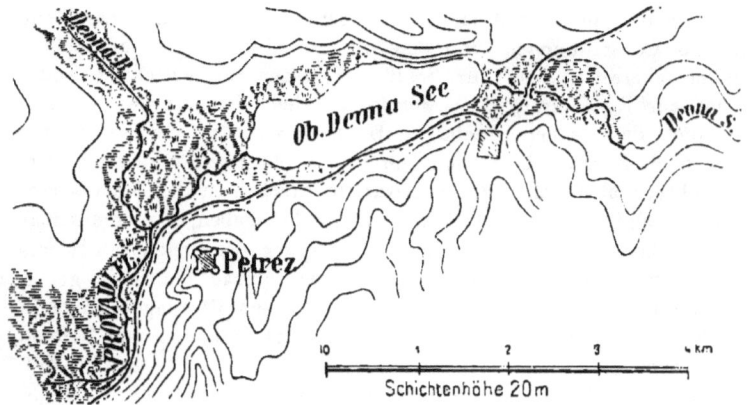

Meeresufer sich hinziehenden Vorstadt Varnas) und von Cavarna
(Constantia) übergeben wurden, aus welcher die türkischen Einwohner
geflüchtet waren.

    An der Nordseite von Varna bezog das ungarische Heer ein
Lager, aber schon am Abend des 9. November konnte man den Feuerschein
wahrnehmen, der vom Lager des türkischen Heeres ausgieng.⁸)
Der König ordnete alle Vorsichtsmassregeln an, er verstärkte die Vor-

---

    ⁷) C. Jireček meint, dass dieses Schloss an Stelle eines in älteren Karten eingezeichneten,
nördlich von Adschemlie gelegenen, jetzt verschwundenen Ortes »Mualitsch«
zu suchen wäre. Kanitz hat den Ort in seiner Karte wohl eingezeichnet, ohne jedoch
für die Existenz desselben stehen zu können. In der neuesten russischen Specialkarte
von Bulgarien kommt ein Ort Mualič nicht mehr vor.

    ⁸) Długos und Palatio schätzen die Entfernung der Lagerfeuer mit 5000, Callimachus
gar nur mit 4000 Schritten wohl zu gering.

posten, die Pferde blieben gesattelt und die Waffen durften nicht abgelegt werden. Für den folgenden Morgen wurde ein Kriegsrath einberufen.

Die Nachricht, welche der Cardinallegat vom Admiral der christlichen Flotte erhalten hatte, gieng dahin, dass Murad den Thron wieder bestiegen, mit Karaman Frieden geschlossen und mit 40.000 Mann unterhalb Gallipoli den Hellespont überschifft habe; die Flotte aber treffe keine Schuld, weil die Türken heimlich und in der Nacht auf kleinen Schiffen übersetzt wurden. In der That wurden die Türken nicht am Hellespont, sondern, nachdem Murad sich von der Unmöglichkeit, im Angesicht der zahlreichen Flotte den Uebergang zu erzwingen oder ihn durch List und Bestechung auszuführen, überzeugt hatte, nach Umgehung des Marmarameeres am Bosporus, eine Meile oberhalb Constantinopel, wo heute Anatoli-Hissar liegt, auf kleinen Schiffen übersetzt. Was für Schiffe es waren, ob griechische oder genuesische Kauffahrer, ist schwer festzustellen, doch wurde allgemein behauptet, dass es genuesische Kaufleute gewesen wären, welche für jeden nach Europa übersetzten Mann einen Ducaten erhalten hätten. Der Schrecken, welchen das unerwartete Erscheinen des Sultans verbreitete, mag in Constantinopel davon abgehalten haben, dem unmittelbar vor den Thoren der Stadt bewirkten Uebergang des türkischen Heeres ein Hinderniss in den Weg zu legen. Dass Murad frühzeitig genug von dem Beschlusse des Krieges sowie von den Rüstungen Ungarns Kenntniss erhielt, wird den Mittheilungen des Despoten von Serbien zugeschrieben.

Als Sultan Murad nach Europa übersetzt war, empfieng ihn Chalil Pascha, der bereits Truppen gesammelt hatte. Mitte October traf der Sultan in Adrianopel ein, wo er von ungarischen Gefangenen die Nachricht erhielt, dass das christliche Heer vor Nikopoli stehe. Um diese Stadt zu entsetzen, brach er, nachdem die Verhältnisse gerade so zu stehen schienen wie 1396, als Bajesid gegen König Sigismund zog, auf demselben Wege über den Schipkapass und Trnowo gegen Nikopoli auf. Würde König Wladislav, statt längs der Donau weiter zu ziehen, den Weg über Trnowo eingeschlagen haben, so müsste Murad dort bereits Kenntniss über die Bewegung des ungarischen Heeres erlangt haben und würde demselben gefolgt sein; so aber zog Murad bis Nikopoli, und wandte sich dann erst, nachdem er alle entbehrlichen Besatzungen an sich gezogen hatte, nach Osten. Durch die Vorgänge des Vorjahres vorsichtig gemacht, vermied Murad alle Demonstrationen, die seine Anwesenheit vorzeitig verrathen konnten.

und folgte dem ungarischen Heere unbemerkt, zuletzt kaum in der Entfernung eines Tagmarsches. Am 4. November soll die Vorhut der Türken Nachts schon dasselbe Lager bezogen haben, das die Nachhut der Ungarn am Morgen verlassen hatte. Nun hatte Murad das ungarische Heer dahin gebracht, wo es ihm nicht mehr ausweichen konnte und sich mit seiner ganzen ihm mehrfach überlegenen Macht zu messen gezwungen war. Die Lage des ungarischen Heeres einer solchen Ueberzahl gegenüber war in der That bedenklich.

Was wenige Tage früher vielleicht noch möglich gewesen wäre, den Vormarsch des türkischen Heeres durch eine kräftige Vertheidigung von Varna zu verzögern, um wenigstens mit einem Theile des Heeres den Versuch zu machen, Constantinopel zu erreichen, konnte jetzt, nachdem man mit der Einnahme der kleinen Schlösser so viel Zeit verloren und nicht unbedeutende Verluste erlitten hatte, nicht mehr geschehen.

Der Weg wieder durch Bulgarien zurück war durch das türkische Heer verlegt. Der Rückzug nach Norden, um durch die Walachei Siebenbürgen zu erreichen, vor sich das unwirtliche Plateau gegen die Donau zu, dann den mächtigen Strom selbst, ohne Fahrzeuge zum Uebersetzen desselben vorbereitet zu haben, im Rücken den überlegenen Gegner, musste unvermeidlich den Untergang des Heeres herbeiführen. In Varna bleiben, das Heer hinter einer Wagenburg verschanzen und sich auf die Vertheidigung beschränken, bis die am Hellespont nun überflüssige Flotte herbeigerufen würde [9]) — wie Cesarini unter Beistimmung der Bischöfe und einiger Magnaten in Vorschlag brachte — bot keine Aussicht auf Erfolg. Das Heer konnte in rein defensiver Stellung nicht bis zum Eintreffen der Flotte, von deren Annäherung man noch keine Nachricht hatte, ausharren; und wenn sie rechtzeitig noch eintraf, so war es mehr wie fraglich, ob sie durch Ausschiffung ihrer Bemannung dem Landheere hinreichende Kräfte zubrachte, um wieder offensiv vorgehen zu können. Endlich hätte die nur aus 120 Galeeren bestehende Flotte kaum ausgereicht, um nur die Mannschaft des meistens aus Reiterei bestehenden Heeres vor vorzeitigem Untergang zu retten und nach Constantinopel zu überführen. Wenn der Cardinallegat schliesslich noch die Hoffnung aussprach, die Flotte könnte die eingeschifften Truppen am Hellespont an das Land gesetzt haben, um den Türken im Rücken Abbruch zu thun, so kann dies kaum ernstlich gemeint gewesen sein.

---

[9]) In der That machte die am Hellespont ganz entbehrliche Flotte gar keinen Versuch, sich Varna zu nähern.

Hunyady zeigte endlich in dem am Morgen des 10. November — dem St. Martinstage — abgehaltenen Kriegsrathe in längerer Rede, wie verderblich es wäre, ein nur zur Offensive geeignetes Heer in eine Wagenburg einzuschliessen, und wie unnütz es wäre, das Heer, das noch vor Ankunft der Flotte dem Mangel und Hunger erliegen würde, auf das Eintreffen derselben zu vertrösten. Er wusste auch zu gut den Wert der offensiven Vertheidigung zu würdigen, um nicht einzusehen, dass hier der vom Feinde erzwungene Kampf aufgenommen werden musste, und dass nur noch durch einen Sieg in offener Feldschlacht ein Erfolg zu erringen wäre. Der König stimmte Hunyady bei und war entschlossen, die von Murad mehr erzwungene als angebotene Schlacht anzunehmen, obwohl er zur Heilung eines ihn in der Bewegung sehr behindernden Uebels am linken Schenkel noch einige Tage der Ruhe bedurft hätte.

Varna liegt an einem gegen Osten offenen Busen des Schwarzen Meeres, auf dessen Enden südlich Galata, nördlich das Schloss Constantia liegt. Schon im Alterthum war Varna (Odessus) als Handelsplatz berühmt, der geringen Tiefe wegen konnten aber grössere Schiffe den Hafen nicht benützen. Die Stadt war von einer mit Thürmen versehenen Mauer byzantinischen Ursprunges umgeben, innerhalb derselben lag ein Castell. von dem 1896 noch Reste erhalten waren. Am südlichen Fusse der Stadtmauer mündet der $1^{1}/_{2}$ Kilometer lange Abfluss des grossen Devnasees in das Meer. Gegen Westen erstrecken sich die beiden Devnaseen in einer Länge von 20 Kilometer. In den oberen See ergiesst sich der Pravadifluss. Das südliche Ufer beider Seen fällt steil ab und ist von einem bei 350 Meter hohen, meist dicht bewaldeten Gebirgszug begleitet. Nördlich der Seen, deren Ufer hier theilweise versumpft waren, zieht sich ein über 300 Meter hoher Gebirgszug hin, auf dessen stark eingerissenen, theils mit Wald, theils mit Obst- und Weincultur bedeckten Abhängen mehrere von ackerbautreibenden christlichen Bulgaren bewohnte Dörfer lagen. Zwischen diesem Höhenzug und dem grossen Devnasee breitet sich eine bei Varna gegen 3000 Schritt breite und schwach gegen die Berge ansteigende wellenförmige Ebene mit sandigem Boden aus.

Auf dieser Ebene standen sich am 10. November 1444, nur durch die wellenförmigen Erhebungen getrennt, die beiden Heere kampfbereit gegenüber.

In der Umgebung von Varna ist das Vorkommen von Tumulis nicht selten, zumeist dürften sie prähistorischen Ursprunges sein; als feste Punkte knüpfen sich aber auch Erinnerungen an spätere Ereignisse an einzelne derselben, die sich im Volksmunde noch durch längere Zeit erhielten; so bestand ein Tumulus ausserhalb der alten Stadtmauer, der seit einigen Jahren demoliert wurde und noch im Jahre 1847 als Merkzeichen für das Lager der Ungarn galt.[10])

Weiters befinden sich zwei Hügel nördlich der Abzweigung des Weges nach Adschemlje von der Strasse nach Pravadi, bei welchen Murad mit den Janitscharen Stellung genommen haben soll. Ob diese Hügel dem Jahre 1444 ihren Ursprung verdanken, ebenso wie die an der Ostseite derselben aufgeworfenen Gräben, ist ungewiss. Wie die Hügel dem Verfalle nahe, so scheinen auch die Erinnerungen an die Ereignisse, welche sich daran knüpften, im Volksmunde der Vergessenheit verfallen zu sein.[11])

Hunyady, dem als obersten Befehlshaber die Aufstellung des Heeres zukam, sah sich gegenüber der grossen Zahl des türkischen Heeres genöthigt, von der damals üblichen Schlachtordnung in

---

[10]) Dem k. u. k. Generalconsul in Varna, Herrn Karl Peez, verdanke ich zumeist die Mittheilungen über die Umgebung von Varna. Der erwähnte Tumulus in der Nähe der alten Stadt, wahrscheinlich derselbe, welcher noch im Jahre 1847 dem General Jochmus von seinem Führer als Kennzeichen für die Lage des ungarischen Lagers bezeichnet wurde, ist vor mehreren Jahren abgetragen und ausgeglichen worden; man fand in selbem ein regelmässig ausgeführtes Grabgewölbe, in welchem ein Skelet mit einem zweifellos prähistorischen Goldblech gelagert war.

[11]) General Jochmus erwähnt diese beiden Hügel, welche ihm noch im Jahre 1846 als »Murad Tepe« und »Sandschak Tepe« gezeigt wurden, und vermuthet, dass auf einem derselben die Lanze mit dem gebrochenen Friedensvertrage, später das Haupt des Königs Wladislav zur Schau gestellt wurde, während auf dem anderen — türkischem Gebrauche entsprechend — die grosse Fahne entfaltet wurde, und dass hierauf die Benennung beider Tumuli beruht; er meint auch, dass vor den Hügeln sich ein Wall befunden habe, dessen Trace sich an einzelnen Stellen noch verfolgen liess. Peez hält es auch für wahrscheinlich, dass an diese Hügel sich die Erinnerung an die Schlacht von 1444 knüpfe, fand auch an der Südostseite derselben die Spuren des Grabens, ist aber der Ansicht, dass letzterer von militärischen Uebungen aus neuester Zeit herrühre oder Hirten zur Deckung gegen Wind gedient haben mag. An einem dieser Hügel wurde gelegentlich des Krim-Krieges von französischen und polnischen Ingenieuren ein Steinkreuz errichtet, später aber wurden die Hügel von Schatzgräbern zerwühlt, das Kreuz umgeworfen und das Postament desselben zu Bauten verwendet.

Nach den Mittheilungen des Herrn Peez scheint jetzt schon die Erinnerung an die Schlacht von 1444 im Volke sehr geschwunden zu sein, was wohl nicht zu wundern ist, wenn man bedenkt, dass die türkische Bevölkerung, welche an dem Ausgange der Schlacht noch Interesse nahm, seither verschwunden ist, den neu angesiedelten Bulgaren aber die Kriegsereignisse der Neuzeit viel näher stehen, wie der vor bald 500 Jahren unternommene Zug der Ungarn, für den ihnen jedes Verständniss abgeht.

Schlacht bei Varna 1444.
Stellung beider Heere am Morgen des 10. November.

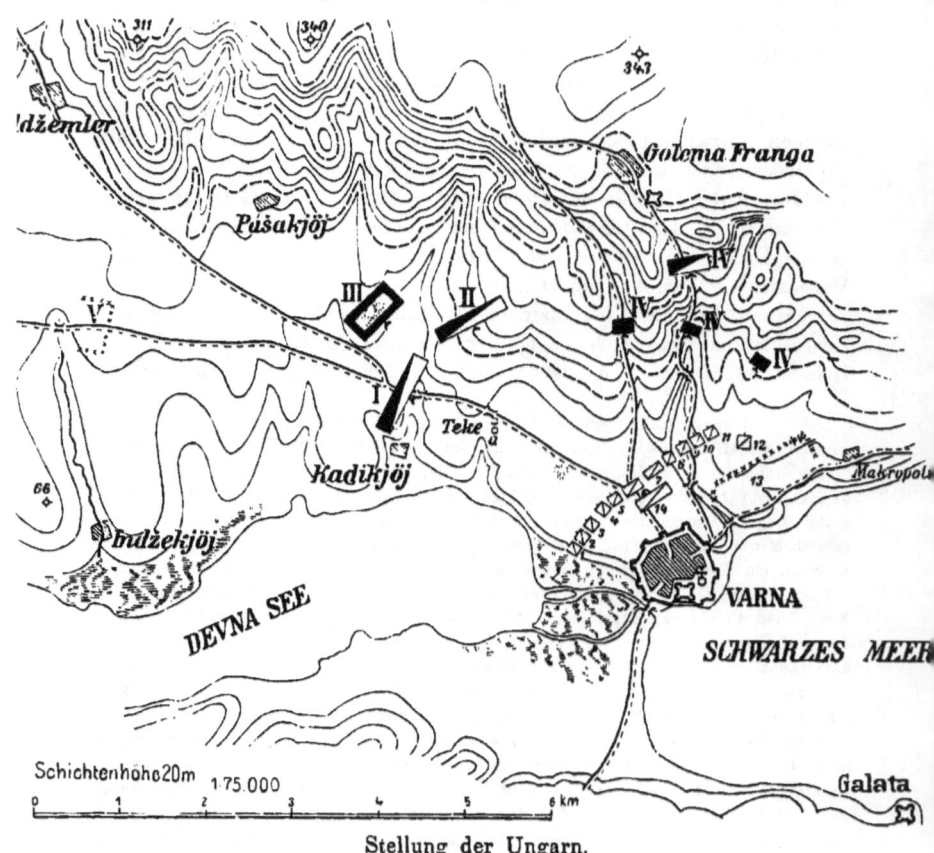

Stellung der Ungarn.

1. Hunyady's Soldtruppen.
2. Siebenbürger Banderium.
3. Szekler Banderium.
4. Ungarisches Banderium.
5. Szylagyi's Banderium.
6. } Banderien des Königs.
7. }
8. Banderium des Bischofs von Bosnien.
9. Banderium des Bischofs von Grosswardein.
10. Croaten unter Franz Thalloczy.
11. Banderium des Cardinallegaten.
12. Banderium des Bischofs von Erlau.
13. Wagenburg.
14. Walachen.

mehreren geschlossenen Treffen abzugehen und es in einer Linie aufzustellen. Er wählte bei 1000 Schritte ausserhalb der Mauern von Varna eine Stellung, welche das Thal abschloss und die Stadt vom

Schlacht bei Varna 1444.
Kampf beider Heere um die Mittagszeit des 10. November.

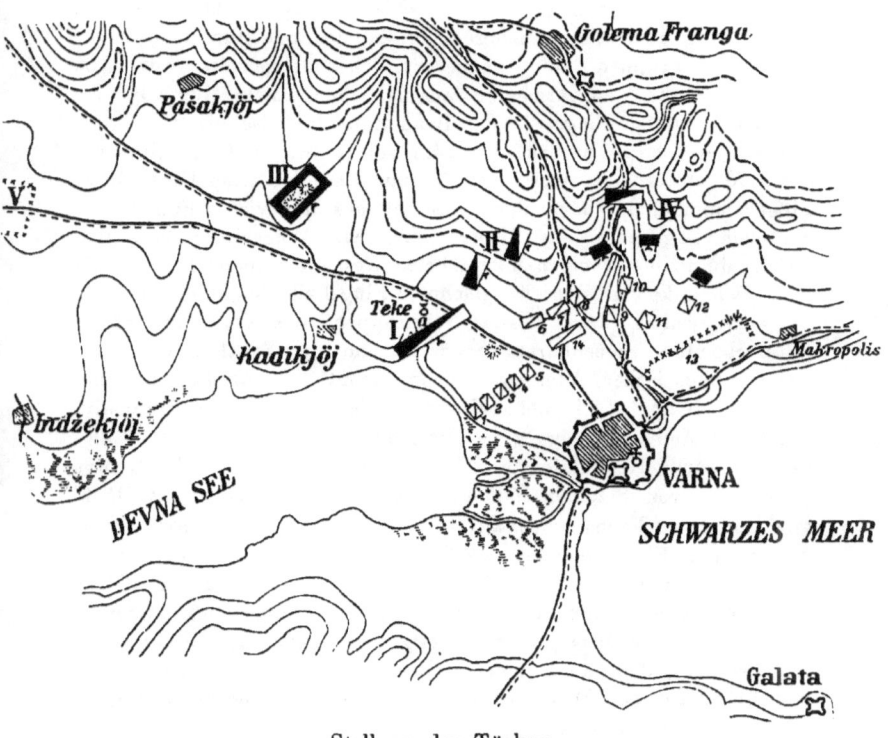

Stellung der Türken.

I. Europäische Spahis unter Turachan.
II. Asiatische Spahis unter Karadscha.
III. Sultan Murad mit den Janitscharen, um den Murad- und Sadschak-Tepe.
IV. Akindschi und Azapen.
V. Lagerplatz der Türken.
a Grab des Pascha-Baba (Karadscha?).

Ufer des Sees bis zum Fusse des Gebirges in einer Ausdehnung von mehr als 4000 Schritten umgab. Für das Heer, welches seit Nikopoli keine Verstärkungen erhalten, wohl aber in Folge des Marsches und der Kämpfe in den letzten Tagen bedeutende Verluste erlitten hatte, war diese Ausdehnung immerhin gross. Die ungünstige Lage des rechten Flügels mit der steil aufsteigenden Berglehne vor demselben mag Hunyady nicht entgangen sein; die Stärke seines Heeres gestattete ihm aber nicht, seine Stellung bis auf das oberhalb der Berglehne befindliche Plateau auszudehnen, auch bot der mit Wein und Strauchwerk bestandene Abhang kein geeignetes Gefechtsfeld für seine schweren Reiter, wenn er auch — wie sich später zeigte — dem Feinde eine gedeckte Annäherung gestattete und für die leichten türkischen Truppen kein unüberwindliches Hinderniss war. Um diesen Nachtheil einigermassen auszugleichen, hielt Hunyady den äussersten rechten Flügel — das Banderium des Bischofs von Grosswardein — etwas zurück, wodurch selbes bei 2000 Schritte von der Stadt entfernt zu stehen kam,[12]) und um eine Umgehung dieses Flügels unmöglich zu machen, liess er aus den vielen Fuhrwerken auf dem Lagerplatz des Heeres eine Art Wagenburg herstellen. welche durch die wenigen mitgeführten Geschütze verstärkt wurde.[13])

Den linken an den See gelehnten Flügel bildeten fünf Banner,[14]) jenes Hunyady's, d. i. dessen Soldtruppen, das der Siebenbürger (wahrscheinlich Siebenbürger Sachsen) und der Szekler. dann zwei Banner ungarischer Adeliger (Beheim nennt sie »Aradierscht« und »Czerin Mehel« d. i. der schwarze Michel, vielleicht Hunyady's Schwager Michael Szylágyi); die Mitte bildeten die Banner des Königs. in zwei starke Heerhaufen geordnet, deren eines — das St. Georgsbanner — von Stephan Báthory, das andere von Ladislaus Bánffy von Losonz (Beheim nennt ihn »Latschan Laslove«) geführt wurde. Den rechten Flügel bildeten ebenfalls fünf Banner, die der Bischöfe von Bosnien und von Erlau, des Banus von Croatien Franz Thallóczy. die Kreuzfahrer unter dem Cardinallegaten, endlich am äussersten Flügel, gegen die Wagenburg zurückgezogen, jenes des Bischofs von Grosswardein, dem auch einige Polen unter Lesko von Bobritz zugetheilt waren. Die Walachen hielt Hunyady als allgemeine Reserve hinter der Mitte zurück.

---

[12]) Palatio sagt, dass Hunyady 1000 Schritte (Seite 29: Mille circiter passibus) vor der Stadt Stellung nahm, wodurch der rechte Flügel unter dem Bischof von Grosswardein bei 2000 Schritte von Varna entfernt (Seite 30: ad duo fere millia passum a Warna) zu stehen kam.

[13]) Engel erwähnt mit Unrecht, dass auch am linken Flügel eine Wagenburg gestanden wäre. Köhler meint, eine Wagenburg nach Art der Tabors wäre sie wohl nicht gewesen, sondern nur eine Art aus den Fuhrwerken hergestellter Barricade.

[14]) Beheim führt in seinem Gedichte (335 bis 360) die einzelnen Banner und ihre Führer an, und erwähnt nur des Thallóczy's nicht. Palatio und Dlugos führen die Reihenfolge an, in der sie in der Schlacht Stellung nahmen. Dlugos erwähnt das Zurückhalten des Banderiums des Grosswardeiner Bischofs und der Walachen, Palatio nicht, sagt jedoch, dass die Walachen in die Flucht des rechten Flügels verwickelt wurden, was nur dadurch zu erklären ist, dass sie hinter der Mitte standen.

Was die Stärke der einzelnen Banner betrifft, so können sie, abgesehen von den Walachen, die zusammen ein Banner formirten, und den beiden Bannern des Königs, kaum je 1000 Mann gehabt haben. Die Gesammtstärke des ungarischen Heeres in der Schlacht dürfte 16.000 Streiter betragen haben,[15]) was bei der Kampfweise der Zeit wohl nicht gar so gering erscheint, wenn man erwägt, dass mit Ausnahme der Walachen fast alle Reiter mit vollen Plattenrüstungen und mit langen zweischneidigen Schwertern ausgerüstet waren.[16]) Dass die Ungarn Schützen verwendet hätten, wird nicht erwähnt. An Artillerie führten sie nur wenige leichte Geschütze mit, wohl die aus Hussitenkriegen bekannten Haufnitzen (Steinbüchsen) und Terasbüchsen (Kanonen kleinen Calibers, welche mit Bleikugeln schossen); sie fanden, wie erwähnt, zur Vertheidigung der Wagenburg in fester Stellung Verwendung.

Die Besetzung der Mauern von Varna und Galata wurde, um das Heer nicht zu schwächen, den christlichen, zumeist griechischen Einwohnern überlassen; es war dies insoferne misslich, als zu besorgen war, dass im Falle einer Niederlage die Thore beider Städte auch für das ungarische Heer verschlossen bleiben würden, was in der That auch eintrat.

Das türkische Heer in der Stärke von ungefähr 100.000 Mann[17]) bestand aus den Lehensreitern von Europa unter ihrem Beglerbeg Turachan, welcher eigens aus dem Staatsgefängnisse zu Tokat entlassen worden war, um die im Vorjahre erlittenen Schlappen vergessen zu machen,[18]) der Lehensreiterei aus Asien unter Karadscha, den Soldtruppen — der Spahis der Pforte und den Janitscharen — endlich den unbesoldeten Truppen, den Akindschi (Reiter, welche ohne Sold dienten und auf Raub angewiesen waren) und der Azapen (Fussvolk, von den Provinzen bestellt und bezahlt).

---

[15]) Köhler nimmt die Gesammtstärke des ungarischen Heeres mit 25.000 Reitern an, was zu hoch gegriffen sein dürfte; Palatio sagt 16.000 Reiter.

[16]) Chalcokondilas braucht für die Reiter den Ausdruck: »Phazen die auch Bitaxides genannt werden.« Löwenklaw und nach ihm Köhler leiten diese Ausdrücke von dem türkischen Wort »Chazi« und dem ungarischen »Vitéz«, beide »Held oder Ritter« (in diesem Falle wohl »schwer gepanzerte Reiter«), her; Köhler übersetzt es mit »Kyrisser«.

[17]) Hunyady im Briefe an Michael Orsag von Guth gibt die Stärke des türkischen Heeres mit 105.000, Palatio mit 120.000, Marino Barletio mit 100.000 Mann an.

[18]) Chalcokondilas nennt Daudpascha als Stellvertreter Turachan's.

Murad stellte in das erste Treffen die Lebensreiterei, und zwar dem Herkommen gemäss die europäische — da der Feldzug in Europa stattfand — auf den rechten, die asiatische auf den linken Flügel. Sie fochten in getrennten Haufen mit kleinen Zwischenräumen, und da die Berichte von neuen Reiterhaufen sprechen, welche die geschlagenen Abtheilungen aufnahmen und den Kampf fortsetzten, so müssen sie unter sich wieder in mehrere Treffen zergliedert gewesen oder auch in Staffeln in den Kampf getreten sein. Wo die Spahis der Pforte standen, deren Zahl 3000 kaum überschritten haben dürfte, wird nicht besonders erwähnt, doch ist wahrscheinlich, dass sie in das Reitergefecht des ersten Treffens eingegriffen haben.[19]) Das zweite Treffen bildeten die Janitscharen, ungefähr 10.000 Mann[20]) in geschlossen viereckigem Haufen, in dessen Mitte die beiden Hügel Murad-Tepe und Sandschak-Tepe sich erhoben. Auf einem dieser Hügel soll die Lanze aufgepflanzt gewesen sein, an welcher der von den Christen gebrochene Vertrag befestigt war. Die Janitscharen hatten, wie bei Nikopoli, mehrere schräg in die Erde gesteckte Pfähle vor der Front und trugen grosse Setzschilde mit sich. Neu war auch, dass sie vor ihrer Front Kameele aufstellten, deren Anblick die Pferde scheu machte. Wäre die eigene Reiterei auch geworfen und vom Schauplatz selbst verschwunden, so musste der unbewegliche Haufe der Janitscharen, in deren Mitte sich der Sultan befand, noch immer ein nicht leicht zu bewältigendes Angriffsobject für den Gegner bilden. Einige Tausend Schritte hinter diesem Treffen befand sich der Lagerplatz für den nicht sehr zahlreichen Train und das Gepäck des Sultans. Die Akindschi und Azapen hatten nur den linken Flügel zu schützen und wurden auf dem Höhenzug zur Bedrohung des rechten Flügels des christlichen Heeres vorgeschoben.

Unter den 40.000 Mann, welche mit Murad den Bosporus übersetzt hatten, befanden sich zwar schon Europäer, die in Kleinasien verwendet worden waren, aber erst während des Vormarsches stiessen die zum Schutze des Landes zurückgebliebenen Truppen in solchen Massen zu ihnen, die es möglich machten, dem christlichen Heere mit entschiedener Uebermacht entgegenzutreten.

---

[19]) Köhler nimmt als drittes Treffen hinter den Janitscharen die Spahis der Pforte an.

[20]) Beheim schätzt die Janitscharen auf »12.000 Mann und mehr«, Palatio wohl zu gering mit 5000 Mann.

Beide Heere waren durch eine leichte Einsenkung, die, trocken und sandig, für die Bewegung von Reitermassen nicht ungeeignet ist, getrennt. Der linke Flügel der Türken war durch die Erhebung am Fusse des Höhenzuges gegen Einsicht gedeckt.

Nachdem die Schlachtordnung hergestellt war, verblieb das christliche Heer, den Angriff des Feindes erwartend, durch drei Stunden in Ruhe, die nur durch einen aus heiterem Himmel plötzlich losbrechenden Orkan unterbrochen wurde, der alle Banner mit Ausnahme des St. Georgsbanners zerriss und von der Lanze trennte.

Dass während dieser Zeit nicht unbedeutende Kräfte sich auf den Bergen, welche den rechten Flügel der Ungarn vollkommen beherrschten, vorschoben, blieb von letzteren unbemerkt; dem Sultan war dieser schwache Punkt der ungarischen Stellung nicht entgangen. Die irregulären Truppen hatten zunächst nur die Aufgabe, die Stellung des Feindes zu erkennen und sich nur unter günstigen Verhältnissen in ein Gefecht einzulassen. Von der Höhe aus konnte man die geringe Zahl der Gegner deutlich wahrnehmen; hiedurch ermuthigt, stiegen die leichten Truppen der Türken, Akindschi und Azapen, in der Stärke von 10.000—15.000 Mann,[21]) gedeckt durch die Risse im Boden und die Cultur, von der Höhe herab und eröffneten gegen die Mittagszeit[22]) ein Schützengefecht gegen den rechten Flügel der Ungarn. Diese wollten aufwärts nicht angreifen und warteten, bis die feindlichen Reiter gegen die Ebene zu herabgestiegen waren. Sofort setzte sich der Banus, vom Bischof von Erlau gefolgt, in Bewegung, um sie anzugreifen; die Türken wurden vom Banus geworfen und flohen, von ihm verfolgt auf die Höhe zurück.

Dass Karadscha, der Beglerbeg der Asiaten, welcher die Akindschi ins Gefecht verwickelt sah, nun durch die Terrainwelle gedeckt vorgieng, bemerkten die Ungarn nicht, wohl aber die auf die Höhe zurückgedrängten Akindschi; sie erneuerten den Angriff sofort mit frischen Kräften und drängten den Banus zurück, der, vom Bischof von Erlau aufgenommen, sein Banderium wieder ordnete und mit ihm gemeinschaftlich wieder zum Angriff übergieng. Die nebenstehenden Ban-

---

[21] Palatio und Długos sprechen von »Bogenschützen zu Fuss, welche man Janitscharen nennt«; Köhler bemerkt richtig, das es Princip bei den Türken war, die Janitscharen stets zusammen zu halten, es können daher nur Azapen gewesen sein. Ebenso werden die Reiter, welche Callimachus entschieden zu gering auf 6000 anschlägt — Beheim sagt 16.000 — nicht aus den regulären Spahis entnommen worden sein, da die Akindschi für dergleichen Zwecke bestimmt waren.

[22]) In dem schon erwähnten Brief sagt Hunyady, dass die Schlacht »ab hora summe misse usque occasum solis« gedauert habe.

derien — des Bischofs von Grosswardein und des Legaten — hielten nun den Augenblick gekommen, um selbst einzugreifen und dem rechten Flügel zum vollständigen Sieg zu verhelfen. Sie hatten sich aber kaum gegen die Akindschi nach rechts gewendet, als Karadscha's Reiterscharen über die Höhe vorbrachen und ihnen unerwartet in die linke Flanke fielen. Ihre Banderien sowohl, als jene des Banus und des Bischofs von Erlau wurden nun völlig auseinandergesprengt. Dem Banus und dem Legaten gelang es mit wenigen Mannschaften in die Wagenburg zu entkommen, wo sich um die wahrscheinlich zurückgelassene Fahne des heiligen Ladislaus von allen vier geschlagenen Banderien kaum einige Hundert Mann gesammelt hatten. Es entspann sich ein hartnäckiger Kampf, die Christen bildeten mit vorgestreckten Spiessen einen Knäuel, den die Türken ohne Schutzwaffen zu durchbrechen nicht wagten. Hier fiel auch der Pole Lesko Bobritz. Auch in die Wagenburg brachen die Türken ein, einige Wagen wurden umgeworfen, andere beraubt. Ein Theil der Versprengten wurde hinter der Schlachtlinie der Ungarn, an den Walachen vorbei, die dadurch in Unordnung kamen, gegen Varna und den Devnasee verfolgt. Die Bischöfe von Erlau und Grosswardein wurden von der Wagenburg abgedrängt, fanden die Thore von Varna verschlossen und konnten sich nicht schnell genug orientieren, ersterer wollte nach Galata entkommen, kehrte aber wieder zurück und verschwand im Gewühle der Schlacht, letzterer versank mit seinem Pferde im sumpfigen Ufer des Devnasees.

Inzwischen war Hunyady mit den nächststehenden Banderien, jenem des Bischofs von Bosnien und dem des Königs, herangekommen; in richtiger Erkennung der Verhältnisse wendete er sich nicht gegen die Akindschi, sondern gegen die Asiaten, sie wurden angegriffen und geworfen, Karadscha selbst getödtet.[23] Bis in die Nähe der Janitscharen, bei 4000 Schritte weit, wurden sie verfolgt[24] und vom Schlachtfelde vertrieben. Die Lücke in der Schlachtlinie benützend, brachen die Walachen eigenmächtig vor, ritten an den Janitscharen vorüber, und warfen sich auf das Lager der Türken, das sie plünderten; sie verschwanden dann vom Schlachtfelde und dürften wohl, mit der Beute

[23] Der Hügel (Teke) an der Strasse nach Pravadi mit dem Grabe eines türkischen Heiligen, der vor Urzeiten in einer Riesenschlacht den Tod gefunden haben soll und unter dem Namen »Pascha-Baba«, d. i. ungefähr »Vater General«, verehrt wird, ist aller Wahrscheinlichkeit nach das Grab des hier gefallenen Karadscha.

[24] Der König traf in der Verfolgung der Asiaten auf die Kameele, welche vor dem zweiten Treffen angebunden waren, um die an den Anblick derselben nicht gewöhnten Pferde der Ungarn scheu zu machen.

zufrieden, der Heimat zugezogen sein. Dass sie bei der Verfolgung der Asiaten mitwirkten, wird nicht gesagt, ist aber wahrscheinlich, da sonst der König mit seinen Banderien nicht gleich wieder zurückkehren konnte, um sich gegen die Akindschi und Azapen zu wenden, die nun bald mit einem Verluste von 3000 Todten vertrieben wurden und den Angriff auf die später doch nur schwach vertheidigte Wagenburg nicht erneuerten.

Hunyady ersuchte nunmehr den König, seine alte Stellung wieder einzunehmen und ohne seine Einwilligung von seinem Platze nicht zu weichen. Hunyady, welcher sah, dass auch der linke Flügel seines Heeres schon in das Gefecht verwickelt war, wollte wenigstens eine kleine Reserve zurückhalten, um mit ihr zum letzten entscheidenden Streich auszuholen und dachte diese Aufgabe mit Recht dem Könige mit seinen Haustruppen zu.

Während der Vorgänge am rechten Flügel der Ungarn wurde auch ihr linker Flügel angegriffen. Die europäischen Reiter der Türken stürmten vor, während die Ungarn sie auf kurze Entfernung anreiten liessen und sich dann erst gegen sie in Bewegung setzten; sie konnten dadurch trotz der schweren Belastung ihrer Pferde den durch den langen Ritt gelockerten Reiterscharen in geschlossener Ordnung entgegentreten. Die türkische Reiterei wurde geworfen und bis in ihre Stellung verfolgt, hier aber wendete sie sich — von neuen Reiterscharen aufgenommen — wieder zurück, warf die auseinandergekommenen ungarischen Banner, und verfolgte sie bis in ihre erste Stellung.

Hunyady, der eben von der Wagenburg zurückkehrte, nahm die missliche Lage des linken Flügels wahr und eilte demselben mit einem der Banner des Königs zu Hilfe. Sein Eingreifen brachte das Gefecht wieder zum Stehen und entschied es zu Gunsten der Ungarn. Der Gegner wurde geworfen und bald der ganze rechte Flügel der Türken vom Schlachtfelde vertrieben; einzelne ihrer Reiter flohen bis Macedonien und Tracien und verbreiteten dort die Nachricht vom Siege der Ungarn.

Vom türkischen Heere standen nur mehr die Janitscharen — wenn auch von allen Seiten von Reiterscharen umschwärmt — in ihrer zur Vertheidigung hergerichteten Stellung noch unerschüttert da. Sie mussten in ihrer Stellung ausharren, das Verlassen derselben hätte unvermeidlich in wilde Flucht ausarten müssen. Noch ein glücklicher Streich gegen diesen Rest des türkischen Heeres, und der Sieg wäre den Ungarn zugefallen! Nicht ohne Neid hatte die polnische Umgebung des Königs die Erfolge Hunyady's am linken Flügel wahrgenommen, sie wollten nicht den Ungarn allein den Sieg überlassen und ermunterten den jugendlichen und thatenlustigen König nun selbst, die Janitscharen anzugreifen und dadurch die endliche Entscheidung des Kampfes herbeizuführen. Der Sieg würde dann dem Könige und nicht Hunyady zugeschrieben, was vollkommen dem Sinne des jungen Königs entsprach, der dieser Aufmunterung trotz der Abmahnung des erfahrenen Feldherrn gar nicht bedurfte. Er wählte sofort 500 der tapfersten Reiter aus, an deren Spitze er sich gegen die Janitscharen wandte.[25]) Als die Janitscharen die Schar des Königs anreiten sahen, mag wohl mancher gewankt haben, dass aber Sultan Murad selbst mit Gewalt zurückgehalten werden musste, ist wenig glaublich.[26])

Alle Hindernisse, Kameele, Gräben, eiserne Pfähle und Schilde überwindend, drang der König mit einigen der kühnsten und bestberittenen Reiter seiner Schar voraus in den geschlossenen Haufen der Janitscharen ein, bis sein Pferd von einem Beilhieb verwundet zusammenbrach. Bevor seine Schar den König noch erreichen konnte, hatte sich die durch sein Eindringen entstandene Lücke im feindlichen Haufen wieder geschlossen und mehrere Janitscharen stürzten sich über den nun wehrlosen König her, um ihn zu tödten. Einer derselben, namens Chodscha Chisr, hieb ihm den Kopf ab und brachte ihn dem Sultan, der ihn auf eine Lanze stecken und laut verkünden liess, dass dies der Kopf des Königs wäre.[27])

Vergebens versuchte die tapfere Schar des Königs noch in den Haufen der Janitscharen einzudringen, bald bedeckten ihre Leichen

---

[25]) Lange Erörterungen über den letzten Angriff zwischen dem König und Hunyady, wie sie in den meisten Beschreibungen der Schlacht vorkommen, müssen in den Bereich der Dichtungen verwiesen werden. Ob der König den Entschluss zum Angriff selbst fasste, oder ob er auf den Einfluss seiner Umgebung zurückzuführen ist, ist nicht mehr zu ermitteln, jedenfalls steht aber fest, dass von dem Augenblicke an, in welchem der König den Befehl zur Vorrückung gab, Hunyady weder Zeit noch Gelegenheit haben konnte, selbst oder durch Boten auf den König irgendwie einzuwirken, noch viel weniger ihm lange Reden zu halten und Belehrungen zu geben.

[26]) Chalcokondilas sagt, der Sultan wäre nur mit Gewalt von der Flucht zurückgehalten worden, ja man hätte sogar seinem Pferde Fessel angelegt, um ihm die Flucht unmöglich zu machen. Hammer sagt nach Nedschri, dass der Sultan, als die Walachen in das Lager drangen, von der Flucht abgehalten werden musste, während Seadeddin sich dahin ausspricht, dass er sich, wenn auch einige Heerführer die Flucht ergriffen, wie ein Fels im letzten Kampfe hielt.

[27]) Die Angabe Seadeddin's, der Sultan hätte absichtlich die Reihen der Janitscharen öffnen lassen, um den König desto sicherer niedermachen zu lassen, klingt sehr unwahrscheinlich.

das Feld, von den 500 Reitern entkamen nur wenige, darunter Báthory, der die St. Georgsfahne in die Wagenburg zurückbrachte.

Die Nacht brach herein, als Hunyady von der Verfolgung der türkischen Reiter zurückkehrte, zu spät, um den König von seinem Vorhaben abzubringen und zu spät, um seinen Angriff zu unterstützen; er machte noch den Versuch, wenigstens den todten Körper des Königs den Türken zu entreissen, zu schnell verbreitete sich aber die Nachricht vom Tode des Königs und gab bald Anlass zur allgemeinen Flucht. Ohne Unterstützung gelassen, wurde schliesslich auch Hunyady in die Flucht mitgerissen.

Ein Theil der Flüchtigen wandte sich in der Hoffnung, dort Schutz zu finden, nach Varna, fand aber die Thore der Stadt verschlossen, ein Theil fand kurze Rast in der Wagenburg, wo man vergeblich auf Hunyady's Eintreffen harrte. Der grösste Theil derselben, darunter auch Hunyady, wandte sich aber nach Norden, um die Donau zu erreichen.

Sultan Murad — von der gänzlichen Auflösung des ungarischen Heeres noch nicht überzeugt — lagerte die Nacht auf dem Schlachtfelde; als aber am Morgen Späher die Nachricht brachten, dass keine Truppe zur Schlacht geordnet stünde und in der Wagenburg die grösste Verwirrung wahrzunehmen sei, liess er dieselbe stürmen und die Vertheidiger bis auf wenige niederhauen. Auch Stephan Báthory fiel hier.

Der Verlust der Ungarn in der Schlacht wird sehr verschieden angegeben, nach Beheim betrug er 3000 an Todten und ebensoviel an Gefangenen, nach Długos 4000 (d. i. ein Fünftel des Heeres nach seiner Angabe der Stärke desselben), nach Anderen, wohl übertrieben, 10.000—12.000, ungerechnet einer Zahl, die noch auf der Flucht den Untergang fand. Gewiss aber ist, dass kaum die Hälfte der ausgezogenen Mannschaft in die Heimat zurückkehrte. Der Verlust der Türken wird wohl stark übertrieben mit 70.000 angegeben, dürfte aber, wie Bonfinius sagt, immerhin bei 30.000 betragen haben. Daudpascha, dem mit dem gesammelten Reste der europäischen Spahis die Verfolgung der Ungarn übertragen wurde, brachte noch manche Flüchtlinge als Gefangene zurück.

Mit dem Tode des Königs und der fast gänzlichen Vernichtung des ungarischen Heeres fand dieser Feldzug, der wohl schon beim Beginn den Keim des Misslingens in sich trug, ein tragisches Ende. Die Ungarn schrieben dem voreiligen Eingreifen des Königs die Schuld an dem Verluste der Schlacht zu, die Polen wieder beschuldigten

Hunyady, dass er den König in Stich gelassen habe. Unwillkürlich stellt man die Fragen: Wären Hunyady's Reiter nach den wiederholten gelungenen und misslungenen Angriffen nach Einbruch der Nacht noch im Stande gewesen, den bisher intact stehenden Haufen der Janitscharen zu sprengen? Würde die Schlacht ein anderes Ende genommen haben, wenn der König die Aufforderung Hunyady's zum Angriffe abgewartet hätte? Hätte endlich die Schlacht einen für Ungarn günstigen Ausgang gehabt, was wäre das Los des geschwächten, von allen Hilfsmitteln entblössten ungarischen Heeres geworden? Würde dadurch die allgemeine Lage sich geändert haben? Es ist zweifelhaft!

Die Schlacht bei Varna ist auch dadurch bemerkenswert, dass der Wert des Fussvolkes in den Kämpfen zwischen Ungarn und Türken zum erstenmale zu voller Geltung kam und von dieser Zeit an die Janitscharen den europäischen Heereseinrichtungen als Muster dienten. Murad hielt sich drei Tage auf dem Schlachtfelde auf. Bei Besichtigung desselben äusserte er gegen seinen Günstling Asabbeg, dass unter den Erschlagenen lauter junge Leute und kein Graubart wäre. dieser erwiderte: »Wäre ein Graubart darunter, so hätten sie das tolle Unternehmen nicht begonnen.« Unter der Beute, welche die Türken in der Wagenburg machten, befanden sich 250 Wagen mit Kostbarkeiten. Den Sieg über die Ungarn liess der Sultan in seinem weiten Reiche bekanntmachen. Den Kopf des Königs sandte er, in Honig eingemacht, an den Statthalter von Brusa. Mit den Siegesberichten an den Sultan von Aegypten und andere mohammedanische Fürsten wurde eine Anzahl geharnischter Ritter und Knappen von den Gefangenen als Geschenk verschickt.

Ueber das Los des Cardinallegaten Cesarini, den Anstifter dieses unheilvollen Krieges, fehlen verlässliche Angaben. Ob er in der Wagenburg fiel, ob er auf der Flucht beim Uebersetzen der Donau erkannt und von Walachen geplündert und erschlagen, oder endlich, wie Andere berichten, in der Schlacht gefangen, dann später zu Tode geschunden und verbrannt wurde, ist ungewiss.

Ueber seine Anführer, welche gleich beim ersten Angriff der Ungarn die Flucht ergriffen hatten, dann aber auf die Nachricht des Sieges wieder zurückkehrten, wollte der Sultan ein strenges Strafgericht ergehen lassen, das schliesslich nur aus Freude über den errungenen Sieg unterblieb.[26]) Seinem früheren Vorsatze treu, begab sich

---

[26]) Nach Seadeddin's Angabe. Würde der Sultan selbst den Impuls zur Flucht gegeben haben, so würde er kaum gewagt haben, gegen seine Unterbefehlshaber mit Strenge einzuschreiten.

Sultan Murad — sein persönliches Eingreifen in die Staatsgeschäfte nun wieder für entbehrlich haltend — nach Magnesia zurück, während er die Regierung seinem Sohne Mohammed übertrug.

Hunyady entkam mit einer kleinen Schar nach 48stündiger ununterbrochener Flucht bei Turtukai über die Donau in die Walachei, wurde aber nahe der siebenbürgischen Grenze auf Befehl Wlad Drakul's ergriffen und längere Zeit in Haft gehalten, bis sich die Nachricht davon in Ungarn verbreitete. Vielleicht wollte Drakul sich an Hunyady rächen, vielleicht auch ihn dem Sultan ausliefern, um sich seiner Rache zu entziehen. Eine Gesandtschaft aus Ungarn brachte jedoch seine Befreiung bald zu Stande.

In Ungarn sowie in Polen wollte man lange nicht glauben, dass der König gefallen sei, und wenn selbst Hunyady das Land in diesem Irrthum bestärkte, so geschah es wohl nur in der Absicht, jede politische Umwälzung vor seiner Rückkehr nach Ungarn ferne zu halten. Als man sich endlich über die Wahrheit nicht mehr täuschen konnte, wurde für April 1445 ein Reichstag ausgeschrieben, um über die Wiederbesetzung des Thrones zu beschliessen, wenn bis Mai keine bestimmten Nachrichten über das Leben des Königs Wladislav, der in der Geschichte als Wladislav Varnensis angeführt wird, einlangen sollten.

Sechstes Capitel.

Hunyady als Gubernator. — Ueberfall der Türken bei Sarno. — Hunyady's Zug in die Walachei. — Hunyady's Zug nach Serbien, er wird auf dem Amselfelde geschlagen. — Ladislaus Posthumus übernimmt die Regierung in Ungarn. — Hunyady unternimmt Streifzüge nach Trnowa, Semendria und Krusevaz. — Belgrad von Sultan Murad II. belagert, von Hunyady und Johann Capistrano entsetzt. — Hunyady's und Capistrano's Tod. — König Ladislaus stirbt. — 1445 bis 1457.

Als endlich kein Zweifel mehr über den Tod König Wladislav's bestehen konnte, beantragte Ujlaky auf dem Reichstage die Anerkennung von König Albrecht's Sohn Ladislaus unter der Bedingung, dass derselbe sammt der Reichskrone von Kaiser Friedrich ausgeliefert würde. Die Verhandlungen mit dem Kaiser zogen sich in die Länge und endeten vorläufig damit, dass Ladislaus als König anerkannt und Hunyady — dessen Beliebtheit durch die Niederlage bei Varna nicht erschüttert war und der im niederen Adel und dem gemeinen Volke eine mächtige Stütze fand — zum Gubernator gewählt wurde. Durch Vermittlung der päpstlichen Legaten kam im Juni 1447 ein zweijähriger Waffenstillstand mit Kaiser Friedrich zu Stande, ohne dass über die Auslieferung des jungen Ladislaus ein Beschluss gefasst worden wäre.

Zur Sicherung des Landes wurden auf dem Reichstage im Jahre 1445 nebst anderen Massregeln auch für die verschiedenen Landestheile Hauptleute ernannt. Nebst Siebenbürgen und dem Kreise jenseits der Theiss fiel Hunyady auch die Vertheidigung der Grenze gegen die Türken zu. Den Krieg gegen die Osmanen fasste er als seinen Lebenszweck auf, vielleicht war er auch nach Rache für die erlittene Niederlage begierig, weshalb er sich in einem eindringlichen Schreiben an Papst Eugen IV. und an König Karl VII. von Frankreich um Unterstützung wendete. Letzterer entschuldigte sich mit dem Kriege gegen England, und der Papst antwortete, er habe dem Cardinal Francesco empfohlen, mit der Flotte so weit als möglich in die Donau vorzudringen; dann habe er die christlichen Fürsten zur Unterstützung aufgefordert und einen Ablass für die Theilnehmer am Türkenkriege ausgeschrieben, womit wohl wenig geholfen war.

Noch vor Beendigung der Verhandlungen im Reichstage 1445 begab sich Hunyady in die seiner Obhut anvertrauten Landestheile und organisierte aus den Resten des bei Varna geschlagenen Heeres neue Truppen zur Vertheidigung der Grenzen. Er fand auch bald Gelegenheit, dem Feinde Abbruch zu thun. Am rechten Ufer der Save, bei Sarno (Zarkowo, 7 Kilometer südwestlich von Belgrad) lagerten türkische Horden, welche die Umgebung beunruhigten. Hunyady stand ihnen am anderen Ufer gegenüber und beschloss, obwohl sie ihm an Zahl überlegen waren, einen nächtlichen Ueberfall auszuführen. In der dazu bestimmten Nacht liess er die gewöhnlichen Lagerfeuer anzünden und erhalten, damit es den Anschein habe, als weile das kleine Heer ruhig im Lager; um Mitternacht brach er in grösster Stille auf, setzte eine Strecke oberhalb über den Fluss und erreichte unbemerkt das feindliche Lager. Unter furchtbarem Lärm fielen nun die Ungarn plötzlich über die schlaftrunkenen Türken her und säbelten sie nieder, bevor sie an ernsten Widerstand denken konnten. Hunyady hatte seinen Zweck erreicht und die Gegend von den Räuberhorden gereinigt.[1]

Mit Einwilligung des Staatsrathes zog Hunyady noch im Herbste 1455 nach der Walachei, wo Wlad Drakul nach dem unglücklichen Feldzuge sich wieder der ungarischen Oberhoheit entzogen hatte, um sich dem Sultan zu unterwerfen. Das wichtige Land wollte man nicht in den Händen des Feindes lassen, auch grollte Hunyady dem Woywoden wegen der Gefangennahme im Vorjahre. Unvermuthet fiel er nun aus Siebenbürgen in die Walachei ein und stand mitten im Lande, bevor Wlad noch gerüstet war. Geschlagen und vertrieben, floh Wlad nach Adrianopel, wo er Hilfe erwartete. Dan IV., dessen gleichnamiger Vater 1430 von Wlad ermordet worden war, wurde auf den Fürstenstuhl gesetzt. Hunyady drang nun bis an die Donau vor und traf mit dem päpstlichen Admiral und dem Befehlshaber der burgundischen Flotte, welche mit einigen Schiffen bis Nikopoli ge-

---

[1] In der Karte von A. Ortelius (Theatrum Orbis terrarum, Plan 24) ist »Czarno« 4 Kilometer südlich der Save an Stelle des Ortes Zarkowo angegeben. Das Flussbett der Save dürfte sich seither geändert haben, vielleicht war auch das ganze »Makis-Moor« unter Wasser.

kommen waren, zusammen. Hier wurde über einen abermaligen Feldzug berathen; nachdem aber nicht mehr der jugendliche Mohammed auf dem Throne sass, sondern Murad, der auf die Kunde des Aufstandes der Janitscharen die Einsamkeit in Magnesia verlassen und durch sein Erscheinen die Rebellen in Ordnung gebracht hatte, wieder die Zügel der Regierung ergriff, hielt man die Umstände zur Wiederaufnahme eines Krieges nicht für günstig und fand es rathsam, denselben zu verschieben. Hunyady, den dringende Angelegenheiten nach Ungarn zurückriefen, musste Dan mit Zurücklassung einiger Hilfstruppen wieder sich selbst überlassen.

Im folgenden Jahre versuchte Wlad sich mit türkischer Hilfe wieder in der Walachei festzusetzen, es gelang ihm dies aber nur kurz. In einem Treffen, das ihm Dan mit ungarischen und moldauischen Hilfstruppen lieferte, giengen die Walachen zu diesem über. Wlad wurde sammt seinem Sohne auf der Flucht ereilt und auf dem Marktplatze zu Tergoviescht hingerichtet.

Da Murad in Kleinasien festgehalten und ein Theil seiner Macht mit Georg Castriota in Albanien beschäftigt war, konnte er den Misserfolg in der Walachei nicht gleich rächen; durch Einfälle und Plünderungen liess er aber das Land auf alle Art beunruhigen.

Gegen Castriota brach Murad im Frühjahr 1447 an der Spitze von 60.000 Reitern und 40.000 Janitscharen selbst auf; es gelang ihm zwar, Albanien zu verwüsten und auch einige feste Plätze zu bezwingen, alle Angriffe aber auf die Hauptstadt Croja wurden unter bedeutenden Verlusten für das türkische Heer abgewiesen. Um im nächsten Jahre seinen verhassten Feind zu vernichten, begab sich der Sultan im Spätherbste nach Adrianopel und betrieb dort die Rüstungen für den nächsten Feldzug selbst, während der Pascha von Rumelien vor Croja verblieb.

Hunyady, der die Bekämpfung der Türken nicht aus dem Auge verlor, glaubte sie durch einen Angriff am leichtesten von der Grenze des Reiches ferne halten zu können, und hielt deshalb die Zeit für eine Unternehmung gegen dieselben für besonders günstig, obwohl eine feste Abmachung mit Castriota über ein gemeinschaftliches Unternehmen gegen dieselben nicht getroffen worden zu sein scheint. An den Papst, an den König von Aragonien und an Venedig wandte sich Hunyady mit der Bitte um Unterstützung durch Truppen, Schiffe und Geld. Statt der nachgesuchten Hilfe verlieh ihm aber der Papst nebst seinem Segen nur den Fürstentitel, von dem er nie Gebrauch machte, und eine goldene Halskette, die er später der Domkirche zu Weissenburg schenkte; der König von Aragonien schickte ihm nebst schönen Versprechungen drei kostbare Pferde, für die Hunyady sich zwar bedankte, aber auch Klagen über getäuschte Hoffnungen und das Ausbleiben der erhofften Hilfe nicht unterdrückte.

Im Mai 1448 berief der Gubernator den Reichstag nach Ofen und forderte die Barone und Prälaten auf, ihre Banderien in Bereitschaft zu setzen. Das allgemeine Aufgebot durfte man zu einem Angriffskrieg jenseits der Grenze nicht ergehen lassen, die Liebe zum Vaterland sowie zur Religion war bei dem Adel aber viel zu lau, als dass er zum Heile derselben freiwillig und zahlreich unter die Waffen getreten wäre; allein auch von den Grossen, denen Kriegsdienste ausser dem Lande oblagen, blieben viele unter den verschiedensten Vorwänden ferne, unter ihnen auch Ulrich von Cilli, der sich den Titel »erblicher Ban von Slavonien« angemasst[2]) und den croatischen Adel von dem Erscheinen auf dem Reichstage abgehalten hatte. Als beim Heere erschienen werden nur die Brüder Emerich und Ladislaus Pelsöczy, der Johanniter Emerich Marczaly, Reinhold Rozgony, Thomas Zechy, Franz Thallóczy, Benedict Losonczy, Stephan von Also Lindva, Stephan Bánffy und der Schwager des Gubernators, Johann Székely genannt.

Auch der Despot von Serbien, zur Heerfolge aufgefordert, verweigerte dieselbe und liess Hunyady sagen: Ein so schwaches Heer könne es mit den Türken nicht aufnehmen, und er fürchte sich mehr vor Murad als vor den Ungarn. In der Hoffnung, sich hiedurch den Besitz Serbiens zu erhalten, stellte er sich in den Schutz des Sultans; nicht ohne Grund stand er sowie Ulrich von Cilli im Verdachte, dem Sultan alle Schritte des Gubernators verrathen zu haben.

Die ganze Macht, die Hunyady zusammenbrachte, belief sich auf nicht mehr wie 24.000 Mann, eingerechnet die 8000 Mann walachischer Hilfstruppen und ungefähr 2000 deutscher, böhmischer und polnischer Söldner, meist Büchsenschützen und Kanoniere. Das Heer sammelte sich bei Kubin und überschritt im halben September dort die Donau.[3]) Bis 17. September stand Hunyady noch an der Fährte, jedoch auf serbischem Boden.[4])

---

[2]) Nach der »Chronik der Grafen von Cilli« war Graf Ulrich damals thatsächlich im Besitze eines grossen Theiles von Croatien.

[3]) Am 8 September datiert Hunyady einen Brief an den Papst: »apud vada Danubii prope opidum Kowinii« (an der Donaufährte nahe der Stadt Kubin).

[4]) Hunyady's Brief an den Dogen von Venedig vom 12. September sagt: »in terra Rasciae prope vadum Danubii, quod vulgo lapideum dicitur« (im Lande Serbien,

Serbien wurde nun als Feindesland plündernd und verheerend durchzogen. Georg Branković würde den Ungarn wohl entgegengetreten sein, wenn sein Heer nicht eben wegen des Besitzes von Srebreniza in Bosnien mit Stephan Thomas in offenem Kampfe gestanden wäre.⁵)

Hunyady hatte die Absicht, wie im Jahre 1443, nach Bulgarien einzudringen, musste diesen Plan aber im letzten Augenblick aufgeben, als er hörte, dass Murad den Kampf mit Castriota unterbrochen, die Belagerung von Croja aufgehoben und sich mit seiner ganzen Macht gegen Norden gewendet habe. Castriota, der wohl im Bereich seiner Berge für unüberwindlich galt, aber schon im Jahre 1444 nicht im Stande war, den Widerstand des Despoten von Serbien zu brechen, um den Ungarn zu helfen, wurde dadurch frei, vielleicht sogar gerettet; er benützte aber die Ablenkung von Murad's Macht keineswegs, um den Ungarn zu helfen, sondern kehrte sich gegen Venedig, das sich widerrechtlich des Besitzes des ermordeten Herrn von Doyma bemächtigt hatte.

Das ungarische Heer zog nun längs der Morava nach Krusevaz, das niedergebrannt wurde, überschritt bei Jankova-Klisura ⁶) das Velika Jastrowazgebirge, berührte Kursumlje und Podujevo und kam durch das Thal des Labbaches auf das Amselfeld bei Pristina. Das Amselfeld (Kosowo polje, Rigómezö), wo vor 59 Jahren Sultan Murad I. getödtet und die serbische Macht vernichtet wurde, ist eine langgestreckte, von Mittelgebirge begrenzte Ebene, die von der Sitniza, einem unbedeutenden, nur zeitweise wasserreichen Flüsschen, das bei Mitroviza in der Ibar fällt, durchflossen wird; am rechten Ufer der Sitniza, unweit von Pristina hatte sich um die Mitte October das

bei der Donaufährte, gewöhnlich Lapideum genannt), Slankamen (ad salam lapidem) kann hier wohl nicht gemeint sein. Am 17. September stand Hunyady noch am selben Orte.

⁵) Thomas Stephan von Bosnien suchte schon seit 1445 Srebreniza wieder zurückzugewinnen. Als es endlich zwischen Serbien und Bosnien zu offenem Kampfe kam, wurde das bosnische Heer am 6. September 1448 von den Serben geschlagen. Stephan gab jedoch trotz dieser Niederlage nicht nach, sondern setzte den Krieg umso entschiedener fort.

⁶) »Janko« oder »Jankul« ist der auf der Balkan-Halbinsel gebräuchliche Name für Johann Hunyady. Am Südausgange des nach Hunyady genannten Passes, Jankova-Klisura, steht nach Angabe Kanitz' die Ruine einer kleinen Jankova-Kilisa (Kirche) genannten Kapelle, welche nach der Volkssage Hunyady in einer Nacht erbaut habe, um sein Heer beim Vorüberziehen durch einen Priester segnen zu lassen. Dass sich hier im Volksmunde die Erinnerung an einen dem Volke fremden Gottesdienst erhalten hat, ist wohl möglich.

Schlacht auf dem Amselfelde. 17., 18. und 19. October 1447.

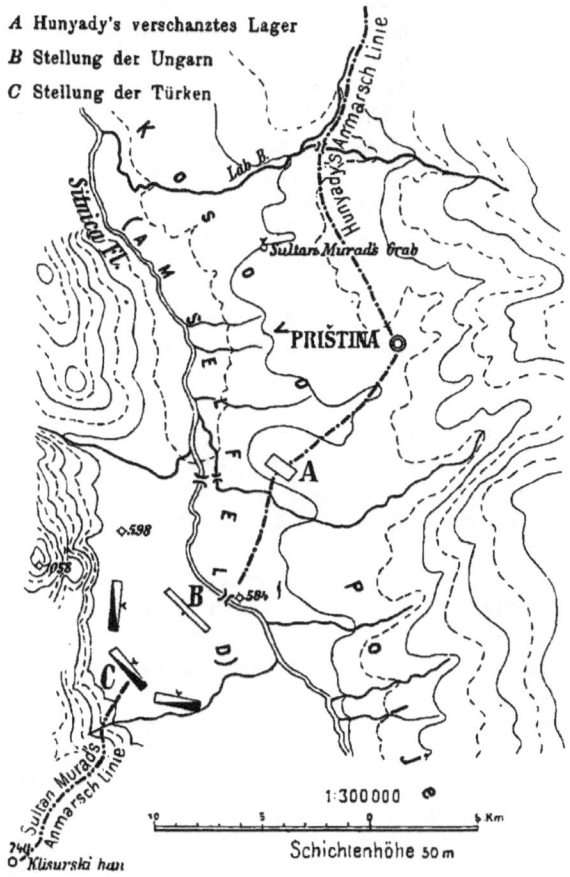

A Hunyady's verschanztes Lager
B Stellung der Ungarn
C Stellung der Türken

ungarische Heer auf einer Höhe — die Ankunft Murad's gewärtigend — verschanzt.

Als Murad mit ungefähr 150.000 Mann über Prisrend auf dem Amselfeld angelangt war, überschritt er nach mehrtägigem Zögern die Sitniza bei einem Orte »Brod« (slavisch Furt, jetzt nicht mehr vorhanden, wahrscheinlich Skulanova), wozu sein Heer drei Tage brauchte. Plötzlich gieng er aber über den Fluss zurück, ohne die Ungarn anzugreifen.

Die Nachricht, dass Hunyady einen türkischen Gefangenen im ungarischen Lager herumführen liess, damit er die treffliche Rüstung seines Heeres, die Menge seiner Geschütze, die Stärke seiner Verschanzung betrachte und dem Sultan, an den er ihn zurücksandte, darüber berichte; dass darauf der Sultan für einen Frieden nebst Ersatz der Kriegskosten 100.000 Ducaten geboten habe, weil er den Ausgang einer Schlacht fürchtete, oder weil er Hunyady durch dieses Anerbieten zum Verlassen seiner Stellung verleiten wollte, um ihn dann desto leichter zu vernichten, klingt nicht glaublich.[7] Viel wahrscheinlicher ist, dass Murad, nachdem er Hunyady's Stellung als schwer einnehmbar erkannt hatte, wieder über die Sitniza zurückgieng, um Hunyady, dessen Heer von allen Hilfsmitteln abgeschnitten und von einer feindlich gesinnten Bevölkerung umgeben war, daher in kürzester Zeit Mangel leiden musste, zu einer Entscheidung zu drängen und zum Verlassen seiner starken Stellung zu verleiten. In offener Feldschlacht konnte auch die Ueberzahl des türkischen Heeres, namentlich an Reiterei, zu voller Geltung kommen.

Nur zu bald sollte Murad seine Absicht erreichen; kaum war er über die Sitniza zurückgekehrt, so folgte ihm Hunyady, dessen Heer zufolge seiner geringen Stärke den Fluss an einem Tage übersetzte, nach.

Am 17. October standen sich beide Heere am linken Ufer der Sitniza gegenüber; das ungarische in 38 Bannern, in kleineren Abtheilungen formiert wie bei Varna; im Centrum die Siebenbürger mit den fremden Söldnern und den Feldgeschützen unter dem Befehle Székely's, auf dem rechten Flügel Ungarn unter Benedict Losonczy's Befehl, den linken Flügel, die Walachen, führte ihr Woywode Dan und Stephan Bánffy; eine Reserve befehligte Franz Thallóczy. Die Aufstellung des türkischen Heeres entsprach dem gewöhnlichen Gebrauche; am rechten Flügel die europäischen Truppen unter Turachan's Führung, am linken Flügel die Asiaten, im Centrum der Sultan mit den Janitscharen und Geschützen, deren Gebrauch den Türken neu war; die Janitscharen hinter Gräben und durch Schilde gedeckt, vor der Front noch die Kameele an Pfähle gebunden, um die Pferde der Gegner scheu zu machen. Im Bewusstsein seiner Uebermacht dehnte

---

[7] Aeneas Silvius bringt diese Angabe in einem Briefe an den Papst; wenn er auch mit Recht tadelt, dass Hunyady seine befestigte Stellung verliess, so hätte dieser doch auf die Ankunft Castriota's, wie Aeneas hoffte, vergeblich gewartet. Aeneas meint auch, »die Auflösung des türkischen Heeres wegen eintretendem Mangel wäre abzuwarten gewesen«, für den Sultan wäre dies ein Grund mehr gewesen, selbst anzugreifen.

Murad die Reiterei zu beiden Seiten so aus, dass er die Ungarn weit überflügeln konnte; er vermied dadurch auch, dass die einzelnen Reiterabtheilungen, deren Kampfweise in schnellen Wendungen ihren Vortheil fand, im Fliehen rückwärts stehende Abtheilungen mit sich fortreissen konnten.[8]

Nachdem sich am 17. October zwischen den beiden Schlachtlinien nur kleinere Gefechte der leichten Reiterei und Einzelkämpfe entsponnen hatten, richtete Hunyady am folgenden Tage um die Mittagszeit den ersten Angriff gegen Murad's rechten Flügel; dieser widerstand, von den Janitscharen unterstützt, den heftig anstürmenden Scharen. Durch sechs Stunden wogte der Kampf unentschieden hin und her, bis sich gegen Abend beide Theile in ihre frühere Stellung zurückzogen. Das Geschützfeuer währte bei Beginn der Nacht noch fort. Hunyady hatte ein Pferd verloren und verdankte seine Rettung nur einem Bewohner des Hunyader Thales, der ihm das seinige übergab.

Zu Beginn der Nacht hielt Hunyady einen Kriegsrath; auf Anrathen David's, eines im ungarischen Heere dienenden Türken aus dem Geschlechte Osman's,[9] wurde beschlossen, noch in der Nacht die Janitscharen zu überfallen; gelänge es, diese in Verwirrung und zur Flucht zu bringen, so würden sie die durch den Kampf am Vortage erschütterten Truppen mit sich fortreissen und leicht eine vollkommene Niederlage herbeiführen. Sein Vorschlag fand Beifall; um Mitternacht warf Hunyady sein Mitteltreffen unter heftigem Feuer auf jenes des Feindes. Die Janitscharen, anfangs wohl durch den unerwarteten Angriff überrascht, sammelten sich aber bald und stellten sich in geschlossenen Reihen entgegen; ohne Erfolg mussten sich die Ungarn zurückziehen.

Mit Anbruch des folgenden Tages geriethen der rechte Flügel der Ungarn und die Asiaten, welche bisher am Kampfe wenig Theil genommen hatten, zuerst aneinander; bald aber entbrannte ein mörderischer Kampf, der sich über die ganze Schlachtlinie ausbreitete. Die Türken konnten die Lücken, welche in ihren Reihen entstanden, stets wieder durch frische Mannschaft ausfüllen; bei den Ungarn hingegen

---

[8] Das Amselfeld hat eine Länge von 50 Kilometer. Ueber den Ort der Schlacht fehlen alle genaueren Angaben. Um die Reitermassen der Türken vollkommen auszunützen, wäre am linken Ufer der Sitniza nur bei Skulanova Raum. Die Kapelle nordwestlich von Pristina bezeichnet den Ort, wo Sultan Murad I. in der Schlacht 1389 erstochen wurde.

[9] Sultan Murad I. liess bei seiner Thronbesteigung seinen Bruder Mustafa blenden; dieser floh mit Frau und Kindern zu König Sigismund; sein Sohn erhielt in der Taufe den Namen David und focht in allen Kriegen wider die Türken mit.

hatten sich die Reihen schon auffällig gelichtet, ohne einen Ersatz zu finden: doch hoffte man durch Muth und Ausdauer den Sieg noch erringen zu können. Da machte sich unerwartet die Uebermacht Murad's. namentlich an Reiterei, geltend. Turachan. der seine Truppen, die Ungarn weit übergreifend, ausgedehnt hatte, umfasste deren linken Flügel. auf welchem die Walachen standen, und bedrohte ihn von allen Seiten. Den Sieg kaum mehr für möglich haltend und vor die Wahl gestellt, sich entweder für die Ungarn zu opfern, oder durch Verrath sich und ihr Land zu retten, wählten die Walachen das Letztere, und liessen sich mit Murad in Verhandlungen ein, indem sie versprachen. die Waffen, welche sie nur durch die Ungarn gezwungen ergriffen hätten. niederzulegen. [10] Wenn dieser Verrath auch den Verlust der Schlacht nicht verursachte, wie die Ungarn behaupteten, so hat er denselben jedenfalls beschleunigt und vielleicht auch die nahezu gänzliche Vernichtung des ungarischen Heeres herbeigeführt. Dass die Walachen auch gleich ihre Waffen gegen die Ungarn kehrten, ist nicht erwiesen, doch erklärt der Abfall von 8000 Mann, d. i. des dritten Theiles der Gesammtstärke des Heeres, wohl genügend die gänzliche Auflösung desselben und den Verlust der Schlacht. In hoffnungslosem Kampfe vertheidigte sich ein Theil der Ungarn noch, bald aber wich, was von ihrer Reiterei noch übrig war, vom Schlachtfelde und jagte sammt dem Feldherrn in wilder Flucht davon. Die Reste des Fussvolkes suchten im verschanzten Lager noch Rettung, wurden aber dort am folgenden Tage nach standhafter Vertheidigung sämmtlich niedergemacht.

Johann Székely, dem ein riesiger Türke trotz Panzerhemd den Arm abgeschlagen hatte, dann Johann Thallóczy. die beiden Pelsöczy. Emerich Marzaly, Benedict Losonczy und Stephan Bánffy, mit ihnen bei 9000 Magyaren, 6000 Walachen und 2000 fremde Söldner, kamen auf dem Schlachtfelde um [11] oder wurden von den Serben, die schon in der Nähe lauerten, um Verwundete und Todte zu plündern und Flüchtige zu überfallen, ermordet. Die Auflösung und nahezu gänzliche Vernichtung des ungarischen Heeres mag Murad veranlasst haben, von

---

[10] Engel meint, der Verrath der Walachen wäre gegen den Willen ihres Woywoden geschehen. Murad soll den Walachen volle Gnade zugesagt haben, liess sie aber, einen Verrath fürchtend, als sie in das türkische Lager einrückten, von 20.000 Reitern umgeben und auf sie einhauen. Dan selbst kam zwar unbehelligt durch, musste sich aber zu einem demüthigenden Ausgleich herbeilassen.

[11] Georg Branković selbst liess nach der Schlacht die Gefallenen zählen. Der grosse Verlust der Walachen trotz ihres Verrathes, von dem sie wenig Vortheil hatten, wäre wohl durch Murad's hinterlistiges Benehmen zu erklären.

einer weiteren Verfolgung der Reste desselben abzusehen. Auch die Türken sollen 30.000 Mann in der Schlacht verloren haben.

Hunyady, von der allgemeinen Flucht fortgerissen, trennte sich von der kleinen Schar seiner Begleiter, die mit ihm dem Schlachtengewühle entronnen war, weil sie zu schwach war, ihn zu schützen, und doch Aufsehen erregen konnte. Er schlug den Weg gegen Ungarn allein ein. Am andern Tag musste er sein ermüdetes Pferd zurücklassen und den Marsch zu Fuss fortsetzen. Im Karadaghgebirge fiel er Räubern in die Hände, die ihn zu seinem Glücke nicht erkannten; zwei schleppten ihn mit sich fort, während die Uebrigen nach weiterer Beute suchten. Unterwegs bemerkten sie, dass der Ausgeplünderte noch ein goldenes Kreuz auf der Brust trage, und fiengen an, sich um dieses zu balgen, da riss Hunyady dem Einen das Schwert aus der Scheide und hieb ihn nieder, während der Andere die Flucht ergriff. Um den Nachstellungen des Despoten von Serbien zu entgehen, der den Befehl gab, ihn zu fangen und auszuliefern, suchte Hunyady auf Umwegen an die Donau zu kommen; von seinem Wirte in Kladova erkannt, wurde er nach Semendria gebracht und dort eingekerkert. Unterdessen forderten die in Szegedin versammelten Stände dringend die Freilassung des Gubernators. Georg Marnavić führte eine Streitmacht vor Semendria, so dass Branković sich veranlasst sah, Hunyady nach fast zweimonatlicher Gefangenschaft unter wohl nicht ganz aufrichtig gemeinten Entschuldigungen zu entlassen, jedoch nicht, ohne ihn zu dem Versprechen zu nöthigen, dem Despoten seine in Ungarn confiscierten Güter wieder zu verschaffen und dessen ältesten Sohn Ladislaus, den er mit seiner Tochter vermählen wollte, als Bürgen zurückzubehalten.

Als Hunyady am 24. December in Szegedin ankam, wurde er ungeachtet der erlittenen Niederlage freudig empfangen und von Neuem mit der Vertheidigung des Landes betraut. In einem Briefe an Papst Nikolaus V. verspricht Hunyady, sofort Vorkehrungen zu treffen, damit der Feind nicht zu lange Ruhe geniesse, und nicht eher selbst zu ruhen, bis er Rache genommen oder den Tod gefunden habe.

Da im Norden Ungarns geordnete Verhältnisse noch immer nicht hergestellt waren, gieng Hunyady auf die Vorschläge ein, welche Branković zu Anfang 1449 machte, um einen Frieden mit den Türken zu vermitteln; der Reichstag verwarf aber die vereinbarten Bedingungen, weil der Sultan die Oberhoheit über die ungarischen Vasallenstaaten beanspruchte. Um nun im Norden Ungarns Ordnung zu machen, wurde ein Feldzug gegen Giskra unternommen, der aber nicht mit dessen

Unterwerfung, sondern mit einem durch schwere Opfer erkauften Vergleich endete.

Die Treulosigkeit Georg's war in Ungarn nicht vergessen, seine Güter in Ungarn wurden nun zu Gunsten von Hunyady's Familie in Beschlag genommen und der Gubernator beauftragt, ihn zu bekriegen. Dieser fiel nun in Serbien ein und verheerte das Land. Die Hilfe der Türken, auf die Georg hoffte, blieb aber nicht nur aus, der Sultan wollte sich auch für die Entlassung Hunyady's an Georg rächen und entsendete, als er eben in Albanien beschäftigt war, Firusbeg, um das zerstörte Krusevaz wieder aufzubauen und neu zu befestigen. Von allen Seiten bedrängt, bat nun Georg um Versöhnung, Hunyady wurde zurückgerufen und ein Vergleich getroffen; auch des Gubernators Sohn, der von Georg als Geisel zurückbehalten worden war, wurde entlassen.

Im October 1450 verhandelte Hunyady mit Kaiser Friedrich selbst über das noch immer zwischen Krieg und Frieden schwebende Verhältniss Ungarns zu demselben. Nicht frei von Herrschsucht, war es Hunyady gelegen, Ladislaus vom Lande ferne zu halten; er schloss daher einen Vertrag, demzufolge Ladislaus noch ferner unter Friedrich's Vormundschaft belassen, er selbst aber als Gubernator anerkannt wurde.

Am 2. Februar 1451 starb Murad II. Sein Sohn Mohammed II., der die Herrschaft mit dem festen Entschlusse antrat, Constantinopel zu erobern, traf auch gleich die Vorbereitungen hiezu und schloss mit Ungarn einen Waffenstillstand, der dem Lande im Süden für zwei Jahre wieder den Frieden gab.

Die Vormundschaft Friedrich's über Ladislaus sollte aber nicht lange währen. Friedrich wollte sich in Rom krönen lassen und glaubte, in Ungarn durch die Bestellung des Gubernators, sowie in Böhmen durch die Ernennung Georg Podjebrad's als Verweser alles gethan zu haben, um diese Länder zu befriedigen und ungehindert abreisen zu können. Dagegen aber erhoben sich die Oesterreicher, welche Friedrich beschuldigten, sein Mündel nur deshalb nach Rom genommen zu haben, um ihn bei Gelegenheit zu beseitigen, und verbanden sich mit den Unzufriedenen in Ungarn und Böhmen, so dass Friedrich, als er 1451 wieder nach Wien zurückkehrte, genöthigt war, den jungen König, um den sich Oesterreich, Böhmen und Ungarn bald selbst streiten würden, aus der Vormundschaft zu entlassen. Eine Vereinbarung über alle Streitigkeiten zwischen den Ländern des Königs und dem Kaiser, welche noch in Wien getroffen werden sollte, kam nicht zu Stande.

Hunyady kam bald selbst zur Ueberzeugung, dass neben dem Könige für einen Gubernator kein Platz wäre, und legte zu Weihnachten 1452 seine Würde nieder, wurde aber vom König gleich zum Ober-Capitän Ungarns und zum Verwalter der königlichen Einkünfte ernannt und in allen übrigen Aemtern bestätigt. Ende Jänner 1453 kam Ladislaus nach Ungarn, wo er immer mehr dem verderblichen Einflusse seines Oheims, des Grafen Ulrich von Cilli, erlag.

Dem Kampfe, welchen der Rest des einst weltbeherrschenden byzantinischen Reiches zu führen gezwungen war, sah man in Ungarn wie im übrigen Europa nicht ohne Besorgniss entgegen, ohne sich aber zu einer ernstlichen Hilfe aufraffen zu können. Mohammed II. wollte das seit einer Reihe von Jahren fast ununterbrochen bedrohte Constantinopel zu seiner Hauptstadt machen. Der immer mehr anwachsenden osmanischen Macht konnte der letzte byzantinische Kaiser nicht mehr Widerstand leisten. In verzweifeltem Kampfe fand Constantin IX. Paläologus den Heldentod auf den Mauern seiner Stadt, die nach hartnäckigem Widerstand den 29. Mai 1453 von den Osmanen eingenommen wurde. [12])

[12]) Um das lateinische Europa für die Errettung von Constantinopel zu gewinnen, machten die letzten byzantinischen Kaiser wiederholt vergebliche Versuche, die griechische Kirche mit der katholischen zu vereinigen; sie scheiterten an dem Fanatismus des Volkes, besonders aber an dem Widerwillen des Clerus, sich dem Papste zu unterwerfen. Die Stadt wäre wohl schon lange den Angriffen der Türken erlegen, wenn nicht die Ueberzeugung, dass ihre Eroberung einen Bund der christlichen Mächte gegen die Osmanen zur Folge haben könnte, die letzten Sultane von einem ernstlichen Angriffe abgehalten hätte. Anders dachte der herrschsüchtige und rücksichtslose Mohammed II. Mit dem festen Entschlusse, Constantinopel zu erobern und zur Hauptstadt seines Reiches zu machen, bestieg er den Thron und begann gleich mit den Vorbereitungen hiezu. Als er durch die Erbauung des Schlosses Rumili Hissar Constantinopel bedrohte und vom Schwarzen Meere abschnitt, beschwerte sich Kaiser Constantin vergeblich und bot dem Sultan Frieden und Freundschaft an, verschmähte aber endlich, auf die schimpflichen Bedingungen Mohammed's einzugehen und fasste den Entschluss, sich lieber unter den Trümmern der Stadt begraben zu lassen, als sie den Türken zu übergeben.

Am 6. April 1453 hatte Mohammed die Stadt mit einem Heere von 250.000 Mann eingeschlossen, während sich in derselben nur 2000 Mann Soldtruppen und von den mehr wie 100.000 Einwohnern 6000 zur Vertheidigung entschlossene Männer fanden. Einigen genuesischen Schiffen gelang es noch, am 15. April der vor dem Hafen liegenden türkischen Flotte eine Niederlage beizubringen und der belagerten Stadt einige Hilfe zuzuführen, aber schon am 29. Mai 1453 drangen die Türken in die Stadt ein; und als der Ruf sich verbreitete, dass Schiffe mit vieler Mühe über Land in den oberen Hafen — das goldene Horn — geschafft würden, und die Vertheidiger der Mauern sich im Rücken angefallen sahen, warf Kaiser Constantin, der selbst in der Bresche beim Thore des heiligen Romanus kämpfte, den Purpurmantel

Während der Belagerung Constantinopels kam ein Gesandter Hunyady's zum Sultan. der ihm anzeigte, dass er die Statthalterschaft niedergelegt habe und daher den abgeschlossenen Waffenstillstand einzuhalten nicht mehr in der Lage wäre; mit dem Könige wolle der Sultan es nach Belieben halten. Hunyady wollte sich dadurch volle Freiheit für sein ferneres Verhalten wahren. Die geringe Theilnahme Hunyady's für die bedrängte Kaiserstadt soll durch die in Ungarn allgemein geglaubte Prophezeiung hervorgerufen worden sein, dass die Christen erst dann siegen würden, wenn es den Türken gelungen wäre, Constantinopel zu zerstören.

Der Eindruck. den der Fall Constantinopels auf das christliche Abendland hervorbrachte, war gross, aber nicht nachhaltig. In Deutschland bemühte sich Aeneas Silvius als Vertreter des Kaisers vergeblich. die Fürsten zur Hilfe zu bewegen, und die übrigen Mächte Europas zeigten sich nicht opferwilliger. Die Päpste Nikolaus V. und sein Nachfolger Calixt III. liessen das Kreuz predigen und Gelder sammeln. die Prediger aber — darunter auch Johann von Capistrano[13]) —

ab und stürzte sich, um einer schimpflichen Gefangenschaft zu entgehen, in das Kampfgewühl, wo er unerkannt den Tod fand.

[13]) Johann Capistranus wurde 1386 zu Capistrano — daher sein Name — geboren (sein Vater soll aus Deutschland eingewandert sein). Nachdem er in Perugia juridischen Studien oblag, wurde er in Neapel als Richter in das Parteigetriebe verwickelt und in Haft genommen. Hier fasste er den Entschluss, der Welt zu entsagen und trat in den Orden der minderen Brüder des heiligen Franciscus, daher er als Franciscaner und auch als Minorit angeführt wird. Als feuriger Redner, und nicht ohne Ehrgeiz, lenkte er die Aufmerksamkeit des heiligen Stuhles auf sich, wurde als Missionär im Oriente verwendet und kam auf Aeneas Silvius Piccolomini's — damals Bischof von Siena — Antrag 1450 zur Bekämpfung der Hussiten nach Böhmen, erzielte daselbst aber keine Erfolge. Die Bewegung, welche die Einnahme von Constantinopel hervorrief, eröffnete dem glaubenseifrigen Mönch, dessen Beredsamkeit — obwohl der verschiedenen Landessprachen nicht mächtig — im Verein mit den von seinen Begleitern ausgehenden Rufe eines Wunderthäters ihm ein unglaubliches Ansehen erwarb, ein neues Feld der Thätigkeit. Die verstockten Böhmen der Hölle überlassend, erschien er 1454, von Piccolomini geladen, auf den Reichstagen zu Frankfurt und Wiener-Neustadt, wo über den Türkenkrieg berathen wurde. Die Agitation unter dem Volke und die Anmahnung der fürstlichen Gewissen war ihm zugedacht, während Piccolomini den politischen Theil der Aufgabe verfolgte. Jener predigte auf seine Weise auf den Strassen und bewog Manchen, sich das Kreuz auf die Brust heften zu lassen, die Fürsten aber blieben kühl und stumm, wenn er sie aus ihrer Gleichgiltigkeit aufrütteln wollte und zum Glaubenskampf aufrief. Diesen unfruchtbaren Boden hinter sich lassend, gieng Capistrano endlich 1455 nach Ungarn, wo er freudig aufgenommen wurde. Die Erwartungen aber, die man an seine Anwesenheit knüpfte, waren sehr verschieden, der Eine wünschte durch ihn die Ketzer zu bekehren, der Andere das Volk der Diöcese zu erbauen, oder erwartete Wunder von ihm. Selbst

hatten nur beim gemeinen Volk einige Wirkung, und die Ablassgelder wurden, wenn nicht von manchen Fürsten für eigene Zwecke verwendet, durch die Ausrüstung einer päpstlichen Flotte aufgezehrt, die zu klein war, um etwas auszurichten. Venedig, dessen Flotte das Mittelmeer beherrschte und dessen Reichthum für die Anwerbung eines Söldnerheeres wohl ausreichte, wünschte dem Sultan nicht nur Glück zu seiner Eroberung, sondern schloss noch einen Handelsvertrag, der den Verlust seiner schönsten Besitzungen vorbereitete. So fiel auch jetzt wieder die Last des Krieges gegen die Türken fast ausschliesslich auf Ungarn, das der Sultan als seinen mächtigsten und gefährlichsten Gegner ansehen und vor allem unschädlich zu machen suchen musste.

Auf dem Reichstag in Ofen im Jänner 1454 wurde beschlossen, ein mächtiges Heer aufzustellen und Hunyady auf ein Jahr zum Feldherrn zu ernennen; ein Rath wurde ihm beigegeben, der zu entscheiden hatte, wie viele königliche Banderien aus den Einkünften der Krone zu erhalten seien, und dafür sorgen musste, dass den Bannerherren die festgesetzten Hilfsgelder ausgezahlt würden. Weiters wurde bestimmt, in welchem Verhältniss die Prälaten, Magnaten und Edelleute, dann die Städte und Bezirke zum Kriegsdienst heranzuziehen seien, und welche Strafe die den Gehorsam Verweigernden zu treffen habe. Da hiedurch die Kräfte des Landes gegen früher in ausserordentlichem Masse in Anspruch genommen wurden, gelobten die Stände im eigenen und des Königs Namen, solche Opfer nur diesmal zu verlangen, weil Thron und Vaterland nur durch ausserordentliche Mittel vor dem Lose Constantinopels bewahrt werden könne, künftig aber nie mehr verlangen zu wollen. Hunyady berichtete den Beschluss des Reichstages an den König in Prag, wo zum Kriege gegen die Türken die Beistellung von 6000 Mann Fussvolk und 1200 schweren Reitern bewilligt wurde. In Prag trafen auch Gesandte aus Ragusa ein, um dem König zu huldigen. Um ihre Freiheit zu bewahren, musste auch die kleine Republik dem Sultan zu seinem Siege Glück wünschen und Tribut leisten.

Hunyady und seine Gattin wandten sich an ihn mit der Bitte, an das Krankenlager ihrer Schwiegertochter zu kommen, und gaben in einem Briefe der Ueberzeugung Ausdruck, er könne sie noch zum Leben erwecken, wenn er sie bereits todt vorfinden sollte. Dass er aber das Kreuz predigen sollte, hatten die Wenigsten im Sinne; er selbst aber sah darin ein würdiges Feld seines Ruhmes. Was über Capistrano's Erfolge in Bekehrung der griechischen und sonstigen Ketzer, welche in den Donauländern die katholische Kirche fast überwucherten, erzählt wird, mag, ebenso wie die vielen ihm zugeschriebenen ganz unglaublichen Wunder, dahingestellt bleiben. Aufsehen erregte die Bekehrung des Wladika Johannes, eines walachischen Ketzerhauptes.

Im festen Besitze Constantinopels, strebte Mohammed zunächst den Besitz Serbiens an. Dort suchte der 87jährige Georg Branković durch erneute Huldigung und Tribut seine Herrschaft zu sichern, aber noch im Frühjahre 1454 sandte ihm der Sultan die Botschaft: »Das Land Serbien gehört nicht Dir, sondern Stephan, dem Sohne Lazar's, und folglich mir, als dem Sohne Murad's, Stephan's Eidam. Deines Vaters Antheil kann ich Dir abtreten, weigerst Du Dich, so komme ich über Dich.« [14]) Da der Gesandte zur bestimmten Zeit nicht zurückkehrte, brach Mohammed mit seinem ganzen Heere gegen Philippopel auf.

Branković konnte nur bei Ungarn noch Rettung finden; er eilte nach Siebenbürgen zu Hunyady, um dessen Hilfe zu erbitten. Den alten Groll vergessend, brach dieser mit den bereits gesammelten Truppen nach Bulgarien auf, schlug nach Uebersetzung der Donau mehrere Haufen Osmanen und drang unter Verheerung des Landes bis Trnowa vor, von wo er, mit reicher Beute beladen, wieder über die Donau zurückkehrte.

Auf die Nachricht von Hunyady's Einfall rückte Mohammed bis Sophia vor, liess dort, um Bulgarien zu decken, einen Theil des Heeres stehen und brach mit dem Reste desselben — sein Fussvolk allein soll 20.000 Mann betragen haben — in Serbien ein, ohne einem Heere zu begegnen. Branković hatte den Serben befohlen, sich in die festen Plätze zurückzuziehen und den von Ungarn zu erhoffenden Entsatz abzuwarten. Während Mohammed Semendria und Ostrowiza belagerte, durchzog Firusbeg mit der Reiterei das Land und trieb gegen 50.000 Gefangene zusammen, von welchen 4000 — des Sultans Antheil — zur Bevölkerung der um Constantinopel liegenden Orte abgeführt wurden. Ostrowiza wurde in Schutt geschossen und die Besatzung, obwohl sie sich gegen freien Abzug ergab, in die Sclaverei geführt. In Semendria war der äussere Wall schon genommen, das innere Schloss aber hielt sich noch, als die Nachricht vom Anrücken Hunyady's mit einem Entsatzheer eintraf. Mohammed hob die Belagerung auf und liess Firusbeg mit 32.000 Mann in Serbien zurück, um sich in Krusevaz, das er neu befestigen wollte, festzusetzen und von hier aus Serbien wieder zu nehmen, während er selbst nach Philippopel zurückkehrte, um sich für einen Feldzug im kommenden Jahre zu rüsten.

Hunyady gieng bei Semendria über die Donau und näherte sich, nachdem er in vier Tagen das Moravathal durchzog, bis auf zwei Meilen Krusevaz, wo Firusbeg unter dem Schleier eines dichten Nebels

---

[14]) Hammer, I, 433.

überraschend angegriffen, vollständig geschlagen und gefangen wurde: nur die Nacht entzog den Rest der Türken dem Untergange. Hunyady rückte bis Pirot vor, kehrte aber auf die Nachricht, dass der Sultan von Sophia her vordringe, über Widdin, das zerstört wurde, nach Belgrad zurück. Hier schlug Hunyady seinen jüngsten Sohn Mathias zum Ritter, übergab Branković die vielen Gefangenen, um sie gegen Serben auszuwechseln, und glaubte hier mit allen seinen Streitkräften den Angriff Mohammed's abwarten zu können. Da aber Mohammed mit dem Abzuge der Ungarn sich zufrieden gab und nach Constantinopel zurückkehrte, entliess Hunyady die in Belgrad angesammelten Truppen und überliess es Branković, gegen Entrichtung eines jährlichen Tributes von 300 Ducaten mit dem Sultan Frieden zu schliessen.

Bleibende Erfolge konnte dieser Feldzug, obwohl für Ungarn siegreich, nicht aufweisen, weder ein entscheidender Schlag wurde geführt, noch wurden die errungenen Vortheile in irgend einer Weise behauptet.

Die unterdessen fortgeführten Verhandlungen wegen Beistellung von Hilfstruppen blieben ohne Erfolg. Der Beredsamkeit des Aeneas Silvius gelang es zwar, die deutschen Reichsstände und Italien zum Versprechen der Beistellung von 10.000 Reitern und 30.000 Mann Fussvolk zu bringen, diese Hilfe sollte jedoch erst zu Pfingsten des Jahres 1454 geleistet werden, daher der grossartig geplante Feldzug unterbleiben musste, von dem Hunyady, als er dem Kaiser über seine Siege berichtete, noch sagte: »Im Laufe des Jahrhunderts würde sich kaum eine günstigere Gelegenheit ergeben, die türkische Macht zu brechen.«

Im Frühjahre 1456 berichtete der türkische Befehlshaber an der serbischen Grenze, Isabeg, an den Sultan, es wäre jetzt leicht, in Serbien einzudringen. In der That bekämpften sich die serbischen Bojaren gegenseitig, und es schien sich das irrige Gerücht vom Tode des Despoten verbreitet zu haben. Der Sultan musterte sogleich sein Heer in Adrianopel, bezog bei Karatowo ein Lager und liess Novobrdo, einen der reichsten, durch seinen Silberbau bekannten und befestigten Plätze Serbiens belagern. Nach siebentägiger Beschiessung wurde die Stadt erobert und ihrer Schätze beraubt. Noch andere Städte an der Sitniza und auch Krusevaz fielen den Türken in die Hände; da aber des Sultans Augenmerk auf die Unterwerfung des Archipelagus gerichtet war, begab er sich nach Constantinopel zurück, um der Flotte näher zu sein, und gab die weiteren Unternehmungen gegen Serbien auf. Branković suchte noch beim Reichstage in Raab und endlich in Wien beim König selbst vergeblich Hilfe. In einer Unterredung mit dem Kreuzprediger Capistrano versprach ihm dieser, alles thun zu wollen, um ihn aus den Händen der Türken zu erretten, wenn er den katholischen Glauben annehmen würde; der 90jährige Greis erwiderte aber, er habe seit seiner Geburt keine andere als die von seinem Vater ererbte Religion gekannt und wolle lieber durch einen Strick sein Leben enden, als sie verlassen. Vergeblich bot Georg an, auf eigene Kosten 10.000 Mann zu stellen und zu erhalten; Capistrano hatte Hunyady sowohl wie den König gegen ihn eingenommen; er gieng nach Semendria zurück und erwartete, was der Sultan über ihn verhängen würde. An dem nächsten Zusammenstoss der Türken mit den Ungarn betheiligte er sich nicht.

Während Hunyady in Serbien und Bulgarien kämpfte, suchte ihn die Hofpartei — der Graf von Cilli an der Spitze — bei dem jeder Einflüsterung zugänglichen König zu verdächtigen; man beschuldigte ihn, dass er selbst nach der Krone strebe und sich jetzt schon höher dünke wie der König selbst. Ein Anschlag auf die Freiheit, vielleicht auch auf das Leben Hunyady's hätte bald einen Bürgerkrieg hervorgerufen, wenn nicht die neuerdings von den Türken drohende Gefahr die Parteien von weitergehenden Zwistigkeiten abgehalten hätte.

Schon im Winter traf Mohammed Vorbereitungen für den im Frühjahr 1456 beabsichtigten Feldzug. Truppen wurden an der Grenze angesammelt und Kriegsvorräthe aller Art angehäuft. Dass Geschütze von enormer Grösse, deren Transport von weit her man scheute, in Krusevaz gegossen wurden, liess auf die Absicht schliessen, dass der Sultan zunächst Belgrad belagern wolle.

Ungeachtet der Gefahr, welche nicht Ungarn allein, sondern auch die benachbarten Länder bedrohte, konnte der vom Papst an Kaiser Friedrich und König Ladislaus abgesandte Cardinal Carjaval die zwischen Beiden bestehenden Zwistigkeiten nicht schlichten, doch setzte er durch, dass der ungarische Reichstag noch im Jänner 1456 einberufen wurde. Der König traf erst Ende des Monats in Ofen ein. Hunyady aber, mit Vorkehrungen zur Vertheidigung der Südgrenze beschäftigt, wollte sich bei der Anwesenheit des ihm feindlich gesinnten Hofes dem Reichstag ganz ferne halten, kam aber Anfangs März doch nach Pest, jedoch nicht ohne Geleitsbrief und nicht ohne beträchtliche bewaffnete Begleitung mitzubringen.

Bei Eröffnung des Reichstages verkündete Carjaval, dass die italienische Flotte sich zum Auslaufen rüste, und theilte mit, von wo überall Hilfe wider die Türken zu erwarten wäre. Die Stände bewilligten neue Steuern und trafen Verfügungen über die Unterkunft und Verpflegung der zu erwartenden Kreuzfahrer, erklärten aber auch — obwohl vorauszusetzen war, dass Mohammed kaum bis zum Herbste unthätig bleiben werde — wegen der Missernte im Vorjahre den Feldzug vor August nicht beginnen zu können. Von Banderien der Magnaten und Prälaten, sowie vom Aufgebote eines Nationalheeres, das zur Vertheidigung des Landes ins Feld zu rücken verpflichtet gewesen wäre, scheint aber gar nicht die Rede gewesen zu sein.

Während die Stände noch beriethen, wann man den Krieg beginnen und wie man ihn führen solle, erscholl am 7. April in ihrer Versammlung der schreckliche Ruf, Mohammed sei mit einem ungeheueren Heere durch Bulgarien und auf der Donau mit einer Flotte gegen Belgrad im Anzuge. Diese Botschaft machte der schwerfälligen Verhandlung ein schnelles Ende, der Feldzug musste gleich unternommen werden. Der Papst, die Stände in Deutschland, die italienischen Staaten, auch Castriota wurden nun zur schleunigsten Hilfe aufgefordert.

Hunyady, dem der Oberbefehl anvertraut wurde, eilte sogleich nach Belgrad, verstärkte die Besatzung mit 7000 Mann seiner eigenen Dienstleute und vermehrte die zum Theil anderen Städten entnommene Geschützausrüstung. Hunyady's Aufrufe an die ungarischen Grossen blieben aber unbeachtet; die Bischöfe und Prälaten, sonst die Eifrigsten in Beistellung von Banderien zur Bekämpfung der Ungläubigen, versagten ebenso wie der Adel jeden Beistand; nur Michael von Korogh, Ban von Machov, Kanizsay, und Hunyady's Schwager, Szilágyi, fanden sich mit geringer Mannschaft in Belgrad ein. Zum Befehlshaber in Belgrad bestimmte Hunyady seinen Schwager,[15]) zu Unterbefehlshabern Michael Orsagh und den Spanier Juan Bastide. Als Sammelplatz der Kreuzfahrer und Truppen wurde Szegedin, Karansebes und Kubin bestimmt. Dem Cardinal Carjaval, der mit einem in Eile zusammengezogenen Haufen von Kreuzfahrern gegen Peterwardein zog, gab Hunyady den Rath, wieder in die Hauptstadt zurückzukehren, um dort die Kriegsrüstungen zu fördern. Die seit Jahren in Ungarn angeworbenen Kreuzfahrer suchte Capistrano im Lager zu Szegedin zu sammeln.

Der Umgebung des Königs mochte die Lage der Dinge bedenklich erscheinen. Wenn Belgrad, dessen Haltbarkeit fraglich schien,

---

[15]) König Ladislaus selbst nennt in einer Urkunde vom 21. März 1459 den Michael Szilágyi als Befehlshaber in Belgrad.

genommen oder von Mohammed umgangen würde, konnten die Türken, ohne auf Widerstand zu stossen, bis Ofen vordringen. Unter dem Vorwande einer Jagd verliess der König Ofen und begab sich nach Wien. Sein Verschwinden gab das Zeichen zum Aufbruch der meisten Herren aus der Hauptstadt; statt aber dem Feinde entgegen zu ziehen, zogen sie sich auf ihre Schlösser zurück.

Am Einfluss der Save in die Donau, am rechten Ufer beider Gewässer liegt auf dem gegen dieselben abfallenden Höhenzuge die Stadt Belgrad; sie war damals mit doppeltem Walle und Graben gegen die Landseite und durch Vertheidigungswerke gegen die Wasserseite geschützt. Innerhalb der Stadt, auf der äussersten Spitze des Höhenzuges, lag das stark befestigte Schloss.[16]) Vor der Stadt breitet sich die rechtwinklig gegen Osten abbiegende Donau weit aus und umschliesst in zwei Armen die bei 900 Hektar grosse Kriegsinsel. Der Stadt gegenüber, zwischen Donau und Save breitet sich die der Ueberschwemmung ausgesetzte, im Sommer aber meist trockene Niederung »Bezanska Bara« aus, an deren nördlichem, der Donau zugekehrtem Ende die kleine Stadt Semlin mit einem hinter derselben auf einer Anhöhe stehenden Castell liegt. Das linke Donauufer, soweit der Blick reicht, ist flach und sumpfig, während das rechte von Semlin aufwärts bis Slankamen steil gegen das Fahrwasser der Donau abfällt und selbes vollkommen beherrscht.

Mohammed traf Anfangs Juni mit einem Heere von 150.000 Mann [17]) vor Belgrad ein; Wochen vergiengen aber noch, bis er die Stadt zu Land und zu Wasser vollkommen eingeschlossen und seine Geschütze in ihre Stellungen gebracht hatte. Die Zahl der türkischen Geschütze wird mit 200 bis 300 angegeben, darunter befanden sich 22 Bombarden, von denen die grösste eine Länge von 24, und ihre Oeffnung einen Umfang von 5 Spannen hatte, dann mehrere ungeheuere Mörser, »in deren Oeffnung ein mittelgrosser Mann wohl sitzen konnte«, welche Steinkugeln von enormem Gewichte schleuderten. Eine Flotte

---

[16]) Belgrad wurde seither so oft belagert, erstürmt und neu gebaut, dass man jetzt von der Beschaffenheit der Festung sowie von der Ausdehnung der Stadt zu Hunyady's Zeit kaum Spuren mehr findet. Die älteste Ansicht der Stadt bringt die »Chronologie« von Hieronimo Ortelius. Protič: »Geschichte von Belgrad« bringt einen Plan der Stadt, der wohl auf Phantasie beruht.

[17]) Die Angaben über die Stärke des türkischen Heeres sind sehr verschieden; Thuroz gibt 400.000, Tagliacozzo 160.000 bis 200.000 Mann an. Cardinal Carjaval schätzt nach der Grösse des Lagers die Stärke des Heeres mit 150.000 Mann, welcher Zahl — der wahrscheinlichsten — auch Aeneas Silvius beistimmt.

von 200 Schiffen fuhr die Donau aufwärts über Semlin und hinderte jede Zufuhr in die belagerte Stadt, während dem türkischen Heere von allen Seiten Bedürfnisse aller Art in reichlichem Masse zuströmten.

Die von Capistrano einberufenen, auch aus fernen Ländern zuströmenden Kreuzfahrer sammelten sich nur langsam, so dass sich derselbe veranlasst sah, nochmals mit vier seiner Ordensbrüder auszuziehen und alle, die das Kreuz genommen hatten, bei Strafe der Excommunication aufzufordern, sich nach Slankamen zu begeben. Der erste Zuzug von Kreuzfahrern geschah nur auf fünf Kähnen, später erst vermehrte sich die Zahl derselben; sie kamen in Abtheilungen heran; Priester Studenten, Bettelmönche, Bauern und allerhand armes Volk, meistens nur mit Schwertern, Spiessen, Eisenhacken, selbst nur mit Knütteln bewaffnet. Selbst Ketzer — Schismatiker und Juden — fanden nun Gnade in Capistrano's Augen, wenn sie nur gegen die Türken kämpfen und den Namen Jesu rufen wollten. Alle trugen ein rothes Kreuz auf der Brust, ihre Fahnen trugen das Zeichen des Kreuzes und die Bildnisse der Heiligen Franciscus, Antonius oder Bernardino.

Dass die Zahl der Kreuzfahrer 40.000 erreichte, wie Aeneas Silvius sagt (der jedoch mehr die angeworbenen, als die thatsächlich zum Kampfe erschienenen Streiter gemeint haben dürfte), oder gar 60.000, wie der Minorit Tagliacozzo (einer der Begleiter Capistrano's) angibt, ist völlig unglaublich.[18] Tagliacozzo schildert die Kreuzfahrer in ganz idealer Weise, Hunyady aber und der päpstliche Legat hatten von diesem zusammengelaufenen Volk, dessen militärische Ausbildung nicht dadurch gewann, dass Capistrano sie lehrte, den Sultan nie anders als Riesenhund zu nennen, keine besondere Meinung und erwarteten kaum Tüchtiges von ihnen. In Ungarn standen die Kreuzfahrer von früheren Jahren her auch nicht in besonderem Ansehen, ihr Name war mit dem von Landstreichern ziemlich gleichbedeutend; sie wollten hingegen von den Ungarn und ihren Führern nichts wissen und nur den Anordnungen Capistrano's sich fügen. In der Noth war aber auch solche Hilfe nicht abzuweisen.

In Belgrad waren die Vorwerke und Thürme der äusseren Umwallung dem Boden schon fast gleich gemacht und auch die zweite Mauer konnte den gewaltigen Geschossen kaum lange mehr widerstehen. Hunyady liess die bei Peterwardein angesammelten Wasserfahr-

---

[18] Es mögen sich wohl sehr Viele zur Annahme des Kreuzes gemeldet haben, erschienen sind aber verhältnissmässig Wenige. Ein Theil derselben, und wohl der bestausgerüstete und organisierte, kam zu spät.

zeuge (wohl bei 200, darunter aber nur eine einzige Galeere, sonst nur Kähne und Nachen) mit Lebensmitteln und Kriegsgeräthen beladen und von seinem Gefolge und auserlesenen Kreuzfahrern bemannt, am 14. Juli, die Strömung der Donau benützend, gegen die oberhalb Semlin stehende, mit Ketten zusammengeschlossene türkische Flotte anfahren. Die den Strom abschliessende Linie wurde hiebei durchbrochen. Der Rest der Entsatztruppen rückte am rechten Ufer des Stromes vor, bereit, den Kampf gegen die Schiffe mit den Geschützen zu unterstützen und die etwa herbeikommenden Türken zurückzuweisen. Capistrano, der seinen Ordensbrüdern am unmittelbaren Kampfe theilzunehmen untersagt hatte, ermuthigte die Kämpfer vom Ufer aus, indem er ihnen das Kreuz zeigte und den Namen Jesu zurief. Vierzig Schiffe, von Bürgern der Stadt bemannt — gute Wasserfahrer und Bogenschützen, obwohl »Ketzer«, wie Tagliacozzo sagt — unterstützten den Angriff von Belgrad aus.[19]

Nach fünfstündigem hartnäckigen Kampfe gelang es, die türkische Flotte zu besiegen und den grössten Theil derselben zu vernichten. Drei Galeeren mit 500 Mann versanken, vier reich ausgestattete wurden genommen und die übrigen ergriffen stark beschädigt und nach grossem Verluste die Flucht. Unweit des türkischen Lagers wurden sie ans Land gezogen und verbrannt, damit sie den Siegern nicht in die Hände fielen.

Die Donau war nun frei, die Verbindung mit Belgrad, dessen Besatzung durch Mangel und Krankheit schon empfindlich gelitten hatte und die Hoffnung auf Entsatz allmählich schwinden sah, war wieder hergestellt, im schlimmsten Falle auch ihr Abzug auf der Donau ermöglicht. Auch durch das Eintreffen Hunyady's und Capistrano's wurde der schon gesunkene Muth der Vertheidiger wieder gehoben.

Den Kreuzfahrern wurde nun ein Lagerplatz ausserhalb der Festung am linken Ufer der Save angewiesen, sie sollten bei Todesstrafe ohne Hunyady's Befehl nicht über den Fluss setzen. Auf den Mauern der Stadt fanden sie nur in dem Masse Verwendung, als es

---

[19]) Im Feuerbereich der Festung konnte die türkische Flotte das Eintreffen des Entsatzes nicht hindern, ebenso nicht im Bereiche der Kriegsinsel; sie konnte daher nur ober Semlin, wo die Donau in einem Arme vereint ist, Stellung genommen haben. Auch war nur dort eine so ausgiebige Mitwirkung der nebenherziehenden Landtruppen möglich, da das Erdreich dort längs des rechten Ufers in der Höhe von 16 bis 20 Meter fast senkrecht gegen die Donau abstürzt. Das linke Ufer ist flach, zum Theil versumpft, daher die Angabe, dass Capistrano an einem, Hunyady am anderen Ufer vorgerückt wären (Fessler, II, 588) und sich am Kampfe betheiligt hätten, nicht richtig sein kann.

die Umstände erforderten und Hunyady es verfügte. Neue Zuzüge der Kreuzfahrer trafen fortwährend ein, und es mag die Zahl derselben gegen Ende der Belagerung wohl bei 20.000 betragen haben.

Mohammed setzte die Belagerung mit gesteigerter Heftigkeit fort; er verschwor sich, Begrad zu nehmen und binnen zwei Monaten ganz Ungarn zu erobern. Dass indessen die italienische Flotte im Hellespont angelangt war und die Küste plünderte, kümmerte ihn wenig. Die Versuche der Türken, in die Stadt zu dringen, wiederholten sich unaufhaltsam. Tag und Nacht wurde die Stadt beschossen, den Donner der Kanonen vernahm man bis Szegedin.[20] Karadscha, der Beglerbeg von Rumili, welcher die Belagerungsarbeiten leitete, wurde bei einem Sturme am 20. Juli von einer Stückkugel zerschmettert.

Für den folgenden Tag, den 21. Juli, traf Mohammed die Anordnungen für einen Hauptsturm. Durch 24 Stunden wurde die Stadt ununterbrochen beschossen, in den geöffneten Mauerbreschen währte der Kampf bis zum Abend. So todesmuthig die Christen auch kämpften, so viele Feinde sie auch erschlugen, immer wurden wieder neue Scharen zum Angriffe vorgeführt; wiederholt stellte sich der Sultan selbst an die Spitze der Stürmenden. Schon waren die Türken in die äussere Stadt eingedrungen und setzten sich in der Nacht im Graben vor der Burg fest, an der Brücke daselbst entbrannte der Kampf am heftigsten. Von einem Thurme der Burg aus beobachteten Hunyady und Capistrano das Wogen des Kampfes, dieser das Kreuz schwingend, mit gellender Stimme den Kämpfenden den Namen Jesu zurufend, den Feind aber mit wilden Schmähungen verwünschend, jener Anordnungen für den Kampf treffend, sich selbst unter die Kämpfenden mischend und sie ermunternd, wenn er ihren Eifer nachlassen sah. Einem Türken gelang es, sich während eines Sturmes auf die Zinnen eines Thurmes zu schwingen, um die Kreuzfahne mit dem Halbmond zu vertauschen; da stürzte sich ein Ungar, Stephan Dugović, auf ihn, in schwindelnder Höhe entspann sich ein Kampf, der mit dem Sturze Beider in die Tiefe endete. Brennende Reisigbündel, in Oel, Pech und Schwefel getaucht, wurden von den Mauern auf die Stürmenden geworfen und richteten Verheerungen unter denselben an, mit Tagesanbruch gelingt es aber endlich, den Sturm auf das Schloss abzuweisen und die Türken zur Räumung der äusseren Stadt zu zwingen.

---

[20] Als Beweis, mit welchen Massen von Geschossen aller Art die Stadt beschossen wurde, führt Beheim an, dass ein Sperling im Fluge von drei Pfeilen durchbohrt wurde.

Hunyady, mit dem Erfolge zufrieden und bei unvorsichtigem Vorgang der Seinigen einen Hinterhalt befürchtend, that der weiteren Verfolgung Einhalt, liess in Erwartung der Wiederholung eines Sturmes die äussere Stadt wieder besetzen, und verbot strengstens, den Feind durch verwegene Ausfälle zu reizen. Die Wuth der Angreifer schien aber erlahmt, und die Kreuzfahrer achteten Hunyady's Befehle nicht. Ein kleiner Haufe derselben schlich mit Bogen und Pfeilen dem Feinde über die Bresche nach und nahm auf einem Hügel Stellung; einzelne Leute verstärkten den Haufen, und es gelang ihm, einen herankommenden Reiterschwarm zu verjagen. Der kleine Erfolg lockte noch Zuzügler aus der Stadt, und ehe man sichs versah, setzten mehrere Tausend Kreuzfahrer über die Save und warfen sich in die Laufgräben am linken Flügel der türkischen Stellung, wohin Andere nachfolgten.[21]) Der Ungestüm, mit welchem dieser Angriff geschah, vielleicht auch das Unerwartete desselben brachte Unordnung in die feindlichen Reihen, so dass sich die Kreuzfahrer von einem Laufgraben, einer Verschanzung in die andere werfen konnten und endlich in das türkische Lager eindrangen, wo sie plündernd über die Zelte eines asiatischen Paschas herfielen.

Capistrano, vom Thurme aus das Vordringen seiner Leute wahrnehmend, fürchtet, dass der Feind sie durch verstellte Flucht in einen Hinterhalt locken wolle; rufend kann er sie nicht mehr zurückhalten, aber auch vergeblich eilt er herbei, um ihrem regellosen Vordringen Einhalt zu thun. Da erfasst Hunyady den richtigen Augenblick, um mit der Besatzung der Festung einen Ausfall zu machen und die Kreuzfahrer aus ihrer misslichen Lage zu befreien. Mit ihnen vereint, dringt er in die Batterien ein, kehrt deren Geschütze gegen die Belagerer selbst, vertreibt sie aus den Laufgräben und verfolgt sie bis in ihr Lager.

Als Mohammed seine Truppen fliehen sah und den Verlust seiner Geschütze wahrnahm, trat er selbst an die Spitze der Kämpfenden; einem Feinde spaltete er den Kopf mit einem Hiebe, er wurde aber auch selbst durch einen Pfeilschuss verwundet. Der Aga der Janitscharen, Hassan, wegen der Feigheit seiner Truppen mit dem Tode bedroht, erwiderte dem Sultan, die meisten seiner Leute wären ver-

---

[21]) Fara, einer der Begleiter Capistrano's, der auch seine Thaten beschreibt, lässt 5000 Mann über die Save setzen und dann das ganze Kreuzheer — seiner Angabe nach 60.000 Mann — unter Anführung Capistrano's selbst folgen. Capistrano's Brief an den Papst widerlegt selbst diese Uebertreibung.

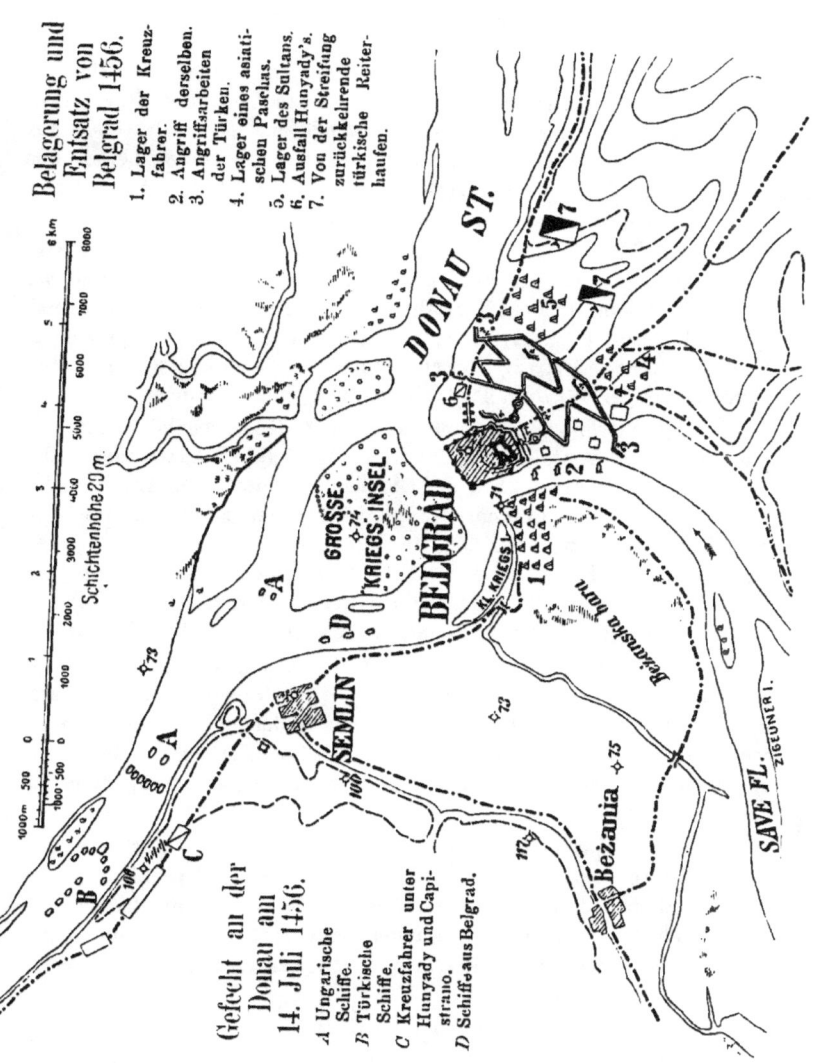

wundet, die anderen verweigern den Gehorsam, und stürzte sich vor seinen Augen selbst in den Feind, um den Tod zu finden. Bevor noch die Dunkelheit weiteren Kämpfen ein Ende machte, eilten 6000 von einer Streifung längs der Donau zurückkehrende Reiter herbei und nöthigten die Christen, das Lager, in dem sie plünderten, zu verlassen und sich in die Laufgräben zurückzuziehen.

Noch in der Nacht brach der Sultan mit seinem Heere, eine lange Reihe von Wagen mit Verwundeten mit sich führend und das brennende Lager mit allen Vorräthen und Kriegsgeräthen zurücklassend, gegen Sophia auf. Sein Rückzug artete bald in wilde Flucht aus; in Sophia musste er streng Gericht halten und konnte erst durch Hinrichtung einiger Flüchtlinge das Heer zum Stehen bringen.

Belgrad war gerettet und damit für den Augenblick die den Ungarn sowie dem Abendlande drohende Gefahr abgewendet. Erst am folgenden Morgen sahen die Christen — über ihren Erfolg selbst staunend — welch ungeheuren Sieg sie errungen hatten. Hunyady in seinem Berichte an den König in Wien sowie Capistrano in seinen Briefen an den Papst und den Graner Erzbischof erblicken in dem unerwarteten, selbst die kühnsten Hoffnungen übertreffenden Sieg die Hand Gottes, welche mit so kleinen Mitteln so Grosses bewirkt habe.[22]

Was den Sultan, der sich wohl durch den Verlust seiner Geschütze, sowie durch die Entmuthigung seiner Truppen, vielleicht auch in Folge seiner Verwundung zur Aufhebung der Belagerung bewogen sehen konnte, veranlasst haben mag, seinen Rückzug noch in der Nacht und fluchtartig zu bewerkstelligen, dafür ist eine Erklärung nicht zu finden.

An eine Verfolgung der Türken war bei dem Zustande der Truppen, ihrer ungenügenden Ausrüstung sowie der Disciplinlosigkeit der Kreuzfahrer nicht zu denken. Die aus den deutschen Städten, aus Oesterreich und Böhmen abgesandten, gut ausgerüsteten und wohlorganisierten Abtheilungen derselben waren kaum bis Ofen gekommen, kamen daher viel zu spät.

Hunyady wie Johann Capistrano sollten aber die Befreiung Belgrads nicht lange überleben. Schon wenige Tage später wurde Hunyady von der fast jedem Türkenkriege folgenden Pest ergriffen. Man brachte ihn aus dem Bereiche der verseuchten Stadt nach Semlin,

---

[22] Der Vorwurf, welchen Aeneas Silvius sowohl dem Hunyady als Capistrano macht, dass jeder nebst Gott nur sich selbst die Rettung von Belgrad zuschreibe, ist nicht ganz berechtigt.

wo er am 11. August 1456, nachdem er seine Söhne und Freunde zur Gottesfurcht, Vaterlandsliebe und Einigkeit ermahnte und sie zur Fortsetzung des grossen Werkes, dem er die meiste Zeit seines Lebens widmete — der Vertreibung der Türken aus Europa — aufforderte, im Alter von mehr als sechzig Jahren in den Armen Capistrano's verschied. Nach seiner Anordnung wurde er in der Domkirche zu Weissenburg in Siebenbürgen begraben.[23]) Papst Calixtus feierte in der Peterskirche in Rom ein Todtenamt, in dem er Hunyady mit dem Namen »Vertheidiger des Glaubens« beehrte.[24])

Mit Johann Hunyady gieng die volksthümlichste Heldengestalt Ungarns zu Grabe. Durch seine Thatkraft, Ausdauer und Klugheit zur höchsten Stellung gelangt, bedauerten Völker und Fürsten seinen Hintritt, und wohl mit Recht, denn nur ihm war es zu danken, dass unter den widrigsten Verhältnissen, trotz der zerfahrenen Zustände Ungarns und dem Mangel an Verständniss und gutem Willen von Seite der Mächte Europas dem Fortschreiten des Islams Einhalt gethan wurde, seiner hervorragenden Fähigkeit wurde auch von seinen Gegnern die Anerkennung nicht versagt. Nicht ganz zu übersehen ist aber auch, dass die drei grossen Unternehmungen, von denen er selbst so grossen Erfolg erwartete, wegen ungenügender Vorbereitungen und Mangel an Voraussicht den Erwartungen nicht entsprachen. Der sogenannte lange Feldzug konnte trotz der glänzenden Einzelerfolge nicht fortgesetzt werden, und seine Früchte giengen durch den unglücklichen Feldzug im nächsten Jahre vollends verloren. Letzterer, sowie der Zug nach dem Amselfelde 1448, trug schon beim Beginne den Keim des Misslingens in sich; beide Unternehmungen waren auf Voraussetzungen begründet, die nicht in Erfüllung giengen und kaum auch in Erfüllung gehen konnten. Mit der tapferen Vertheidigung Belgrads fand Hunyady's bewegtes Leben einen würdigen und versöhnenden Abschluss.

Hunyady hinterliess zwei Söhne, von welchen der ältere, Ladislaus, 23 Jahre, der jüngere, Mathias, erst 13 Jahre zählte.

Johann von Capistrano, schon 71 Jahre alt und in Folge der Aufregung und Anstrengung während der Vertheidigung von Belgrad geschwächt und hinfällig, zog sich in das Franciscanerkloster zu

---

[23]) Der Platz in der Domkirche zu Weissenburg (Karlsburg), wo Hunyady begraben sein soll, trägt die wohl einer späteren Zeit angehörende Inschrift: »Johannes Hunyadi Regni Hungariae Gubernator. Comitis Bistricensis, mortui in Zemlen prop. Nandor Albae. Die X Septembr. Anno MCCCCLVI.«

[24]) Zum Andenken des Entsatzes von Belgrad setzte Papst Calixt III. das Fest der Verklärung Christi auf den 6. August.

Ujlak (Illok) in Syrmien zurück, wo er am 23. October 1456 von seinen Ordensbrüdern umgeben im Geruche der Heiligkeit starb.[25]

Die kurze Regierung des jungen Königs Ladislaus bietet von nun an ein wenig erfreuliches Bild. Anfangs October traf der König in Futak bei Peterwardein ein, wohin ihm bei 6000 Kreuzfahrer, meist Deutsche und Böhmen, vorausgefahren waren, während andere folgten. Hier sollte über die Fortsetzung des Krieges berathen werden. Ladislaus Hunyady, des verstorbenen Gubernators Sohn, erschien erst beim König, nachdem er die Versicherung erhalten hatte, für die Handlungen seines Vaters nicht mehr zur Verantwortung gezogen zu werden, und versprach, Belgrad und andere feste Plätze, die noch von seinem Vater her in seiner Gewalt waren, zurückzustellen.

Nachdem der König den Grafen Ulrich von Cilli zum obersten Hauptmann seiner Truppen ernannt hatte, zog er nach Belgrad. Kaum hatte er dort mit seiner Begleitung die zur Burg führende Brücke überschritten, so wurde das Thor geschlossen und den Kreuzfahrern das Lager in der Stadt angewiesen. Am 9. November liess Ladislaus Hunyady den Grafen Ulrich zu einer Besprechung laden, und als dieser sich gegen Vorwürfe vertheidigen wollte, griffen die anwesenden Ungarn zu den Waffen und hieben ihn nieder.[26] Alle nicht ungarischen Begleiter des Königs wurden nun entwaffnet, so dass derselbe wie ein Gefangener in den Händen von Hunyady's Anhängern war; dem König blieb nichts übrig, als gut zu heissen, was geschah, und sich ihrem Willen zu fügen. Als die Kreuzfahrer erfuhren, dass man ihren Führer ermordet habe, wollten sie die Burg stürmen. Im Auftrage des Königs wurden sie aber beruhigt, und unter dem Vorwande, wegen vorgerückter Jahreszeit einen Zug gegen die Türken nicht mehr unternehmen zu können, unter Wilhelm von Lichtenstein nach Hause geschickt. Die von Capistrano herbeigeführten Kreuzfahrer waren zum Theil der Pest erlegen, oder bettelnd und raubend der Heimat zu-

---

[25] Nach dem Tode Johann Capistrano's riss man sich um seine Reliquien und stritt sich um seinen Leichnam, der endlich auf Befehl des Papstes begraben werden musste, aber durch den Fanatismus sowohl der Türken wie der Calviner verschleppt und verloren wurde. Trotz der eifrigen Bemühungen seiner Ordensbrüder und selbst der Verwendung von regierenden Fürsten, und trotz der vielen Wunder, die er schon zu Lebzeiten gewirkt haben sollte — vielleicht eben wegen der unglaublich grossen Zahl und der Absonderlichkeit derselben — erfolgte seine Heiligsprechung, deren eifrigster und wohl auch beachtenswertester Gegner ein Zeitgenosse Aeneas Silvius Piccolomini, als Papst Pius II., war, erst im Jahre 1690 unter dem Papste Benedict XIII.

[26] Ein Brief Ulrich's an Brankovič wurde aufgefangen, in welchem er seiner Feindschaft gegen die Familie Hunyady unverhohlen Ausdruck gab, und deren Vernichtung in Aussicht stellte.

gezogen. Nothgedrungen verlieh der König dem Ladislaus Hunyady die Würde eines General-Capitäns, liess ihn aber später, den 16. März 1457, in Ofen unter der Beschuldigung, sich gegen das Leben des Königs verschworen zu haben, hinrichten. Der üble Eindruck, den diese Blutthat hervorbrachte, sowie die Erhebung, welche die Mutter des Hingerichteten mit den reichen Mitteln ihres verstorbenen Gatten hervorrief, nöthigten den König, Ofen zu verlassen. Er begab sich zunächst nach Wien und dann nach Prag, wohin er auch den jüngeren Hunyady, Mathias, als Gefangenen mit sich führte.

In Prag, wo König Ladislaus seine Vermählung mit einer Tochter des Königs von Frankreich feiern wollte, erkrankte er plötzlich und hauchte sein Leben am 23. November 1457 im Alter von noch nicht achtzehn Jahren aus.

Während um die Erbschaft des Königs Ladislaus Kaiser Friedrich und seine Verwandten sich untereinander stritten, verloren sie Ungarn und Böhmen, auf deren Besitz sie mit aller Macht hätten hinarbeiten sollen, um dem Fortschreiten der Osmanen Einhalt zu thun und ihre Stellung in Deutschland zu sichern. Böhmens bemächtigte sich Georg Podjebrad, der in Prag zum Könige gewählt wurde, und in Ungarn fanden sich der Prätendenten mehrere, die, auf die weibliche Erbfolge pochend, Ansprüche erhoben, aber niemand, der für dieselben eintreten wollte. Podjebrad, der die Erhebung des nach Prag gebrachten Mathias Hunyady ahnte, wollte sich denselben rechtzeitig verpflichten, er verlobte ihn mit seiner neunjährigen Tochter Katharina und versprach, alles aufzubieten, um seinen künftigen Schwiegersohn auf den ungarischen Thron zu setzen.

Sultan Mohammed war nach der Flucht von Belgrad nach Adrianopel zurückgekehrt und suchte die Schmach derselben durch Veranstaltung von Festlichkeiten gelegentlich der Beschneidung seiner Söhne vergessen zu machen.

Siebentes Capitel.

Mathias Corvinus. — Kriegsrüstungen der Ungarn. — Szilágyi fällt in Serbien ein und wird gefangen. — Die Walachei unter türkischer und ungarischer Botmässigkeit. — Neuorganisation des ungarischen Heeres. — Streifzüge der Türken zurückgewiesen. — Serbien und Bosnien den Türken unterworfen. — Mathias erobert Jajcze. — Mohammed belagert Jajcze. — Mathias belagert Zwornik vergeblich und zieht sich zurück. — 1457 bis 1471.

Unter den Parteien, welche sich in Ungarn um den Thron bewarben, war jene der Familie Hunyady unter Führung Elisabeth's, der energischen Witwe des Gubernators,[1]) und ihres Bruders Szilágyi die mächtigste und meist zielbewusste. Am 24. Jänner 1458 gelang es auch unter Jubel des Volkes den erst fünfzehnjährigen Sohn Johann Hunyady's, Mathias — Corvinus beigenannt — zum König auszurufen. Seiner Jugend wegen wurde ihm sein Oheim Michael Szilágyi als Gubernator beigegeben. Dieser hatte bei der Erhebung seines Neffen auf den Thron gehofft, statt des Königs selbst regieren zu können, hatte sich aber in Mathias sehr getäuscht. In der Schule des Lebens früh zum Manne gereift, besass Mathias scharfen Verstand, festen Willen, unermüdlichen Thätigkeitsdrang und ein ausgeprägt monarchisches Selbstbewusstsein, dabei war er kalt und selbstsüchtig, unempfindlich gegen Gefühle der Verwandtschaft und Dankbarkeit und liess sich von niemandem als Werkzeug gebrauchen. Er ergriff daher gleich nach seiner Rückkehr nach Ungarn die Zügel der Regierung selbstständig. erklärte die von Szilágyi eingegangenen Wahlcapitulationen, in welchen festgesetzt war, dass der König das Reich nur mit eigenen Truppen zu schützen habe, und nur im Falle äusserster Noth ein allgemeines Aufgebot ergehen lassen könne, ferner dass der

---

[1]) Bezeichnend für Elisabeth, die Mutter Mathias', ist der Ausspruch, den sie kurz nach der Wahl desselben that, als man ihn wieder der Krone berauben wollte: »Lieber todt will ich meinen Sohn sehen, als ohne Krone.«

König unter keiner Bedingung neue Steuern auferlegen dürfe, nicht halten zu wollen. Da von den Türken Gefahr drohte, schickte Mathias seinen Oheim, mit dem er sich überworfen hatte, zum Schutze des Reiches an die Südgrenze. Streifzüge der Türken kamen bis in die Nähe von Ofen.[2])

In Serbien hatte Lazar, Georg Branković' jüngster Sohn, nachdem er seine Mutter vergiftet und seine älteren Brüder vertrieben hatte, die Herrschaft an sich gerissen, war aber, während Sultan Mohammed sein vermeintliches Erbrecht wieder geltend machte und gegen Serbien rüstete, im Jänner 1458 gestorben. Seine Witwe vermählte nun ihre Tochter dem zur katholischen Kirche übergetretenen bosnischen Königssohn Stephan und hoffte dadurch die beiden Länder zu vereinigen. Um den Papst zu gewinnen, bot sie ihm die Lehenshoheit über Serbien an. Als aber im Frühjahr 1458 die Türken unter dem Grossvezier Mahmudpascha in Serbien einfielen, wurde Stephan von den eigenen Leuten vertrieben.

Auf die Nachricht, dass die Türken mehrere feste Plätze an der Donau besetzt, das südlich von Belgrad gelegene Schloss Avala — erst von Mohammed II. erbaut — neu befestigt hatten, und die wieder von Ungarn besetzte Veste Golubaz arg bedrohten, erklärte der König, selbst ins Feld ziehen zu wollen und leitete mit grossem Eifer die Kriegsrüstungen ein. Um die Reichsstände zur Mitwirkung zu bewegen, schrieb er einen Reichstag aus, eine Aenderung der früheren Beschlüsse gelang ihm aber nicht, ja es wurde das allgemeine Aufgebot noch durch die Bestimmung völlig wertlos gemacht, dass der Adel nur bis zur Reichsgrenze zu ziehen verpflichtet sei und auch die volle Freiheit habe, nach Hause zurückzukehren, soferne binnen 14 Tagen nicht sichere Nachricht über das Nahen des Feindes käme. Szilágyi, mit seiner Zurücksetzung unzufrieden, legte seine Würde als Gubernator nieder, versöhnte sich aber wieder mit dem König und kehrte nach Ofen zurück.

Als in der Nacht vom 24. August in Ofen die Nachricht von dem Falle der Veste Golubaz eintraf, berief der König sofort eine Reichsrathssitzung, verfügte ein allgemeines Aufgebot, bat den Legaten ihm die anzuwerbenden Kreuzfahrer nachsenden zu wollen und brach schon den nächsten Morgen nach dem Süden auf. Während seiner Abwesenheit leitete seine Mutter die Geschäfte mit Eifer, kaufte Pferde, sorgte für Lebensmittel und Wein und schickte sie ins Lager. Ihr

---

[2]) Hammer, I, 415, sagt: »Ofen soll dreissig Tage lang den Streifereien der Türken offen gestanden haben.«

sowie des Königs Beispiel übten grosse Wirkung: massenhaft strömten die Kriegsleute zusammen, und Transportschiffe bedeckten die Donau. Der venetianische Gesandte berichtete: »Seit Menschengedenken herrschte im Lande keine so kriegerische Stimmung und kam keine so bedeutende Streitmacht zusammen, wie jetzt zum Theil aus Liebe, zum Theil aus Furcht.« Mathias weilte bis 9. September in Szegedin und gieng dann nach Peterwardein, während Sziliágyi bei Kubin gegenüber von Semendria Stellung nahm. Auf die Nachricht vom Nahen des ungarischen Heeres schickten die Türken sich an, in das Innere von Serbien zurückzuweichen. Von einer ungarischen Abtheilung eingeholt, sollen sie eine Niederlage erlitten haben.[3]) da aber weder Zeit noch Ort derselben bekannt ist, dürfte ihr keine besondere Bedeutung beizulegen sein. Aus Serbien sollen die Türken 20.000 Gefangene entführt haben. In Syrmien eingefallene Raubhorden wurden vertrieben und erlitten beim Rückzug über die Save grosse Verluste.

König Mathias, welcher sein Lager in St. Demeter (Mitrowitz) aufgeschlagen hatte und dann nach Belgrad gieng, trug sich noch mit umfassenden Kriegsplänen und schrieb zur Beschaffung der Mittel eigenmächtig Steuern aus. Dies gab seinen Feinden Anlass zur Anklage wegen offenem Gesetzesbruch; eine Verschwörung, für die auch Szilágyi gewonnen war, wurde bald entdeckt, Mathias liess seinen Oheim verhaften, und dass er nicht auch hingerichtet wurde, verdankte er nur der Dazwischenkunft des päpstlichen Legaten. Im nächsten Reichstage gelang es Mathias, die früheren Gesetze in Angelegenheit der Reichsvertheidigung abzuändern und sich so die Macht zu sichern, deren er zum Schutze seines Thrones bedurfte.

Inzwischen war Papst Calixt III. am 6. August 1458 gestorben und an seine Stelle Aeneas Silvius Piccolomini unter dem Namen Pius II. gewählt worden.[4]) Er erliess sogleich einen Aufruf an die christlichen Mächte zum Kampf wider die Osmanen und erkannte Mathias, auf dessen Mitwirkung er besonders rechnete, als König an; für diesen war das ein sehr willkommener Vorwand, das Heer, das er zur Bekämpfung aller seiner Gegner brauchte, zu vermehren und in Bereitschaft zu setzen.

---

[3]) Fraknói, »Mathias Corvinus«, sagt: »Doch eine ungarische Abtheilung setzte ihnen nach, zwang sie zum Treffen und schlug sie aufs Haupt.«

[4]) Aeneas Silvius Piccolomini, 1405 zu Corsignano bei Siena geboren, oblag dort den juridischen und classischen Studien und nahm 1432 das Anerbieten des Cardinals Capranica an, ihm als Geheimschreiber zum Concil nach Basel zu folgen. Er erregte durch eine Rede über die Wiedervereinigung der griechischen mit der katholischen Kirche die Aufmerksamkeit der Versammlung und wurde — obwohl Laie

Durch die Gefangennahme Szilágyi's waren die Feinde des Königs indessen nicht unschädlich gemacht: sie beschlossen, Mathias zu stürzen, trugen die Krone dem Kaiser Friedrich an und traten mit Podjebrad in Verbindung. Friedrich, von Podjebrad, der gleichzeitig mit Mathias unterhandelte, getäuscht, nahm die Wahl an, besass aber weder Macht, noch Energie genug, sich des ungarischen Thrones zu bemächtigen, daher es dem päpstlichen Legaten angesichts der von den Türken drohenden Gefahr auch bald gelang, einen Ausgleich zu Stande zu bringen.

Nach dem Tode des Königs Stephan Thomas hatten sich die Serben wider dessen Sohn Stephan erhoben; dies benützend, boten ihm die Türken gegen Abtretung von Semendria Beistand gegen seine aufständischen Unterthanen und den Besitz von Bosnien an. Stephan öffnete ihnen nicht nur die Thore der Festung, sondern war ihnen noch zu anderen Eroberungen behilflich, so dass der Verlust von ganz Serbien zu befürchten stand. Mathias, mit anderem beschäftigt, schenkte den Vorgängen dort aber wenig Aufmerksamkeit.

Unterdessen war Szilágyi aus seiner Haft entsprungen und verband sich wieder mit den Feinden des Königs. Abermals legte sich der Legat ins Mittel und verhinderte nicht nur den Ausbruch eines Bürgerkrieges, sondern brachte auch eine Aussöhnung mit Mathias zu Stande, der seinem Oheim wieder die Vertheidigung der Südgrenze übertrug und ihm die Fürstenwürde in Serbien in Aussicht stellte, sobald es ihm gelingen würde, dieses Land zu erobern. Vollständig versöhnt, rüstete nun Szilágyi und betrieb beim König die Eröffnung des Krieges; sich selbst überlassen, trug er aber kein Bedenken, den Feldzug zur Eroberung Serbiens auf eigene Faust zu eröffnen. Von Belgrad

— zum Secretär des Concils ernannt, nach dessen Auflösung er für die Lehre, dass selbes über dem Papst stehe, eintrat. 1442 mit Kaiser Friedrich in Berührung gekommen, von diesem als Dichter gekrönt und in seine Dienste gezogen, wurde er ein eifriger Vertheidiger der päpstlichen Macht. In der Stellung als Secretär des Kaisers erwarb er sich dessen Gunst in hohem Masse, die Beilegung des Kirchenstreites, die allerdings oft recht mangelhafte Betheiligung Europas am Kampfe wider die Türken sind zumeist sein Verdienst. Um seine Verdienste zu belohnen, erhielt Aeneas Silvius — wie damals üblich — verschiedene kirchliche Pfründen, die ihn veranlassten, 1446 die Priesterweihe zu empfangen. 1447 wurde er Bischof von Triest, 1450 Bischof von Siena, wodurch er in den Fürstenstand erhoben wurde. Von Papst Calixt III. zum Cardinal ernannt, bestieg er nach dessen Tode am 9. August 1458 den päpstlichen Stuhl. Sein Streben, zwischen Kaiser Friedrich und König Mathias zu vermitteln, hatte nur geringen Erfolg. Seine Ausdauer in der Bemühung, dem Fortschreiten der Türken in Europa Einhalt zu thun, ist — wenn auch der Erfolg den von ihm gehegten Erwartungen nicht entsprach — doch nicht genug zu würdigen.

aus unternahm er mehrere Streifzüge, befestigte Kubin und übersetzte, nachdem ihm Ujlaky aus Siebenbürgen 8000 Mann zugeführt hatte, bei Rama die Donau, um gegen Semendria vorzugehen. Bei Posarevaz gerieth er in einen Hinterhalt, sein Heer wurde zerstreut und er selbst von den Brüdern Mihaloghlu, Alibeg und Skanderbeg gefangen. Nach Constantinopel gebracht, wurde er auf Befehl des Sultans enthauptet, sein Begleiter Labatlan, der schon bei Varna dem Tode entgangen war, gegen Lösegeld entlassen.

Die Versuche des Papstes auf dem Congresse zu Mantua 1460, eine Verbindung aller christlichen Mächte gegen die Osmanen zu Stande zu bringen, scheiterten an der Gleichgiltigkeit derselben, ebenso erfolglos blieb der Versuch, durch die deutschen Fürsten in Nürnberg einen Druck auf den Kaiser auszuüben.

Da die Bedrohung von Seite der Türken sich jeden Augenblick wiederholen konnte, suchte Mathias im Innern des Landes Ordnung zu schaffen, was ihm nicht ohne Mühe gelang. Auch mit Kaiser Friedrich kam es zu einem Vergleich; dieser gab die ungarische Krone heraus, behielt sich aber den Titel eines Königs von Ungarn und dem Hause Habsburg das Erbrecht auf den ungarischen Thron vor.

Nachdem die ungarische Heeresverfassung den Anforderungen der Zeit schon lange nicht mehr entsprach, schuf Mathias, ohne das Banderialwesen ganz abzuschaffen, aus den Trümmern der böhmischen Bruderrotten und den Scharen Giskra's ein stehendes Söldnerheer, in dem auch das Fussvolk in grösserem Masse, als bisher üblich, Vertretung fand; augenscheinlich dienten hier die Janitscharen als Vorbild. Anfangs war dieses Heer zwar nur klein — 5000 Fussknechte und 2000 Reiter — später aber übertraf es an Zahl sowohl wie in Bezug auf taktische Ausbildung alle anderen Soldtruppen des Abendlandes. Ob der Name der neugeschaffenen Truppe — schwarze Schar oder Legion — von der Farbe der wohl gleichmässigen Kleidung und Rüstung, oder von dem wilden und schreckhaften Aussehen derselben herzuleiten ist, ist nicht bekannt.

In der Walachei herrschte seit 1456 Wlad, von seinen Unterthanen »Drakul«, d. i. der Teufel oder auch der Henker, von den Türken der Pfahlwoywode genannt, einer der grausamsten Wütheriche, die je existierten.[5]) Er verweigerte dem Sultan den Tribut, liess seine

---

[5]) Wlad Drakul begann seine Regierung damit, dass er 20.000 seiner Unterthanen, darunter 509 Bojaren, sammt ihren Weibern und Kindern ermorden liess, um sich die Herrschaft zu sichern. Handeltreibende Siebenbürger sperrte er in eine Scheuer und verbrannte sie, Burzenländer Kaufleute liess er berauben und dann spiessen. Als

Abgesandten pfählen und fiel verheerend in Bulgarien ein. Als nun der Sultan mit 150.000 Mann in die Walachei eindrang, liess Drakul sein Volk in die Grenzwälder flüchten und beschränkte sich darauf, die Türken nur zu beunruhigen. Mit ungeheurer Kühnheit führte er nächtliche Ueberfälle aus und zog sich endlich nach Zurücklassung von 6000 Mann, die sich unvorsichtig in ein Gefecht einliessen und meist niedergemacht wurden, gegen die Moldau hin. Die Thore der Hauptstadt fanden die Türken offen, die Bewohner entflohen. Nachdem Mohammed kein Heer traf, kehrte er nach Constantinopel zurück, und die Türken begnügten sich mit dem Raube der Herden. Alibeg blieb in der Walachei zurück und setzte an Wlad's Stelle dessen Bruder Radul auf den Fürstenstuhl.

Mathias erkannte wohl, dass er in den Nebenländern auch Ungarn schützte und beschloss daher, dem Wlad, der sich wieder Ungarn zuneigte, zu helfen. Um die Rüstungen für einen Zug in die Walachei zu bestreiten, trug Venedig 20.000 Ducaten bei, während der Papst den Sold für 1000 Reiter auf sich nahm und an die Beisteuernden einen Ablass verlieh. Ende Juli 1462 verliess der König die Hauptstadt und kam in der zweiten Hälfte September nach Siebenbürgen. Als er sich anschickte, in die Walachei einzufallen, war Wlad bereits vertrieben und der neu eingesetzte Radul erschien in Kronstadt, um die Oberhoheit der Krone Ungarns anzuerkennen. Wlad war auch nach Ungarn geflohen; als aber sein Briefwechsel mit dem Sultan, in dem er erklärte, ihm zur Eroberung Siebenbürgens behilflich sein zu wollen, bekannt wurde, liess ihn Mathias einkerkern und bestätigte im November Radul in der Fürstenwürde.

Im folgenden Jahre, 1463, wurde die Umklammerung Ungarns durch die Türken auf der Südseite durch den Fall Bosniens vollendet. Nach dem Ableben Stephan Thomas' folgte ihm 1461 in Bosnien sein Sohn Stephan, dessen Verrath den Verlust Serbiens zur Folge hatte. Des Königs Mathias Rache fürchtend, suchte er die Gunst des Papstes zu gewinnen, indem er sein Volk der katholischen Kirche zuzuführen versprach; dieser forderte Mathias auf, Stephan wieder in Gnaden aufzunehmen, damit er sich nicht den Türken in die Arme werfe. Gegen

---

Siebenbürger sich beschwerten, fiel er im Lande ein, verbrannte die Vorstädte von Kronstadt und liess Massen von Leuten spiessen. Unter dem Jammer von Gespiessten sein Mahl zu verzehren, machte ihm Freude. Bei der Hauptstadt fanden die Türken ein Feld, »eine halbe Stunde lang und eine Viertelstunde breit«, mit den aus Bulgarien mitgebrachten Gefangenen, theils gespiesst, theils gehängt. Auch Mohammed konnte ihm seine Bewunderung nicht versagen.

Abtretung mehrerer Castelle und Zahlung einer bedeutenden Geldsumme liess sich Mathias zur Aussöhnung und zum Abschluss eines Bündnisses bewegen.

Während Stephan mit Mathias Frieden schloss und gleichzeitig die Patarener der katholischen Kirche zuführen wollte, bereitete sich ein Sturm vor, der das bosnische Reich vernichten sollte. Zahlreiche Patarener, die schon früher das Land verlassen hatten und bei den Türken Schutz fanden, sowie viele Magnaten, die den katholischen Glauben nur scheinbar angenommen hatten, um ihre Güter zu behalten, berichteten dem Sultan über die Vorgänge in Bosnien; als nun Mohammed von den Vereinbarungen mit Mathias hörte und seinen Gesandten auch der Tribut verweigert wurde, entbrannte er in Zorn und beschloss, sich zu rächen.

Schon im Frühjahr 1463 zog Sultan Mohammed bei Adrianopel ein Heer zusammen; wohin er sich wenden würde, wusste man noch nicht. Auf die Nachricht von den Rüstungen der Türken vereinigte auch Mathias seine Kriegsmacht im Süden des Reiches und lagerte im Mai eine Zeit lang bei Batta, dann bis Juli bei Futak. Um Mathias zu täuschen und ihn im eigenen Lande zu beschäftigen, während er die Absicht hatte, Bosnien zu erobern, liess der Sultan ein beträchtliches Heer unter Alibeg aus Serbien nach Syrmien einfallen, welches durch den königlichen Mundschenk Andreas Pongrácz von Dengeleg geschlagen und zurückgeworfen wurde; nur mit Noth entkam Alibeg über die Save. Hiedurch nicht abgeschreckt, ergänzte Alibeg seine Truppen und fiel neuerdings über die Donau in das Temescher Banat ein, stiess aber auf den siebenbürgischen Woywoden Johann Pongrácz von Dengeleg, der eben auf dem Wege in das königliche Lager begriffen war, und erlitt abermals eine schwere Niederlage. Als er sich mit den Resten seines Heeres zurückzog, überfiel ihn noch Mathias selbst und vernichtete ihn vollends. Zur Vergeltung fiel hierauf Mathias noch in Serbien ein und kam mit 15.000 befreiten christlichen Gefangenen nach Belgrad zurück.

Mittlerweile hatte der Sultan sein Ziel, die gänzliche Unterwerfung Bosniens, erreicht. Um den bosnischen König unvorbereitet zu finden, hatte er ihn mit Friedensversicherungen hingehalten und durch den Abschluss eines Waffenstillstandes getäuscht; kaum aber waren die Gesandten heimgekehrt, brach der Sultan mit einem Heere von 150.000 Mann über Skoplie und Sieniza gegen Bosnien auf. Das von steilen Gebirgen durchzogene Land mit seinen zahlreichen Burgen hätte sich bei kräftiger Vertheidigung wohl längere Zeit halten und

das Eingreifen des ungarischen Heeres abwarten können, wenn es
nicht durch innere Zwistigkeiten. besonders durch den Religionsstreit
gelähmt gewesen wäre. Anfangs Mai überschritten die Türken die Drina.
wo der Woywode Kowačević, kurz vorher vom Abschluss des Waffenstillstandes verständigt, sich widerstandslos ergab. Vor Bobovaz, der
früheren Residenz der bosnischen Könige, einem festen Schloss unweit
Varesch, kam die Vorhut der Türken unter Mahmud Pascha am 19.,
der Sultan selbst am 20. Mai an; schon am dritten Tage wurde das
Schloss vom patarenischen Knesch Radak gegen Zusicherung einer
Belohnung übergeben. ihm aber ebenso wie dem Kowačević der Kopf
abgeschlagen. König Stephan hatte sich nach Jajcze geflüchtet, das er
schon früher zu seiner Residenz gewählt und befestigt hatte. Auf die
Nachricht vom Vordringen der Türken verlor man dort allen Muth;
König Stephan, welcher kein Heer mehr sammeln konnte, floh gegen
Croatien, wurde aber in Ključ von Mahmud eingeholt und ergab sich.
nachdem es in der belagerten Stadt an Nahrung und Munition fehlte.
nach vier Tagen gegen Zusicherung von Leben und Freiheit. Vor den
Sultan geführt, den Mahmud's Capitulation nicht befriedigte, wurde
der König gezwungen, seinen sämmtlichen Burghauptleuten den Befehl
zur Uebergabe der ihnen anvertrauten Plätze auszufertigen, später aber.
dem Vertrage entgegen, nach Scheich Alibeg's Rath, der ein dem Feinde
gegebenes Versprechen für ungiltig erklärte, doch enthauptet. Die
meisten der festen Plätze gelangten so ohne Schwertstreich in die
Hände der Türken, nur wenige grössere an der Save und der Bosna
gelegene mussten mit Gewalt bezwungen werden.

Mit Anfang Juni war ganz Bosnien in den Händen der Türken.
welche überall nur den dritten Theil der Bevölkerung — in der
Regel den ärmsten — beliessen, die anderen aber als Sclaven ver-
theilten oder zum Anbau wüster Landstriche verwendeten. Bei
30.000 Jünglinge wurden unter die Janitscharen eingereiht. In den
wichtigeren Städten liess Mohammed eine Besatzung unter Minetbeg
zurück. In Zwetčaj blieb als Befehlshaber der serbische Renegat
Michael Konstantinović aus Ostrowitza, der später den bosnischen Krieg
beschrieb.

Nach gänzlicher Eroberung Bosniens kehrte sich der Sultan noch
gegen Stephan Vukčić, den Herzog von St. Savas (Herzegowina). Bei
ihm hatten die aus Bosnien vertriebenen Patarener Aufnahme gefunden,
tapfere Männer. mit welchen er die steinigen Gebirge seines Landes
besetzte und seine Hauptstadt Blagaj so glücklich vertheidigte. dass
der Sultan sich zum Abzug entschloss. Auf dem Rückwege eroberte

er noch die Gebiete der Knesche von Trebinje und von Montenegro, die sich ihm in der Hoffnung auf Gnade freiwillig ergaben, demungeachtet aber hingerichtet wurden.

Mathias stand mit seinem Heere noch bei Futak, als die Selbstständigkeit Bosniens lange schon vernichtet war. Die Absicht, die Eroberung Bosniens zu verhindern, war vereitelt, er musste sich nun — wollte er das Land nicht in den Händen der Türken lassen — zur Wiedereroberung desselben entschliessen. Anfangs September empfieng der König zu Peterwardein Gesandte der Republik Venedig und verabredete mit ihnen ein Bündniss, demzufolge der Krieg mit aller Macht fortgeführt und nur in gegenseitigem Einvernehmen Friede oder Waffenstillstand geschlossen werden sollte. Venedig verpflichtete sich, mit 40 Schiffen zur See und mit einem Landheere auf Morea die Türken anzugreifen.

Nachdem König Mathias sein Heer, bei dem sich der Erzbischof Várday, der Bischof Johann Vitéz, der Palatin, der Schatzkanzler Emerich Zápolya, der Banus Stephan Frangepan, der Graf von Zagorien und Johann Vitovcz befanden, verstärkt hatte, brach er erst Anfangs October in zwei Abtheilungen in Bosnien ein; die eine gieng bei Novi über die Una und dem Sanathal entlang über Prjedor und Ključ, die andere bei Gradiska über die Save und auf der alten römischen Heerstrasse längs dem Vrbasfluss über Banjaluku nach Jajcze, ohne auf Widerstand zu stossen, vielmehr von der zurückgebliebenen Bevölkerung mit Begeisterung aufgenommen.

Zwischen dem Vrbasfluss, welcher inmitten haushoher Felswände dahinströmt, und der in denselben mündenden Pliva erhebt sich ein pyramidenförmiger Berg, dessen Felswände nach drei Seiten steil abfallen; seinen Gipfel krönte eine ausgedehnte Citadelle, deren Inneres Hervoya durch italienische Baumeister mit Prachtbauten schmücken liess. Unter der Citadelle dehnt sich die Stadt Jajcze aus. Die beiden Flüsse bilden ein schwer zu bewältigendes Wasserbollwerk, während das dazwischen liegende Terrain von dem kahlen Gebirge des Borek abgeschlossen ist. Nur ein schmaler Weg führt hier durch nach Jajcze. Diese von der Natur mit so gewaltigen Vertheidigungsmitteln ausgestattete Feste hatte eine türkische Besatzung von 7000 Mann unter dem Befehle des tapferen Harambeg.

Mathias, entschlossen, die Stadt sammt der Citadelle zu nehmen, auch wenn die Belagerung in den Winter hinein währen sollte, leitete dieselbe selbst. Die Stadt fiel auch bald in seine Hände; die christlichen Bewohner derselben, von den Franciscanern beredet, überfielen die Besatzung und machten einen Theil derselben nieder. Harambeg warf sich nun mit dem Reste derselben in die schwer zugängliche Burg und schlug, indem er den Belagerern empfindliche Verluste beibrachte, alle Stürme zurück. Mathias wusste aber die Begeisterung bei seinem Heere wach zu erhalten und durch eigenes Beispiel den Muth desselben zu beleben: wiederholt schwebte sein Leben in Gefahr. Einmal gelang es dem Stephan Gerendy nur eben mit knapper Noth, einen Türken durch einen Pfeilschuss hinzustrecken, der seine Streitaxt bereits gegen den König erhoben hatte. Wesentliche Dienste leistete in diesem Kampfe auch der Fürst der Herzegowina, der dem König mit seinem tapferen Sohne Wladislav zu Hilfe geeilt war.

Endlich nach zweimonatlicher Belagerung sah Harambeg ein, dass die von den ungarischen Geschützen — ihr Geschützmeister war Caspar Lak, nachmals Propst des Zipser Capitels — zerschossenen Mauern nicht länger zu halten wären, und liess sich in Unterhandlungen ein. Seine Forderung, die Gefangenen, welche er in der Burg verwahrte, mit nach Constantinopel nehmen zu dürfen, wies Mathias mit der Bemerkung: »Wir stehen der Menschen und nicht der Mauern wegen hier« entschieden zurück: schliesslich begnügte er sich damit, sein Leben und das der Besatzung zu schützen. Am Weihnachtstage zog Harambeg mit nur mehr 400 Mann aus der Burg und huldigte dem Könige Mathias, der sich ihnen so gnädig erwies, dass sie freiwillig in seine Dienste traten.[6] Furcht vor dem Schicksal, das ihrer trotz der unleugbar tapferen Vertheidigung in Constantinopel harrte, konnte ihren Entschluss wohl nothwendig gemacht haben.

Schon während der Belagerung von Jajcze entstand, durch die Franciscaner angeeifert, wie in der Stadt, so auch unter dem katholischen Theil der Landbevölkerung eine Bewegung, welche die Rückeroberung Bosniens wesentlich erleichterte. Zahlreiche Burgen fielen wieder in die Hände der Ungarn, nur noch das obere Bosnathal und das Drinagebiet waren von den Türken besetzt, als der Eintritt des Winters und die Nothwendigkeit, sich krönen zu lassen, den König veranlasste, um die Mitte Jänner 1464 nach Ungarn zurückzukehren. Die Verwaltung Bosniens vertraute Mathias dem Schatzkanzler Emerich Zápolya, ehedem Geheimschreiber, später Intendant der Güter Johann Hunyady's an, dem er auch die meisten Verdienste um die Eroberung

---

[6] Das erwähnt Mathias selbst in einem Briefe an den Papst; wie er die gefangenen Türken verwendete, und was sie in seinem Dienste geleistet haben sollen, ist nicht bekannt. Aszboth nennt als Befehlshaber von Jajcze wohl irrthümlich den Konstautinović (Konstantin von Ostrowiza).

Bosniens zuschrieb;⁷⁾ zum Befehlshaber in Jajcze wurde der Prior von Vrana, Johann Székely, ernannt. In einem Berichte an den Papst legte Mathias den Verlauf des Feldzuges dar; über die Gründe, welche ihn veranlasst hatten, den Feldzug erst im Spätherbste zu beginnen, obwohl der Sultan schon im Juni abgezogen und ein Einfall aus Serbien nicht mehr zu fürchten war, sprach sich der König nicht aus.

Am 16. Februar hielt der siegreiche König seinen Einzug in Ofen, im März wurde er zu Stuhlweissenburg gekrönt; wenige Tage zuvor war Katharina, seit 1460 des Königs Gemahlin, zu Ofen gestorben. Durch ihren Tod war das ohnehin schon gelockerte Band, welches ihn an Podjebrad knüpfte, vollends gelöst.

In Folge des siegreichen Feldzuges im Vorjahre weitere Erfolge erhoffend und auf den Eifer des Königs Mathias bauend, fuhr Papst Pius II. fort, an der Vereinigung der katholischen Mächte zu einem Bunde wider die Osmanen zu arbeiten. Er rüstete Schiffe aus und nahm Söldner in Dienst; weder die Rücksicht auf seine Stellung, noch seine zerrüttete Gesundheit hielt ihn zurück, alle Zurüstungen zu treffen, um eine italienische Flotte in Person zur Belagerung Constantinopels zu führen. Das ungarische Heer sollte gleichzeitig von der anderen Seite angreifen und nicht eher aufbrechen, um die Save zu übersetzen, bis die Nachricht vom Auslaufen der Flotte aus Ancona — wofür der 5. Juni bestimmt war — eingetroffen wäre.⁸⁾ Gewärtig dieser Nachricht, stand auch im Mai die ungarische Kriegsmacht, 14.000 Reiter und 8000 Mann Fussvolk, schlagfertig in Futak bereit. Während diese Nachricht aber noch immer auf sich warten liess, erhielt Mathias Anfangs August die Meldung, dass der Sultan selbst mit einem gewaltigen Heere in Bosnien eingefallen sei, bereits vor Jajcze stehe und diese Festung aus Stücken von riesiger Grösse beschiesse.

Mathias richtete nun wiederholte Schreiben an den Papst, in welchen er sowohl den Aufbruch der Flotte, als auch die Zusendung der verheissenen sonstigen Hilfe dringend verlangte und sich bitter über die sorglose Gleichgiltigkeit der christlichen Mächte beschwerte. »Wenn in Wahrheit irgendwo eine Kriegsflotte oder ein Landheer vor-

---

⁷) In der Urkunde vom Jahre 1465, mit welcher Zápolya auch die erbliche Würde eines Grafen der Zips verliehen wird.

⁸) Auch auf die Mitwirkung Skanderbeg's glaubte Pius rechnen zu können. In der That führte Skanderbeg den Kampf mit den Türken durch 25 Jahre bis zu seinem Tode (17. Jänner 1466). Der albanesische Krieg währte noch 12 Jahre, bis die Türken die Hauptstadt Kroya erobert und die Albanesen nach blutigem Widerstande unterworfen hatten.

handen ist, so möge es sich zeigen,« so schliesst er seinen Brief, »und die bisherige Trägheit durch Raschheit wieder gut machen; ich meinestheils gehe dorthin, wo ich mit dem meisten Nutzen wirken kann und will jedenfalls meine Pflicht gegen mein Vaterland und meinen Glauben erfüllen.« Er eilte nun zum Entsatz von Jajcze. »Dass es doch noch stünde, bis wir dahin gelangten!« so schreibt er an den Kaiser.

Zápolya war dem Heere des Sultans von Jajcze aus entgegen gezogen, kehrte aber, als er die Stärke desselben erkannte, in die Stadt zurück. Durch 20 Tage bedrängte Mohammed schon Jajcze, drei Tage hintereinander liess er neue 10.000 Mann zum Sturme in die Bresche vorführen und feuerte sie selbst durch Drohungen und Verheissungen an, aber ungeachtet aller Tapferkeit konnte er die Stadt nicht erstürmen und hob auf die Nachricht vom Anmarsche des Königs die Belagerung so eilfertig auf, dass er einen Theil des Gepäcks und das schwere Geschütz zurückliess. Weiters kam die Nachricht, dass der Papst sich nach Ancona zur Uebernahme des Oberbefehles über die vereinigte Kriegsflotte begeben habe, und der Doge von Venedig ebenfalls im Begriffe stünde, mit seiner Flotte dahin abzugehen.

Der König berichtete sofort an Pius II., dass er im Sinne der Abmachungen auf türkisches Gebiet vordringen wolle. Allein einige Tage später hielt ihn die erschütternde Nachricht vom plötzlichen Tode des Papstes in seinem Unternehmen auf.

Papst Pius II. war, obwohl schon krank, am 15. Juli in Ancona eingetroffen, um sich an die Spitze des Kreuzheeres zu stellen. Er wolle dabei sein — wie er sagte — um, was er allein vermöge, seine Hände während des Kampfes zu Gott zu erheben, wie Moses. In Ancona hatten sich auch schon eine Menge Kreuzfahrer eingefunden, aber es fehlte an Geld zu ihrem Unterhalte und an Schiffen, um sie aufzunehmen, so dass der Papst sich genöthigt sah, sie mit Ablass und seinem Segen wieder nach Hause zu schicken. Die wenigen mit Geld versehenen Kreuzfahrer wollte er schon nach Ragusa senden, das von den Osmanen bedroht war, als endlich die venetianische Flotte, 20 Galeeren unter dem Dogen Christoforo Moro, im Hafen einlief. Zwei Tage darnach, den 14. August 1464, im Augenblick, als er den heissesten Wunsch seines Lebens der Erfüllung nahe glaubte, im Angesichte der zum Auslaufen bereiten Flotte erlag der erst 59 Jahre alte Papst seiner Krankheit. In seinen letzten Stunden ermahnte er noch die Cardinäle, sein Unternehmen fortzuführen.[9]) Der geplante Zug

---

[9]) Es unterliegt wohl keinem Zweifel, dass Papst Pius II. den besten Willen hatte, die Ungläubigen zu bekämpfen und selbst gegen sie in den Krieg zu ziehen;

unterblieb nun, die Kreuzfahrer zerstreuten sich, die venetianische Flotte kehrte zurück und die ganze Last des Krieges ruhte wieder auf Ungarn allein. Die in der päpstlichen Cassa für Kriegszwecke erliegenden 40.000 Goldgulden wurden dem König Mathias zugeschickt. Auf dem päpstlichen Stuhle folgte der Venetianer Petrus Barbo, der als Papst den Namen Paul II. annahm.

Nachdem Mohammed die Belagerung von Jajcze aufgehoben hatte, war auch der Entsatz dieser Festung für Mathias gegenstandslos, seine Rüstungen wollte er aber nicht umsonst gemacht haben, er entschloss sich daher, die Türken aus der unteren Drinagegend zu verjagen, zunächst aber die Festung Zwornik zu belagern. Ohne Grund verzögerte er jedoch seinen Vormarsch und überschritt die Save erst am 8. October bei der Furt von Rácsa, zu deren Schutz er den Erzbischof von Kalocza zurückliess. Ungeachtet der noch günstigen Witterungsverhältnisse musste er sich den Weg durch die Urwälder längs der Drina nicht ohne Mühe bahnen. Geschütze, Munition und Proviant mussten auf Schiffen flussaufwärts nachgeliefert werden. Am 19. October lagerte König Mathias bereits vor Zwornik, wo auch Zápolya aus Jajcze zu ihm stiess.

Zwornik liegt lang gestreckt in engem Thale am linken Ufer der Drina, die hier zu beiden Seiten von hohen Bergen begleitet wird. Am Südende der Stadt lag die eigentliche Festung, die durch Mauern und Thürme mit dem 230 Meter über der Save auf dem steilen Veluvnik gelegenen Castell verbunden ist und das Thal nach Süden absperrt.

König Mathias traf nun selbst die Vorkehrungen zur Belagerung der Festung. Ein Theil der Geschütze unter seiner und Zápolya's Leitung beschoss die am Ufer der Drina gelegene Festung, während die Belagerungsarbeiten gegen das Castell vom Grafen Sigismund von Bösing und St. Georgen und von Berthold Elderbacher geleitet wurden, die mit vieler Mühe die Geschütze auf die umliegenden Höhen bringen mussten.

Während die Belagerung im Gange war, führte der König eine Heeresabtheilung vor die Burg Srebrenica (40 Kilometer südöstlich von

---

es ist aber kaum begreiflich, wie ein Mann von solcher Einsicht in die politischen Verhältnisse Europas und von solcher Erfahrung bei den ganz unzulänglichen Vorkehrungen, die für diesen Krieg getroffen wurden, sich in ein Unternehmen von kaum fraglichem Misserfolge einlassen konnte. Wenn man die Folgen bedenkt, die ein solcher haben musste, ist es fast als eine Gunst der Vorsehung anzusehen, dass dieser Kriegszug vereitelt wurde.

Zwornik), welche zum Schutze reicher Silberminen diente.[10] Die Burg wurde mit solchem Ungestüm angegriffen, dass sie schon in wenigen Tagen in die Hände der Ungarn fiel, die mit wertvoller Beute und vielen Gefangenen nach Zwornik zurückkehrten.

Die Besatzung von Zwornik litt viel von den Geschützen, leistete aber tapferen Widerstand. Mittlerweile traten aber die Herbstregen ein, welche auf den unwegsamen Strassen die Herbeischaffung des Proviants hinderten. Im Lager fieng man an, Noth zu leiden; durch die Nutzlosigkeit der Anstrengungen entmuthigt, nahm die Unzufriedenheit im Heere mit jedem Tage zu, bis sie endlich laut zum Ausdruck kam, sogar der Gehorsam scheint verweigert worden zu sein. Zápolya verlor durch einen Pfeilschuss ein Auge, und wie es scheint, damit auch einen Theil seiner Entschlossenheit. Als noch mit halbem November die Nachricht eintraf, dass ein türkisches Entsatzheer im Anzuge sei, — der Grossvezier soll alle Bege Rumeliens zum Entsatze von Zwornik aufgeboten haben — hob Mathias die Belagerung auf, und trat unter recht ungünstigen Verhältnissen den Rückzug an. Die Wege waren so schlecht, dass man zu Strecken, die früher in einem Tage zurückgelegt wurden, jetzt drei Tage benöthigte. Die Geschütze, welche auf den Bergen standen, konnten nicht mehr herabgebracht werden und wurden in Stich gelassen, nur die am Wasser stehenden wurden auf Schiffe verladen und fortgeschafft. Türkische Banden verfolgten das Heer bis an die Save, nicht ohne demselben noch einige Verluste beizubringen.[11])

Die bei der Belagerung von Zwornik zu Tage getretene Unbotmässigkeit der Truppen bestärkte Mathias in der Ueberzeugung, dass die ungarische Kriegsmacht einer Umgestaltung dringend bedürfe und der Kern derselben ein viel grösseres, disciplinirtes, seinem Willen unbedingt folgendes stehendes Heer von Söldnern bilden müsse. Da zu erwarten war, dass Sultan Mohammed nächstens zur Wiedereroberung Bosniens und zur Tilgung der vor Jajcze erlittenen Schlappe mit einem viel grösseren Heere auftreten werde, Mathias aber auch den Entschluss fasste, demnächst zu geeigneter Jahreszeit wieder ins Feld zu ziehen, um den Misserfolg bei Zwornik wett zu machen, versammelte er zu Anfang des Jahres 1465 die weltlichen und geistlichen

---

[10]) Graf Sigismund von Bösing, an diesem Kriegszuge hervorragend betheiligt, schreibt ausdrücklich, dass der König selbst nach Srebrenica zog, während dieser Zug von Bonfinius und Anderen irrthümlich dem Zápolya zugeschrieben wird.

[11]) Nach Bonfinius wäre dieser Rückzug in wilde Flucht ausgeartet, dem die Angabe des Grafen von Bösing widerspricht.

Grossen in Szegedin, um über die Organisation des Heeres und die zur Erhaltung desselben erforderlichen Mittel zu berathen.

An den Papst wurde der beredte Bischof von Fünfkirchen, Johann von Csesmicze, geschickt, der einen Brief des Königs überbrachte, in dem er erwähnt: »So lange meine Kraft währt, stehe ich vom Kampfe mit den Ungläubigen nicht ab, eher will ich die Rache als die Verachtung des Feindes ertragen.« Dankbar gedachte der Bischof der Aufforderung des Papstes an die Mächte, die Hilfsgelder zur Abwehr der Türkengefahr zehn Jahre hindurch zu zahlen, erklärte aber für zweckmässiger, wenn die Zahlung auf zwei bis drei Jahre beschränkt würde, dafür aber in dieser Zeit umso reichlicher fliessen möchte, dann könne der König auch umso entschiedener vorgehen, und umso namhaftere Erfolge erzielen. Zur Erwiderung schenkte der Papst dem König ein wertvolles Kreuz und liess ihm 57.000 Goldgulden anweisen.

Auch nach Venedig, das der Sultan sich vergeblich bemühte, vom Bunde mit Ungarn zu trennen, schickte Mathias eine Gesandtschaft, um die Republik zu weiterer Hilfe und Fortsetzung des Kampfes auf Morea aufzufordern; dieser wurde zwar fortgesetzt, jedoch ohne bedeutenderen Erfolg. Der Senat von Venedig votierte auch 50.000 Goldgulden für Ungarn und erklärte, bezüglich weiterer Beiträge später beschliessen zu wollen, zahlte aber nur 15.000 aus. Der König wies nach, dass er wenigstens 300.000 Goldgulden zur Fortführung des Krieges bedürfe, musste aber den Gedanken an denselben für dieses Jahr aufgeben, obwohl der Papst dazu drängte. Nichtsdestoweniger rüstete man in Ungarn eifrig und beschloss, dass bei wirklichem Ausbruche eines Krieges der gesammte Adel ins Feld ziehen und je 20 Bauernhäuser einen Bewaffneten stellen sollten. Von Ungarns Rüstungen benachrichtigt, stellte auch Mohammed ein Heer in Serbien auf, liess aber, nachdem er seine ganze Macht in Kleinasien benöthigte, dem König einen Frieden gegen Ueberlassung Bosniens und Serbiens anbieten. Der König gieng darauf nicht ein und liess die türkischen Unterhändler nicht einmal vor. Die Gefahr für Ungarn war nun wohl nicht gross, und man hätte nach der stolzen Abweisung des Friedensantrages auch ein energisches Vorgehen des Königs, eine volle Ausnützung des so günstigen Augenblicks erwarten können; allein er blieb unthätig, wenn er auch am 9. October von Ofen aufbrach und nach kurzem Aufenthalt zu Fünfkirchen bei Legrad an der Drau ein Lager bezog. Die Aufstellung des Heeres benützte nun Mathias, um in Croatien, das durch Parteien gespalten und durch Fehden in beständiger Unruhe gehalten worden war, die Ordnung wieder herzustellen. Auch das Auftauchen von Freibeuterscharen im Norden Ungarns und ein damit in Verbindung stehender Streit mit Kaiser Friedrich veranlasste Mathias, nach Ofen zurückzukehren.

Im Laufe des Winters verbreitete sich abermals das Gerücht, dass Sultan Mohammed bei Sophia ein Heer aufstelle, um Belgrad zu bedrohen.

Anfangs Jänner 1466 berief König Mathias einen Landtag nach Tolna. Zur Vertheidigung der Südgrenze sollte der gesammte Adel aufgeboten werden. Der König kündigte an, dass er am 3. Mai von Ofen aufbrechen werde, und dass Jeder, der sich bis 8. Mai ohne triftigen Grund nicht im Lager bei Legrad einfinden würde, den Kopf und die Güter verlieren solle. Doch galten auch diesmal die Rüstungen Mohammed's nicht den Ungarn, sondern Albanien; nachdem Skanderbeg gestorben war, wollte er das Land für immer der türkischen Herrschaft unterwerfen, was jedoch erst nach einem zwölfjährigen hartnäckigen Kampfe vollständig gelang.

Im selben Jahre starb auch Stephan Vukčić, der Fürst der Herzegowina. Im Zwiste mit seinen Söhnen hatte er den jüngsten derselben als Pfand für seine Treue dem Sultan ausgeliefert, bei welchem er Moslim und sein Günstling, und später bei Mohammed's Nachfolger auch Grossvezier wurde. Die beiden älteren Söhne theilten sich das Land, der eine floh aber bald nach Ungarn, während der andere sich noch einige Zeit in einigen Schlössern behauptete, bis das ganze Land — auf Ungarns Hilfe vergeblich wartend — dem osmanischen Reiche einverleibt wurde.

Da die Mächte Europas mit Ausnahme von Venedig, das sich übrigens auch schon nach dem Frieden sehnte, nicht zur Theilnahme am Kampfe gegen die Ungläubigen zu bewegen waren, die Geldbeiträge der Päpste und Venedigs nicht ausreichten, um so kostspielige Söldnerheere, wie sie zur Führung eines Krieges ausserhalb der Grenzen Ungarns nothwendig waren, zu erhalten, so mussten die zur Bestreitung der Kriegskosten erforderlichen Mittel von Ungarn, das ohnedies schon Jahre hindurch den Kampf zu führen gezwungen war, allein aufgebracht werden. Um die Staatseinkünfte zu vermehren, setzte nun Mathias 1467 eine Steuerreform durch, die das Land nicht unbedeutend belastete, und in Siebenbürgen, wo der Adel, die Sachsen und Szekler sich in ihren ererbten Rechten beeinträchtigt fühlten, einen Aufstand hervorrief, der mit Gewalt unterdrückt werden musste. An den Woywoden der Moldau, Stephan Bogdanović, der den Aufstand in Siebenbürgen unterstützt und sich in polnischen Schutz begeben hatte (auch beschuldigt wurde, mit den Türken gemeinsame Sache zu machen), wollte der König selbst Rache üben, drang bis in die Hauptstadt Sucsawa vor, erlitt aber dort eine Niederlage und gab die Fortsetzung des Feldzuges auf.[12] Verwundet kehrte er in den letzten Tagen des Jahres nach Kronstadt zurück, wo er aufs Neue rüstete, um Stephan zu züchtigen; doch liess dieser durch Gesandte seine Ergebenheit zusichern, womit Mathias, dessen Gedanken sich anderen Unternehmungen zuwandten, sich zufrieden gab.

Bosnien unterordnete König Mathias nach Abberufung Zápolya's dem Ban von Machow, Niklas Ujlaky, den er später — im Jahre 1470 — auch zum König von Bosnien ernannte.

Soviel dem Papste Paul II. auch an der Bekämpfung der Osmanen gelegen sein mochte, so schien ihm die Ausrottung der Ketzer in Böhmen doch noch wichtiger. Obwohl unter Podjebrad die Hussiten sich den Anforderungen des Papstes theilweise gefügt hatten, setzte er doch den Kampf mit denselben fort, und Mathias — seit dem Tode der Königin mit seinem Schwiegervater ganz zerworfen — hatte schon im Jahre 1465 dem Papste seine Hilfe zur Unterwerfung der böhmischen Ketzer angeboten. Als nun der Papst nirgends Hilfe fand — auch der Kaiser fühlte sich Podjebrad nicht gewachsen — warfen sich seine Augen auf Mathias. Der Kaiser, von Podjebrad bedrängt, suchte ebenfalls die Hilfe des Königs von Ungarn und er, wie auch der Papst soll diesem Hoffnung auf die Würde des römischen Königs gemacht haben. Sie begegneten hierin den Wünschen des ehrgeizigen Königs, der vielleicht in Verkennung der sehr gesunkenen Macht des Deutschen Reiches die Hoffnung gehabt haben mag, die Kraft desselben zur Bekämpfung der Türken verwenden zu können. Nicht lange vorher hatte der Papst dem König von Ungarn über seine Lässigkeit in Bekämpfung der Türken Vorwürfe gemacht, nun zog er ihn durch seine Aufforderung, gegen Georg Podjebrad zu ziehen, selbst davon ab.

Bei der Erschöpfung Ungarns und der Unzufriedenheit im Lande hätte man dem König keinen Vorwurf machen können, wenn er jeden anderen Krieg eingestellt, und sich auf die Vertheidigung des Landes

---

[12] Wieder in der ungünstigsten Jahreszeit, Ende November, zog der König durch den Oitos- und Gimespass in die Moldau. Während Boten mit dem Könige in Sucsawa unterhandelten, umringten 12.000 Bewaffnete die Stadt; mit den Einwohnern derselben im Einverständnisse, ergossen sie sich in der Nacht des 15. December in die Gassen und steckten die Häuser in Brand. Bei Flammenschein entwickelte sich ein mörderischer Kampf, in dem Mathias selbst durch einen Lanzenstich und einen Pfeilschuss verwundet wurde.

beschränkt hätte. Allein sehr zum Nachtheil Ungarns gedachte er, die Waffen nicht ruhen zu lassen, und liess sich — obwohl die Friedensverhandlungen, welche die Pforte schon seit Jahren mit Ungarn und Venedig führte, nicht ernst gemeint schienen [13]) — durch die Aussicht, seine Macht auch über Böhmen auszudehnen, zum Angriff auf Podjebrad bewegen. Im Frühjahr 1468 erklärte Mathias den Krieg, als Bundesgenosse des Kaisers und als Beschützer der Katholiken in Böhmen. In den folgenden Jahren wurde der Krieg mit wechselndem Glücke geführt; von der katholischen Partei zum Könige gewählt,[14]) fiengen seine Anhänger zu wanken an, als sie keine wesentlichen Erfolge wahrnahmen. Als nun Georg Podjebrad am 22. März 1471 starb, wählten die unbefriedigten Katholiken im Vereine mit den Utraquisten in Böhmen am 27. Mai 1471 — den Thron als erledigt ansehend — den Sohn König Kasimir's von Polen, den 15jährigen Wladislav, zum König. Mathias dachte nicht daran, auf seine Ansprüche zu verzichten, doch standen die Aussichten für ihn nicht sehr günstig.

[13]) Niklas Ujlaky begleitete 1467 türkische Gesandte nach Ofen, welche um Waffenstillstand anhalten sollten, der ihnen mündlich auch zugesichert worden wäre. Man zweifelte aber daran, ob dies wirklich Abgeordnete des Sultans oder nur zufällig von Ujlaky aufgegriffene Türken waren, die zum Scheine vorgeführt wurden, um den Ungarn die Bedenken gegen den böhmischen Krieg zu nehmen.

[14]) In Olmütz und Breslau wurde dem König im Mai 1469 der Eid der Treue geleistet.

Achtes Capitel.

Wiederholte Einfälle der Türken nach Ungarn und in die österreichischen Erbländer. — Vorkehrungen Kaiser Friedrich's gegen dieselben. — Mohammed II. erbaut Szabacs. — Grosswardein von den Türken geplündert. — Mathias erobert Szabacs. — Mathias vernachlässigt die Vertheidigung seiner Länder, er vermählt sich mit Beatrix von Aragonien. — Erneute Einfälle der Türken. — 1471 bis 1477.

In Ungarn wurde man immer unzufriedener mit der Politik des Königs und mit seinen Kriegen gegen Böhmen, welche Unsummen (mehr als drei Millionen Ducaten) verschlangen und das Reich wehrlos gegen Süden machten. Schon seit dem Jahre 1467 fielen Türkenhorden wiederholt aus Bosnien in die angrenzenden ungarischen Gebiete ein, die jedesmal mit der Verheerung und Entvölkerung ganzer Landstriche endeten. Auch venetianisches Gebiet (die Gegenden von Sebenico und Zara in Dalmatien) wurden nicht verschont.

Den Grenzen der österreichischen Erbländer waren die Türken nun schon so nahe, dass Kaiser Friedrich III. sich im Jahre 1447 veranlasst sah, ernste Vorkehrungen gegen dieselben zu treffen. Die Schlösser und Städte wurden ermahnt, sich zur Wehr vorzubereiten, und wiederholt — so in den Jahren 1448, 1463 und 1464 — Verordnungen erlassen, welche die Abwehr der Türkengefahr zum Zwecke hatten. Es erwies sich diese Vorsicht auch bald als nothwendig.

Im März des Jahres 1471 plünderten bosnische Raubscharen das Gebiet von Corbavia[1]) und drangen bis Zengg vor. Im Mai desselben Jahres drang ein Heerhaufe von 10.000 Mann unter dem bosnischen Pascha Assambeg, ohne sich in Croatien aufzuhalten, in Unterkrain ein. Nach Uebersetzung der Kulpa schlug er bei Möttling ein Lager auf und verheerte von hier aus durch vierzehn Tage die Gegend. In Möttling wurde das Deutsche Ordenshaus zerstört, die Bewohner fanden im festen Schlosse des Andreas Hohenwart Zuflucht. Einzelne Schwärme

---

[1]) Corbavia, eine Gegend in der Likaner Gespanschaft.

unternahmen von hier aus Raubzüge, einer derselben steckte Gottschee in Brand, ein anderer gelangte bis Laibach, wo die Domkirche niedergebrannt wurde, wieder andere gelangten bis Sichelburg, bis Landstrass und selbst bis gegen Cilli. Greise und Kinder wurden getödtet, die Erwachsenen, Männer und Weiber, gefangen weggeführt, Kirchen beraubt und verbrannt. Mehr als 60.000 Menschen sollen in Gefangenschaft geführt worden sein.[2]) Inzwischen hatten sich die krainerischen Stände zum Widerstande erhoben; in einem allgemeinen Aufgebote hatten sich binnen neun Tagen 20.000 Mann unter dem Landeshauptmann Andreas Hohenwart zusammengefunden, doch kam es nicht zum Schlagen, denn die Türken waren schon am 4. Juli über die bosnische Grenze zurückgekehrt, nachdem sie bei 1000 Gefangene, welche sie nicht mehr über die angeschwollene Kulpa bringen konnten, erschlagen hatten. Noch im September fiel eine türkische Horde nach Croatien ein, konnte aber bei Agram die Save nicht übersetzen und zog am rechten Ufer unter Verübung der grössten Grausamkeiten bis gegen Gurkfeld. Ein ungarisches Adelsaufgebot, das die Türken auf ihrer Rückkehr verfolgte, erlitt eine Niederlage.

Ohne Kriegserklärung wiederholten sich nun die Einfälle auf österreichisches Gebiet während der Herrschaft der Sultane Mohammed II., Selim I. und Bajesid II. fast jährlich.

Da die Reichshilfe versagte, sahen sich die Landstände von Krain, Kärnten und Steiermark genöthigt, über eine Abhilfe gegen die gemeinsame Gefahr selbst zu berathen; trotz des kaiserlichen Verbotes traten sie zu St. Veit, der alten Hauptstadt Kärntens, zu einer Besprechung zusammen.[3])

Der wegen der Türkennoth auf das Frühjahr 1470 nach Wien ausgeschriebene Fürstentag war so wenig besucht, dass ein neuer nach Nürnberg ausgeschrieben werden musste, der jedoch wie der frühere ohne Erfolg blieb, weil der Kaiser selbst auf demselben nicht erschien. Auf dem am 19. März vom Kaiser nach Friesach einberufenen Landtage wurde zwar wegen des Widerstandes gegen die Türken auch verhandelt, doch blieben die Stände meist auf die Selbsthilfe angewiesen. Die Kräfte der drei Länder waren aber zu gering, um den Türken ernsten Widerstand leisten zu können, und kamen — wie die Folge zeigte — weil ungenügend organisirt, in der Regel zu spät.

---

[2]) Dimitz, »Geschichte Krains«, I, 279, nach Unrest's Chronik. Die Zahl der Gefangenen dürfte hier wie auch in späteren Angaben wohl übertrieben sein.

[3]) In dem Erlasse vom 29. November 1469 aus Wiener-Neustadt wurde den Ständen das Abhalten dieser Versammlung verboten.

Die Hilfe, welche die übrigen Erbländer gewährten, war kaum nennenswert, und die Reichshilfe, die zu Graz Ende 1470 und zu Regensburg im April 1471 verlangt und auch zugesagt worden war, wurde nicht oder nur in geringem Masse beigestellt.

Während König Mathias noch in die böhmischen Händel verwickelt war und mit Kaiser Friedrich noch in Unterhandlungen stand, liess Sultan Mohammed II. Anfangs 1471 von einem Theile des rumelischen Heeres ohne Aufsehen 20.000 Mann an die Save vorrücken und am rechten Ufer derselben eine Befestigung herstellen. Es wurde hiezu das 80 Kilometer oberhalb Belgrad gelegene, auf römischen Grundmauern erbaute kleine Castell von Szabacs — ein unregelmässiges, an den vier Ecken mit Thürmen versehenes und von einem mit der Save verbundenen Wassergraben umgebenes Bauwerk — ausersehen, das der neuen Befestigung als Stützpunkt dienen sollte. In Eile wurde vorbereitetes Material, behauenes Holz und Reisig, aus grosser Entfernung zugetragen und an der Landseite eine grosse Verschanzung mit acht Blockhäusern, die Erdwälle mit Ruthengeflecht verkleidet, die Gräben durch Pallisaden geschützt, aufgeführt. Die neue Festung wurde reichlich mit Geschützen ausgerüstet und eine Besatzung von 1200 Mann hineingelegt; sie sollte nicht nur als Ausfallthor für die Raubzüge der Türken, sondern auch als Ablagerungsplatz für die geraubten Schätze und als Kerker für die mitgeschleppten Gefangenen dienen. Der Ban von Croatien, Johann Thuz de Lak, hinderte nicht nur den in Heimlichkeit und mit Beschleunigung aufgeführten Bau der Festung nicht, er hinderte auch die Einfälle der Türken nicht, weshalb ihn auch der Zorn des Königs traf, der ihn als fahrlässig oder bestochen einkerkern liess.

Der Cardinal Gabriel, Erzbischof von Kalocsa, und Johann Ugor erhielten nun den Befehl, Szabacs zu nehmen und zu zerstören, mit der Vollmacht, überall Mannschaft auszuheben und Kriegsbeiträge einzufordern. Die Befestigungsarbeiten waren aber bereits so weit vorgeschritten, dass selbe nichts dagegen zu unternehmen, ja nicht einmal über die Save zu gehen wagten, und sich darauf beschränkten, Szabacs gegenüber eine Schanze zu errichten. Belgrad und Jajcze waren nun die einzigen festen Punkte von Bedeutung, welche die Ungarn noch am rechten Ufer der Save besassen. Um die Aufmerksamkeit des Königs vom Baue der Festung abzulenken, fiel gleichzeitig Isakbeg aus Bosnien mit 15.000 Reitern nach Croatien ein, verheerte das Land bis Agram und kehrte mit Beute beladen und mit unzähligen Gefangenen zurück.

Kaum hatte Isakbeg seine Beute in Sicherheit gebracht, so kehrte er mit 10.000 Reitern zurück, durchzog Croatien, ohne sich aufzuhalten. und fiel nach Krain ein, wo er verheerend zu Pfingsten bis gegen Laibach vordrang. Mit 15.000 Mann wiederholte Isakbeg bald darauf, nachdem er hörte, dass der Kaiser sich in Regensburg aufhalte, den Einfall abermals; bei Weinitz überschritt er die Grenze von Krain, und gelangte in einer Nacht bis Rasieza bei Auersperg. Hier theilte er seine Schar in drei Abtheilungen. Die eine sprengte an Laibach vorüber längs der Save gegen Krainburg und bis zum Kankerpass an der Grenze Kärntens. Laibach konnte sich, nur durch die brennenden Dörfer der Umgebung noch rechtzeitig gewarnt, vor einem Ueberfall schützen. Eine zweite Abtheilung Isakbeg's verbreitete sich über das Gebirge nach Steiermark und gelangte bis gegen Tüffer, während die dritte Abtheilung Unterkrain überschwemmte und über Ungarn zurückkehrte, wo sie die Donau überschritten haben und bis an die Grenze von Siebenbürgen gelangt sein soll, ohne auf ernsten Widerstand zu stossen. In Krain wurden bei diesen drei Einfällen vierzig Kirchen zerstört, fünf Märkte und bei zweihundert Dörfer niedergebrannt, und nach gleichzeitigen Angaben gegen 70.000 Menschen getödtet oder in Gefangenschaft geführt. Als die Nachricht von dem verheerenden Zuge Isakbeg's nach Kärnten gelangte, erhoben sich daselbst etliche Landstände mit Zuzug von Städtebewohnern und einer Anzahl von Bauern, welche von dem Landeshauptmann Christian Ungnad angeworben, unter Wilhelm Schenk von Osterwitz den Krainern zu Hilfe eilten, jedoch zu spät kamen, nachdem die Türken bereits abgezogen waren.

Im Herbste desselben Jahres fand noch ein Einfall nach Istrien und auf den Karst statt, der bis Wippach und Görz vordrang, wo abermals bei 500 Gefangene von den Türken fortgeführt wurden.

Im März des Jahres 1472 brachen Türken wieder über Croatien nach Krain ein. In Zirknitz wurde die Kirche eingeäschert. Ein bis in die Vorstädte von Laibach vorgedrungener Haufe brannte die St. Peterskirche nieder und musste erst durch Schüsse vom Schlossberg aus vertrieben werden.

Nicht umsonst erliess Kaiser Friedrich im April des folgenden Jahres ein Mahnschreiben an die Stände der drei Länder Kärnten, Krain und Steiermark, in welchem er sie auffordert, vereint an der Grenze dem Feinde Widerstand zu leisten. Im September noch zog Isakbeg mit 9000 Mann zu Fuss und mit 18.000 Reitern verwüstend durch Croatien und traf am 22 bei Sichelburg ein. Auf dem Zuge an Rudolfswerth vorüber wurde der Kärntner Michel Zwitter gefangen.

welcher dann den Türken bei diesem wie auch bei folgenden Einfällen als Führer und als Spion Dienste leistete; auch drei entlassene Priester sollen sich zu diesem Dienste hergegeben haben. Nach zwei Tagen erschienen die Türken abermals vor Laibach, zogen aber ohne Aufenthalt an Krainburg vorüber durch den Kankerpass nach Kappel in Kärnten, wo sie am 25. eintrafen. Nachdem sie die Drau übersetzt hatten, zerstreuten sie sich nach Feldkirchen, gegen das Zollfeld, und gegen Völkermarkt und Lavamünd. Die durchzogenen Landstriche ausplündernd und verwüstend, sammelten sie sich wieder bei Klagenfurt. Die Besatzung dieser Stadt unternahm einen Ausfall, welcher aber auf dem Felde zwischen der Stadt und der Glan mit Uebermacht angegriffen und mit einem Verluste von 100 Mann zurückgeworfen wurde. Die Türken übersetzten nun wieder die Drau und zogen am rechten Ufer derselben nach Bleiburg. Bei Windischgraz stellte sich ihnen der Pfleger Schulz Hauzinger mit 100 Mann entgegen; hier theilte sich die Schar wieder, ein Theil zog über Weitenstein und Gonowitz, der andere über Schalleck und berührte Cilli. Der Zug der Türken an den Mauern dieser Stadt vorüber währte, da sie auch 8000 Gefangene mitführten, von 8 Uhr Morgens bis 4 Uhr Nachmittags. Den 2. October überschritten sie wieder die Grenze und kehrten über Croatien nach Bosnien zurück.

Die gemeinsame Gefahr veranlasste am 8. Februar 1474 eine Zusammenkunft der krainerischen und kärntnerischen Stände zu Wolfsberg, welche auch die österreichischen und steirischen Stände zu einer demnächst abzuhaltenden Versammlung zu Judenburg einluden, um über eine gemeinsame Landwehr zu berathen. Auch an Papst Sixtus IV. wendeten sich die Stände mit einem Schreiben, welcher die Greuel der wiederholten Türkeneinfälle, die Unmöglichkeit der Abwehr und die drohenden Folgen für die ganze Christenheit schildert. Im Laufe dieses Jahres fand abermals ein Einfall nach Croatien statt, der sich auch über die Grenzen von Krain erstreckte. Bei 3000 Menschen sollen hiebei aus Krain weggeführt worden sein.

Da durch Kundschaftsberichte bekannt wurde, dass die Türken im Sommer des folgenden Jahres (1475) abermals einen Einfall planten, schrieb Kaiser Friedrich, der eben in Andernach weilte, für den 8. April einen Landtag nach Marburg aus, und befahl zugleich, dass die Stände ihre Leute zur Mitwirkung bei den Befestigungsarbeiten der Städte beistellen sollten. Auf dem Landtage wurde die Einhebung von Steuern und die Anwerbung von Reisigen beschlossen und Sigmund von Polheim, der Pfleger von Radkersburg, als oberster Landeshauptmann der drei Länder Kärnten, Krain und Steiermark bestellt.

Der erwartete Einfall fand im August auch statt. Ein Haufe von einigen Tausend Türken durchzog, ohne Widerstand zu finden, das schon oft geplünderte Croatien und drang bis Pettau vor, das verheert wurde. Als die Hauptleute Steiermarks und Kärntens herbeizogen, giengen die Türken über Neufeld und Lemberg in das Savethal zurück. Bei Rann zogen auch die Krainer heran und Sigismund von Polheim, der Hauptmann von Radkersburg, griff mit diesen drei Heerhaufen, die nur 450 Mann zählten, am 24. August die Türken, welche auf dem Kaisersberg an der Sotla Stellung genommen hatten, an. Das Gefecht fiel für die Christen ungünstig aus, man sagte, »weil einige Untreue die Flucht ergriffen hatten«. Unter den Gefallenen zählte man 31 Adelige; Polheim, dann die Hauptleute Georg Schenk von Osterwitz und Ludwig Kosiak aus Krain waren unter den Gefangenen. Ende September fiel ein zweiter Haufe Türken über Croatien nach Krain ein, hielt sich dort, vom Kärntner Zwitter geführt, einen Monat lang plündernd auf, und versuchte, nach Kärnten einzudringen, was durch die bei Windischgraz, Bleiburg und auch anderwärts an der Grenze aufgestellten Truppen verhindert wurde.

Die mit Ringmauern umgebenen Städte und Schlösser konnten wohl die Einwohner derselben schützen, dem Volke im offenen Lande aber keinen Schutz gewähren. Das Landvolk in den mehr bedrohten Gegenden fieng daher um diese Zeit an, sich selbst Zufluchtsorte herzustellen. Es waren dies meist Steinwälle auf unzugänglichen Orten, auf hohen Bergen oder in dichten Wäldern, Tabor oder Täber[4]) genannt, hinter deren Schutz sie sich selbst mit ihrer beweglichen Habe flüchten konnten. Solche Tabors wurden von der Kulpa bis nach Istrien und über den ganzen Karst hin angelegt. Um die Nachricht von einem Einbruche der Türken so schnell als möglich verbreiten zu können, mussten auf allen höheren Bergen von der Kulpa bis über Laibach hinaus Holzstösse bereit sein, welche angezündet wurden, sobald die Türken über die Grenze setzten. Diese Feuer wurden Kreutfeuer[5])

---

[4]) Der Ausdruck »Tabor« auf die flüchtigen Befestigungen in den Alpenländern dürfte wohl auf die Hussiten in Böhmen zurückzuführen sein, welche ihre auf freistehendem Berge gelegene Hauptburg, nach dem in der Bibel erwähnten Berge »Tabor« nannten, und darnach den Namen »Taboriten« erhielten. Der ähnliche Ausdruck »Taur« für Berg mag wohl zur Verbreitung desselben beigetragen haben. Iwolf leitet das Wort von dem türkischen »Täber« d. i. Wagenburg ab. Für die Tabors wurden später eigene Hüter vom Landeshauptmann oder Vicedom ernannt und in Eidpflicht genommen.

[5]) Iwolf leitet »Kräutefeuer« von »Gereutfeuer«, d. i. Feuer auf einer ausgereuteten Waldstelle, ab.

genannt. Aehnliche Vorkehrungen wurden auch in Kärnten und Steiermark getroffen. An manchen Orten wurden auch — wie dies in Siebenbürgen schon seit längerer Zeit üblich war — um die Kirchen Befestigungen angelegt, um den Einwohnern schnell eine Zuflucht gewähren zu können.

Die Friedensverhandlungen, welche von Ungarn schon seit 1473 auch während der Abwesenheit des Sultans in Kleinasien geführt wurden, hinderten die Einfälle der Türken nicht. Stephan, der kriegerische Woywode der Moldau, glaubte die Abwesenheit des Sultans benützen zu können, und fiel 1473 in die Walachei ein, um Radul aus der Walachei zu vertreiben; dieser flüchtete zu Bali Oghli, dem Pascha von Semendria, der ihn an der Spitze eines Heeres wieder in sein Land zurückführte. Bald darauf, zu Beginn des Jahres 1474, übersetzte Bali Oghli bei Semendria mit den dort gesammelten Truppen die Donau, und drang verheerend in das südliche Ungarn ein. Am 6. Februar erschienen die Türken vor Grosswardein, das, mit Ausnahme der Burg, ohne Mühe eingenommen, geplündert und in Brand gesteckt wurde. Das Grab des Königs Ladislaus, ein von den Ungarn hochgehaltenes Heiligthum, wurde zerstört, die Einwohner der Stadt theils gemordet oder in die Sclaverei geführt. Mit Beute beladen, kehrten die Türken unangefochten nach Serbien zurück und wiederholten ihren Einfall im August, wobei die Niederung bis an die Weisse Körös verheert und ausgeplündert wurde. Ein ungarisches Adelsaufgebot, das sich ihnen entgegenstellte, wurde zerstreut.

Während der langen Abwesenheit des Königs Mathias hatte sich in Ungarn eine Bewegung gegen denselben vorbereitet. Man darf sich nicht wundern, dass, während das Land des Schutzes seiner Grenzen gegen die Feinde der Christenheit so dringend bedurfte, selbst patriotisch gesinnte Männer es nicht billigten, wenn der Krieg um die böhmische Krone auch unter den gegenwärtigen Verhältnissen fortgeführt wurde. Da aber nicht zu erwarten war, dass der eigensinnige und ehrgeizige König seine Absichten aufgeben werde, fasste eine Partei in Ungarn den Plan, ihn zu stürzen und den Prinzen Kasimir, den zweiten Sohn des polnischen Königs, auf den Thron zu setzen. König Kasimir — sonst zwar von allzugrossem Ehrgeiz und Thatendrang frei — konnte der Aussicht, einen Sohn auch in Ungarn herrschen zu sehen, nicht widerstehen; dem Drange der unzufriedenen Ungarn nachgebend, sandte er ihn mit einem Heere gegen Pest. Mathias aber, früh genug von den Plänen seiner Gegner unterrichtet, kehrte nach Ofen zurück und verstand durch kluges Benehmen die Bewegung im Keime zu ersticken und die Polen zum Rückzug zu bringen. Als nach dem Ableben Papst Paul's II., im Juli 1471, Sixtus V. den päpstlichen Stuhl bestieg und einen Ausgleich zwischen Ungarn und Polen anstrebte, gaben beide Theile soweit nach, dass endlich eine allgemeine Waffenruhe zu Stande kam, die bis zum Sommer 1474 währte.

Unterdessen war der Waffenstillstand zwischen Ungarn und Polen abgelaufen. König Kasimir war Ende September 1474 in Schlesien eingefallen, Mathias trat ihm mit nur wenigen, aber kampfgeübten Truppen entgegen und nöthigte ihn schon Anfangs November zu Verhandlungen, die zum Abschluss eines Waffenstillstandes bis 1477, und endlich 1479 zu einer Vereinbarung führten, der zufolge Mathias Mähren und einen Theil von Schlesien behalten und auch den Titel eines Königs von Böhmen führen sollte, während Wladislav thatsächlich König von Böhmen blieb.

Mathias hatte den Waffenstillstand schon deshalb geschlossen, um endlich, den Wünschen der Ungarn entsprechend, alle Kräfte gegen die Türken wenden zu können. Die im Herbste 1474 und Frühjahr 1475 einberufenen Reichstage bewilligten für die Vertheidigung des Landes sehr beträchtliche Summen, mit der ausdrücklichen Bestimmung jedoch, dass selbe nur für diesen Zweck verwendet werden dürfen.

Mathias begann auch gleich zu rüsten, der günstige Augenblick zum Angriff war aber bereits versäumt. Stephan, der Woywode der Moldau, hatte sich durch seinen Einfall in die Walachei, noch mehr aber durch die Verweigerung des Tributes, den Zorn des Sultans zugezogen. Ihn zu züchtigen, zog Chadim Suleiman, der Beglerbeg zu Rumili, zu Neujahr 1475 trotz des strengen Winters und des Mangels an nöthiger Zufuhr mit mehr als 100.000 Mann gegen die Moldau. Stephan verwandelte die vom türkischen Heer zu durchziehende Gegend der Walachei durch Feuer in eine Wüste und zog sich mit 50.000 Mann, darunter 6000 Ungarn — Szekler — und 2000 Mann polnischen Fussvolkes, in das Berladthal zurück. Am 17. Jänner kam es in einer Thalschlucht, tief im Walde, wo die Türken ihre Reiterei nicht zur Geltung bringen konnten, zur Schlacht. Das Vordertreffen — die Szekler — wurde durchbrochen. Stephan selbst stürzte sich nun in die feindlichen Reihen und stellte die Schlacht wieder her. Unter grossen Verlusten wurden die Türken nun geschlagen; mehr noch wurden auf der Flucht durch Hunger und Kälte, als auf dem Schlachtfelde vernichtet; wenigen nur gelang es, auf ihren ausgehungerten Pferden die Donau zu erreichen. Kaum feierte Stephan seinen Sieg, als auch schon die Nachricht kam, dass Radul mit frischen Truppen aus der Walachei im Anzuge sei. Nach hartem Kampfe gelang es Stephan am 24. Jänner bei Rimnik, auch diesen zu besiegen. Der Verlust der Sieger war aber kaum geringer, wie jener der Besiegten, doch erregte die Nachricht von diesem Siege beim ungarischen Heere Freude, und Mathias schickte Gesandte zu Stephan, um ihn zur Fortsetzung des Krieges aufzumuntern und ihm ungarische Hilfe anzubieten, wenn er die Oberhoheit Ungarns anerkenne. Um auch die Unterstützung der Walachei zu erlangen, deren Fürst Radul sich ganz in die Arme der Türken geworfen hatte, entliess Mathias den grausamen Wlad Drakul aus seiner Haft, suchte aber vergebens ihm die Anerkennung seiner früheren Unterthanen zu verschaffen.

Während die Türken im Sommer 1475 Croatien ungehindert durchzogen, traf Mathias die Vorkehrungen zum Angriff in grossartigem Massstabe. Den venetianischen Gesandten benachrichtigte er, dass er ein Heer von 60.000 Mann, begleitet von 1000 Wagen und 100 Schiffen, aufstellen wolle. Kanonen liess er giessen und Belagerungsmaschinen vorrichten, welche insbesondere die Bewunderung des päpstlichen Legaten erregten. Der Versuch Sultan Mohammed's, einen Waffenstillstand abzuschliessen, wurde abgewiesen, der Woywode der Moldau aber aufgefordert, die Feindseligkeiten gegen die Türken demnächst zu beginnen.

Am 12. October theilte Mathias den am Hofe anwesenden Gesandten seinen Entschluss, ins Feld zu ziehen, mit, und stellte als erste Aufgabe des Feldzuges die Einnahme von Szabacs hin, das seit der Erbauung wesentlich verstärkt worden war. Bald darauf setzte sich Mathias mit einem Theile seines Heeres — 10.000 Mann, in vier Legionen abgetheilt — und mit dem erforderlichen Belagerungsmateriale in Bewegung. Noch im December traf er in Belgrad, in den ersten Tagen des Jänners 1476 vor Szabacs ein, wo die Belagerungsarbeiten sogleich in Angriff genommen wurden.

Szabacs hatte von der Save gespeiste Wassergräben, hinter welchen sich mit Flechtwerk verkleidete, mächtige, steilgebüschte Erdwälle erhoben, denen das alte kleine gemauerte Castell als Rückhalt diente. Mit Geschützen war die Festung reichlich versehen; 1200 auserlesene Janitscharen lagen als Besatzung darin.

König Mathias liess seine Truppen sogleich über die Save setzen, wobei ihm eine vermuthlich auf den Schiffen angebrachte Schutzvorrichtung seiner eigenen Erfindung sehr zu Statten kam.⁶⁾ Die Belagerungsarbeiten wurden sogleich in Angriff genommen, Batterien errichtet, die Geschütze eingeführt und die Beschiessung begonnen. Anfangs aber ohne besonderen Erfolg, da die Geschosse den mit Flechtwerk verkleideten Erdwällen wenig Schaden zufügten.

Unterdessen war eine türkische Heeresabtheilung zum Entsatze herangezogen und hatte drei Meilen entfernt ein Lager bezogen. Der König rückte nun — die Beobachtung der Festung nicht ausser Acht lassend — mit seinen Fusstruppen aus dem Lager, um in Schlachtordnung den feindlichen Angriff abzuwarten. Der Gegner fühlte sich jedoch nicht stark genug, um anzugreifen, und trat noch am selben Tage den Rückzug an.

Mit umso grösserem Eifer wurde nun die Belagerung fortgesetzt. Mit Geschützen ausgerüstete, mit Mannschaft vollgeladene grosse Schiffe wurden bis unmittelbar an die Wälle der Festung gezogen, und nun begann der Kampf unter des Königs persönlicher Leitung aus nächster Nähe. Ununterbrochen unter seinen Leuten weilend, setzte Mathias seine Person jeder Gefahr aus. Als gewöhnlicher Soldat verkleidet, fuhr er in einem Kahn bis an die Festung, um den schwächsten Punkt derselben zu erkunden; wie er sich ihr näherte und die Türken ihn erkannten, richteten sich alle Geschosse auf ihn; sein Begleiter wurde erschossen, er selbst aber kehrte unverletzt ins Lager zurück. Seine grossen Schiffe dirigierte er nun selbst in den Burggraben. Die Besatzung der Festung kämpfte mit dem Muthe der Verzweiflung und brachte den Truppen des Königs schwere Verluste bei, manchen Führer hatten sie unter den Todten zu beklagen. Schliesslich aber ermatteten die Türken in ihrem Widerstande und öffneten am 15. Februar die Thore der Festung. Von den 1200 Vertheidigern zogen nur 700 heraus und baten um Gnade; sie sollen in des Königs Dienste getreten sein.⁷⁾

⁶⁾ Fraknói sagt: »Die schwere Aufgabe des Landens und der Hut des Kriegsvolkes und der Schiffe vor den Geschossen der Besatzung erleichterte eine neue Erfindung, deren Gedanke wahrscheinlich vom Könige ausgieng, von dem seine Zeitgenossen hervorhoben, dass er sich oft mit Construction neuer Kriegsmaschinen beschäftigte. Mit Stangen, Pfählen und Ketten wusste er binnen zwei Stunden ein Schutzwerk aufzustellen, welches 8000 Mann, 40 Kanonen und zahlreiche Mörser aufnehmen konnte. Jetzt wendete er es zum erstenmale an. Unter seiner Deckung errichteten die Truppen ihr Lager, stellten die Belagerungsmaschinen auf und warfen Schanzen um die Festung auf.« Leider bringt Fraknói keine Beschreibung dieser Schutzvorrichtung, von deren Vorzüglichkeit wohl ein guter Theil in Abzug zu bringen sein wird.

⁷⁾ Anderen Nachrichten zufolge wurde die ganze Besatzung niedergemacht.

Nachdem Mathias die Ausbesserung und Instandsetzung der Festungswerke angeordnet hatte, zog sein Heer vor Semendria und erbaute bei Kulitsch — gegenüber der Mündung der Morava in die Donau — drei Bollwerke aus Holz und Erde, die bei weiteren Unternehmungen als Stützpunkt dienen sollten. Mit der Zusage, demnächst wieder beim Heere einzutreffen, kehrte er nach Ofen zurück, wo ihm die Botschafter des Papstes und Venedigs nebst Glückwünschen zum errungenen Sieg auch 93.000 Goldgulden überbrachten und weitere Beihilfe zum Schutze der Christenheit versprachen.

Die Eroberung von Szabacs — an und für sich doch nur ein geringfügiger Erfolg nach den grossen Vorbereitungen — sollte nur das Vorspiel zu grösseren Unternehmungen sein. Kaum aber war der König nach Ofen zurückgekehrt, so wurden seine Gedanken durch ein Zerwürfniss mit Kaiser Friedrich, sein Streben, den Papst zu einem Bündniss gegen denselben zu bewegen, und seine Heiratspläne — die Vermählung mit Beatrix, der Tochter des Königs von Neapel, sollte schon im October stattfinden — so in Anspruch genommen, dass die Kriegspläne gegen die Türken ganz in den Hintergrund traten.

Während des Sommers 1476 setzte König Mathias zwar seine Rüstungen fort, that aber wenig, um den Angriffen der Türken zu wehren und ihren fortwährenden Raubzügen Einhalt zu thun.

Der greise Sultan Mohammed sammelte ein Heer bei Adrianopel, zu dem auch Radul mit 9000 Walachen stiess. Er wandte sich aber nicht gegen Ungarn, sondern drang gegen die Moldau vor. Stephan, der sich gleichzeitig um den Schutz Polens wie Ungarns bewarb, meldete nach Ofen, dass er in kleineren Gefechten und Ueberfällen einzelner Haufen bereits gegen 30.000 Feinde erschlagen habe. König Mathias versprach auch schleunige Hilfe und rieth dem Woywoden, bis zur Ankunft derselben sich in die Gebirge zurückzuziehen. Die Gesandtschaft, welche der König von Polen an den Sultan schickte, um ihn vom Eindringen in ein polnisches Vasallenland abzuhalten, traf das türkische Heer schon in Varna, wurde aber schnöde abgewiesen.

Des Sultans Heer übersetzte auf fünf Brücken die Donau, während die Flotte im Schwarzen Meere für die Verpflegung sorgen und die Belagerung der Festungen Kilia an der Donaumündung und Akerman (Maurokastro) unterstützen sollte. Von Osten fielen gleichzeitig 10.000 Tataren in die Moldau ein, wurden aber bei Akerman vollständig geschlagen. Stephan wendete gegen die Türken dieselben

Mittel an, wie im Vorjahre: Verheerung der Gegend, Rückzug der Bewohner in die Wälder, Vermeidung grösserer Gefechte, Ueberfälle kleinerer Abtheilungen. Doch wurde er am 26. Juli in der Nähe von Roman (»Valle alba« oder »Ros-boëni« von den Moldauern und »Agadsch denisi«, d. i. »Waldmeer«, von den Türken genannt) in einen heissen Kampf verwickelt, der sich schliesslich durch das persönliche Eingreifen des Sultans zu Gunsten der Türken wendete. Stephan stürzte auf der Flucht vom Pferde und konnte nur mit Mühe sein Leben retten. Von der reichen Beute, welche den Türken in die Hände fiel, wurden die zahlreichen Schweineherden den verbündeten Walachen überlassen.

Die Festungen Chotzim und Suczawa, wohin die Moldauer sich zurückzogen, wurden von den Türken vergeblich belagert; das verwüstete Land bot aber keine Mittel mehr zum Unterhalt ihres zahlreichen Heeres, und die Flotte, welche dasselbe verpflegen sollte, war durch Stürme auf dem Schwarzen Meere zerstreut worden. Die grossen Verluste in den Gefechten wurden nun auch noch durch Hunger und den Ausbruch der Pest im türkischen Heere vermehrt. Als endlich die Nachricht von dem Anzuge eines ungarischen Heeres zum Sultan drang, hob er die Belagerung der Festungen auf und verliess eiligst die Moldau. Im Herbste kam endlich Báthory mit einem beträchtlichen Heere in die Moldau; im Verein mit Stephan drang er Ende Mai in die Walachei ein, vernichtete ein walachisch-türkisches Heer von 18.000 Mann und setzte den grausamen Wlad Drakul auf den Fürstenstuhl.

Während des Einfalles der Türken in die Moldau setzten die Brüder Alibeg und Iskender Michaloghli mit 4000 bis 5000 Mann bei Semendria über die Donau und durchstreiften das Banat von Temesvár. Die dortigen Befehlshaber, Albert und Ambrosius Nagy, vereinigten sich mit dem Commandanten von Belgrad und einigen benachbarten Herren, darunter die Brüder Doczy, und trieben die Räuber zurück. Unweit von Weisskirchen, bei Boczačin (Poseséna?) wurden die Türken bis zur Vernichtung geschlagen. Alibeg entkam über die Donau, Iskender blieb todt auf dem Platze.[5] Die von den Türken mitgeschleppten Gefangenen benützten den Ausgang des Gefechtes und fielen über das türkische Lager her, in dem sie so viel Beute machten, dass selbst Frauen und Kinder, zu Pferde sitzend, noch ein Lastthier forttreiben konnten.

---

[5] Es kann hier nur ein Ort am linken Donauufer, daher nicht jenes Poczaczin, wo 16 Jahre früher Michael Szilágyi gefangen wurde, gemeint sein.

Auch an der Südwestgrenze Ungarns setzten die Türken ihre Angriffe fort. Anfangs Juni fielen bei 4500 Mann aus Bosnien über Croatien nach Krain ein. Da sie bei Rann nicht über die Save konnten. zogen sie im Gurkthal aufwärts, dann über Adelsberg in das Wippachthal bis in die Nähe von Görz, kamen dann über Lak nach Laibach, wo sie in der Vorstadt die Kirche St. Peter niederbrannten, und kehrten über Gottschee in das Kulpathal und durch Croatien zurück. Eine Abtheilung trennte sich noch eher, setzte bei Gurkfeld auf das linke Saveufer über, verheerte und plünderte die Gegend von Montpreis, Rohitsch, Krapina und Agram zwischen dem 15. und 25. Juli, kehrte nochmals um, durchstreifte das Savethal aufwärts bis Lichtenwald, vereinigte sich dort mit einer aus Krain kommenden Schar und zog durch Croatien ab, ohne auf Widerstand zu stossen.

Noch einen zweiten Einfall hatte Krain in diesem Jahre zu erleiden; am 12. October durchzogen bei 8000 Türken das Land, hielten sich aber nicht auf, sondern wendeten sich über Weissenfels nach Kärnten und erschienen, nachdem sie das für ungangbar gehaltene Grenzgebirge mit unsäglicher Mühe überschritten hatten. ganz überraschend in Tarvis und Arnoldstein. Ueber Villach drang ein Theil am Ossiachersee in das Gurkthal vor, während der andere längs des Wörthersees über Klagenfurt, wo die Vorstädte niedergebrannt wurden. bis St. Paul und St. Andre im Lavantthale kam. Nachdem sie binnen fünf Tagen einen grossen Theil von Kärnten ausgeraubt und verheert hatten, zogen sie — Windischgraz, Cilli und Gurkfeld berührend — über Croatien nach Bosnien zurück.

Sowohl Kaiser Friedrich als auch die Stände von Innerösterreich thaten trotz der Einhebung einer grossen Kopfsteuer nichts zur Abwehr des furchtbaren Feindes, gegen welchen nur die zahlreichen festen Plätze einigen Schutz gewährten. Die Bewohner des flachen Landes, die Bauern, zeigten wegen der Unthätigkeit der Herren und Stände eine solche Erbitterung, dass sie selbe sogar beschuldigten, mit den Türken im Einverständnisse zu sein; sie vereinigten sich zu einem Bunde wider die Herren. und in einigen Gemeinden des Glanthales kam es auch zu einem Aufstand. Obwohl Croatien durch diese Einfälle nicht weniger zu leiden hatte, wie die Länder des Kaisers, setzte ihnen König Mathias doch nicht den geringsten Widerstand entgegen.

Unterdessen kam die Zeit heran. in welcher König Mathias seine Vermählung mit Beatrix von Aragonien feiern sollte. Am 2. October stieg Beatrix in Manfredonia mit reichem Gefolge zu Schiffe, wagte aber aus Furcht vor türkischen Räubern nicht, in Dalmatien zu landen;

sie musste nach längeren Irrfahrten an der Ostküste Italiens anlegen und die Reise durch venetianisches Gebiet, dann durch Krain und Steiermark fortsetzen. Von ihrer Reise in Kenntniss gesetzt, durchstreiften türkische Horden die Gegend, um ihrer habhaft zu werden. So zog die Prinzessin angsterfüllt durch eingeäscherte Ortschaften und über Leichenfelder, bis sie endlich in den ersten Tagen des November nach Pettau und an die ungarische Grenze kam. Hochzeitsfeierlichkeiten und die Krönung fanden im December 1476 zu Stuhlweissenburg und Ofen statt, mit einem Aufwande, als wenn das Land in vollster Blüthe gestanden wäre, und nicht unter den Raubzügen der Türken und unter unerhörtem Steuerdrucke geseufzt hätte.

Während die Hauptstadt Ungarns in Festlichkeiten schwamm, setzten die Türken über die fest gefrorene Donau bei Semendria, zerstörten die drei im vergangenen Jahre bei Kulitsch errichteten Bollwerke und fielen dann in Siebenbürgen ein, von wo sie reiche Beute und Tausende von Gefangenen wegschleppten.

Zu Beginn des folgenden Jahres, 1477, gieng auch die Walachei wieder an die Türken verloren; nachdem der grausame Wlad Drakul von seinem Diener ermordet worden war, setzten sie Radul wieder auf den Fürstenstuhl. Demungeachtet unternahm König Mathias keinen grösseren Zug mehr gegen die Türken, sondern beschränkte sich — obwohl es an günstigen Gelegenheiten zur Ergreifung der Offensive nicht fehlte — nur auf die Vertheidigung des Reiches. Von Hass und Ehrgeiz getrieben, begann er einen Krieg gegen Westen, der seine ganze Kraft in Anspruch nahm und jede Bekämpfung des gefährlichsten Feindes aus dem Osten — der Osmanen — unmöglich machte, gegen den Kaiser Friedrich.

Neuntes Capitel.

Mathias entzweit sich mit Kaiser Friedrich III. — Streifzüge der Türken. — Alibeg auf dem Brodfelde in Siebenbürgen durch Bathory und Kinisi besiegt. — Neuer Streit zwischen Mathias und Friedrich. — Mathias überfluthet die österreichischen Erbländer. — Mohammed II. stirbt. Bajesid II. setzt die Raubzüge fort. — Waffenstillstand mit den Türken. — Mathias stirbt zu Wien. — Wladislav II. in Ungarn zum König gewählt. — 1477 bis 1490.

Der Streit um die böhmische Krone gab Anlass zur Entzweiung des Königs Mathias mit Kaiser Friedrich, und brachte ersteren auch in Berührung mit dem unzufriedenen Adel in Oesterreich. Im August 1476 beklagte sich Mathias, dass die Räthe und Vertrauten des Kaisers ihn der Begünstigung der Türken beschuldigten, worauf Friedrich auf die Thatsache hinwies, dass von Seite Ungarns gar nichts geschehe, um den Einbruch derselben durch Croatien in die österreichischen Erbländer zu hindern. Bei Fortsetzung des Notenwechsels drohte Mathias mit Krieg, wenn der Kaiser, der gegen seinen unbotmässigen Adel mit Ernst auftrat, von seinen Schritten gegen denselben nicht abliesse. Da der Kaiser sich durch die Drohung des ungarischen Königs im Vorgehen gegen den Adel nicht abschrecken liess, kündeten ihm schon im Herbste mehrere ungarische Hauptleute Fehde an. Während die Truppen des Kaisers im Verein mit böhmischem Hilfsvolke den Kampf nicht ohne Glück führten, rüstete Mathias, und erklärte am 12. Juni 1477 dem Kaiser den Krieg. Die Verhandlungen, welche von Seite des Papstes und Venedigs eingeleitet wurden, um einen so verhängnissvollen Krieg zu hindern, scheiterten an den geradezu unerhörten Forderungen des Königs, der im August an der Spitze eines stattlichen Heeres in Niederösterreich einfiel und das Land mit Ausnahme weniger Städte in seine Gewalt brachte. Während er Wien bedrängte, erfuhr Mathias, dass die Türken neuerdings durch Croatien nach Krain eingefallen, bis Adelsberg und Wippach vorgedrungen wären, und überall grossen Schaden angerichtet hätten. Im October wiederholten sie ihren Einfall unter Omarbeg, übersetzten bei Görz den Isonzo, schlugen den venetianischen Heerführer Novello, verheerten die Ebene bis zum Tagliamento und drangen bis Conegliano vor. Von Venedig aus konnte man die brennenden Orte wahrnehmen. Am 2. November zog die ganze venetianische Macht aus Venedig aus, um den Feind zu verjagen, der sich aber früher schon mit Zurücklassung von Ruinen über den Isonzo zurückgezogen hatte. Gleichzeitig machten die Ungarn unter Jörg von Zagorien einen Einfall in Steiermark.

Da sowohl Papst Sixtus IV., wie auch Venedig mit der Entziehung der Subsidien drohten, wenn Mathias seine Macht nicht gegen die Türken kehrte, so schien dem König der Friede ebenso wünschenswert wie dem Kaiser; es kam daher im December 1477 zu einem Friedensschluss, in dem sich letzterer zu dem demüthigenden Zugeständnisse, Mathias mit Böhmen zu belehnen, herbeilassen musste.

Nachdem Mathias Oesterreich geräumt hatte, bewilligte ihm der Reichstag in Ofen im Februar 1478 ganz unerhört grosse Steuern und das Recht, im Nothfalle das Nationalheer fast gegen jeden denkbaren Feind aufzubieten.

Da Venedig mit den Türken ernstliche Friedensverhandlungen pflog, und Mathias die Entziehung der Subsidien demnächst gewärtigte, zog er die Besatzungen aus den Grenzfestungen des westlichen Croatien zurück, um den Venetianern seine Unentbehrlichkeit zu zeigen. Die Türken benützten diese Gelegenheit auch gleich; unter ihrem Anführer Michaloghli ergossen sich die Renner über Dalmatien und Croatien, und erschienen unmittelbar vor der Sommerernte am Isonzo. Da sich aber der venetianische General Karl von Montone nicht aus seinen Verschanzungen herauslocken liess, als sie den Fluss bei Gradiska überschritten, zogen sie durch das Canalethal gegen Kärnten ab. Am 26. Juli kamen sie über den Predilpass und — des Weges unkundig — wieder über Weissenfels nach Tarvis. Bei Goggau zerstreuten sie 3000 Bauern, die dort eben versammelt waren, um sich gegen die drückende Besteuerung aufzulehnen. Durch mehrere Wochen verblieben die Raubscharen in Kärnten, verwüsteten das Gailthal und das obere Drauthal, durchstreiften das Gurkthal bis Friesach, das Zollfeld, die Gegend am Wörthersee, und kehrten endlich durch das südliche Steiermark an Cilli vorüber und durch Croatien nach Bosnien zurück. Es war für die Innerösterreicher kein Trost, dass Peter Zrinyi die zurückkehrenden Raubscharen bei Jajcze überfiel und fast aufrieb, sie wurden dadurch auch nicht abgeschreckt, denn im nächsten Jahre (1479) wiederholten sie den Einfall. Als eben in Nedelitsch bei Plankenburg Jahrmarkt abgehalten wurde, erschien am 24. August ganz überraschend eine aus Bosnien herüber gekommene Raubschar, die plündernd und mordend über das anwesende Landvolk herfiel, einen als Zollamt dienenden Thurm mit 50 Mann Besatzung erstürmte, dann über Pettau und Luttenberg, das niedergebrannt wurde, nach Ungarn zog und bis an die Raab vordrang. Zápolya und Zrinyi, die gerüstet an Oesterreichs Grenze standen, um dort Steuern einzutreiben, setzten der plündernden Horde nach, erreichten aber nur einen bei 3000 Mann zählenden Haufen, der niedergemacht wurde, während die anderen mit Tausenden von Gefangenen über die von der Sommerhitze fast ausgetrocknete Drau und Save entkommen waren.

Im Osten Ungarns trugen sich indessen auch wichtige Ereignisse zu. Als Alibeg im Sommer 1479 bei Semendria ein Heer von 40.000 Mann [1]) sammelte und einen Einfall nach Siebenbürgen plante, schlossen sich ihm auch die Walachen an, so dass er sich Ende September schon stark genug fühlte, sein Vorhaben auszuführen. Die Zahl der türkischen Heerführer, welche sich um Alibeg sammelten, wird mit zwölf angegeben, darunter Hassanbeg, Isakbeg, Iskenderbeg und Balibeg, durchaus von früheren Raubzügen her wohlbekannte Namen.

Alibeg führte sein Heer bei Orsowa über die Donau und über den Eisernen Thorpass bei Várheli nach Siebenbürgen. Das Hatszeger, das Strellthal und den Brooser Stuhl durchziehend und verheerend, drang er so eilig im Marosthal aufwärts, dass Stephan Báthory, der Woywode von Siebenbürgen, kaum Zeit fand, das Aufgebot des Landes bei Hermannstadt zu sammeln. Paul Kinizsi, der Ban von Temesvár, dem der Einbruch der Türken nicht verborgen bleiben konnte, sagte Báthory seine Hilfe zu und brach mit seinem Banderium sogleich gegen Siebenbürgen auf. Als Báthory über Mühlbach (Szászsebes) heranzog, war Alibeg, der keine Ahnung davon gehabt zu haben schien, dass Kinizsi sich ihm im Marosthal näherte, schon im Begriffe, mit reicher Beute und einer Unzahl Gefangener auf demselben Wege, den er gekommen war, zurückzukehren.

Alibeg, der auf dem Brodfelde westlich des Kudsirbaches ein Lager bezogen hatte, sah am Morgen des 13. October auf den gegen-

---

[1]) Die Angaben über die Stärke des türkischen Heeres sind sehr verschieden. Długos gibt 100.000, die Kronstädter Inschrift 65.000, Bonfinius und Olahus 60.000, osmanische Geschichtsschreiber gar nur 30.000 an. Mathias selbst erwähnt in einem Schreiben an den Papst, dass ungefähr 43.000 Türken, denen alles walachische Volk sich angeschlossen habe, den Einfall machten. Geschütze scheinen von keiner Seite mitgeführt worden zu sein.

Schlacht auf dem Brodfelde, 13. October 1479.

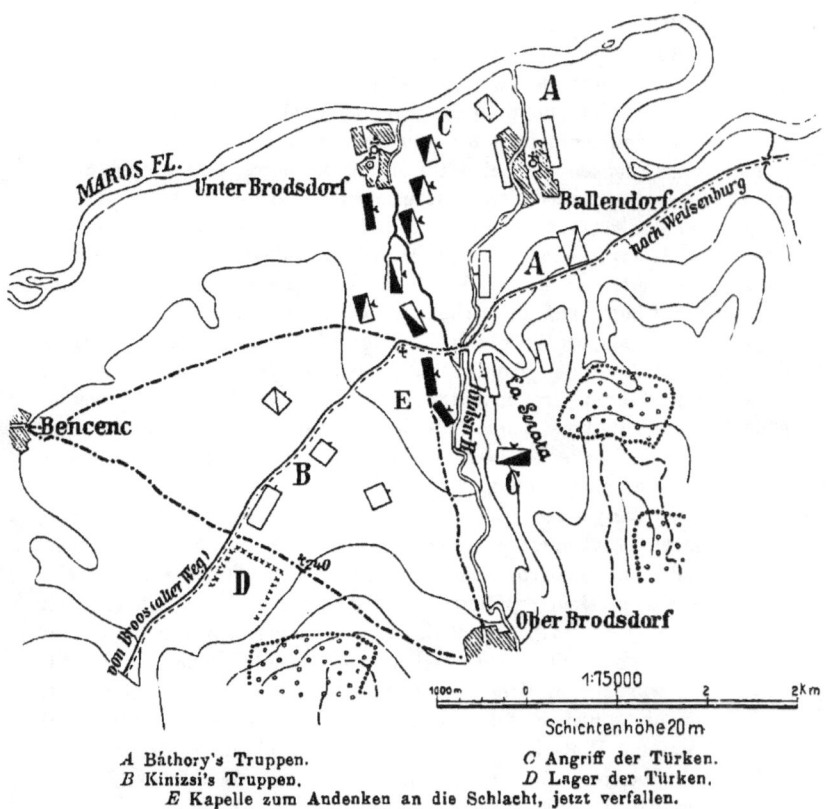

A Báthory's Truppen. C Angriff der Türken.
B Kinizsi's Truppen. D Lager der Türken.
E Kapelle zum Andenken an die Schlacht, jetzt verfallen.

über liegenden Höhen die Truppen Báthory's erscheinen und fand nothwendig, zur Deckung seines ferneren Rückzuges, besonders aber, um zur Fortbringung seiner Beute Zeit zu gewinnen, stehen zu bleiben.

Das Brodfeld (Kenyérmező), eine fruchtbare Ebene an der Maros zwischen den Orten Ober- und Unter-Brodsdorf (Fél- und Al-Kenyér) und Benczencz, ungefähr auf halbem Wege zwischen Mühlbach und Broos (Szászváros) gelegen, wird östlich vom Kudsirbach begrenzt, dessen rechtes Ufer im oberen Theile von einer leichten Erhebung begleitet wird. 2000 Schritte östlich von Unter-Brodsdorf liegt Ballendorf.

das im Norden und Osten von einer Krümmung des Marosflusses umgeben ist.

Als Báthory jenseits des Kudsirbaches das türkische Lager erblickte, bereitete er sich zum Kampfe vor. Bevor er seine Truppen zur Schlacht ordnete, liess er eine Messe lesen und befahl dem Priester, seinen Kriegern das heilige Abendmahl zu reichen.²) Den Kudsirbach vor sich, standen bei Ballendorf, mit dem rechten Flügel an die Maros gelehnt, die Sachsen — bei 4000 Mann, darunter 600 Reiter unter Führung des Hermannstädter Bürgermeisters Georg Hecht — die im Angesichte der zerstörten Wohnstätten ihrer Stammesgenossen um die Ehre des Kampfes in den Vorderreihen baten; zu ihrer Unterstützung — ein zweites Treffen bildend — Siebenbürger Walachen. Den linken Flügel, auf der Erhöhung des Kudsirbaches, von Laserate gegen Ober-Brodsdorf zu, bildeten Ungarn, darunter das Banderium des Bischofs Ladislaus Gereb; im ersten Treffen, hinter ihnen, die Szekler unter ihrem Grafen Anton Kendy. In der Mitte, hinter beiden Flügeln, stand Báthory selbst, mit den schwerbewaffneten Reitern.

Auch die Türken ordneten ihre Haufen zur Schlacht: die vielen Anführer, unter sich uneinig, verzögerten die Aufstellung. Als endlich drei Stunden vergangen waren und Báthory's Truppen unthätig den Türken gegenüberstanden, gab dieser — das Eintreffen Kinizsi's binnen einer Stunde mit Sicherheit gewärtigend — den Befehl zum Angriff. Mit grosser Tapferkeit eröffneten die Sachsen den Kampf, lange Zeit war der Sieg zweifelhaft, endlich konnten sie aber den wuchtigen Angriffen der Gegner nicht widerstehen und wandten sich zur Flucht. Ihrer viele wurden am Ufer der Maros erschlagen, andere verwundet, und da sie nicht fliehen konnten, in das Wasser gedrängt. Ein Theil zog sich auf die Walachen zurück, die nach tapferem Widerstand der Uebermacht weichen mussten und in nicht geringer Zahl in den Wellen der unmittelbar dahinter fliessenden Maros ihr Grab fanden.

Auch Báthory's linker Flügel hatte dem Anprall des Gegners nicht widerstehen können, er begann mit grossen Verlusten zu weichen und zog sich — von den Türken überflügelt — gegen das Centrum zurück.

Nun rückte Báthory zur Rettung seiner beiden Flügel mit der in geschlossener Ordnung aufgestellten schweren Reiterei vor. Als er beim Aufbruch sein Pferd antrieb, stürzte es mit ihm; diesen Unfall als übles Zeichen deutend, rieth ihm seine Umgebung zurückzukehren

---

²) In Ermanglung einer genügenden Zahl von Hostien soll geweihte Erde ausgetheilt worden sein.

oder sich in das Gebirge zurückzuziehen. Er liess sich aber nicht abhalten und warf sich an der Spitze seiner Reiterschar mit solcher Wuth auf den Feind, dass dessen erste Reihen in wenigen Augenblicken niedergehauen auf dem Platze lagen. Alibeg, das siegreiche Vorgehen Báthory's wahrnehmend, stellte sich nun selbst an die Spitze einer gewaltigen Reitermasse, um sich mit Uebermacht auf das feindliche Mitteltreffen zu werfen. Wo heute der Weg von Ober-Brodsdorf in die Hauptstrasse mündet, entbrannte ein wüthender Kampf. Einem Walle gleich lagen die Leichen um den bereits aus sechs Wunden blutenden Feldherrn, dessen Pferd ihm unter dem Leibe getödtet worden war. Drei Stunden währte der Kampf, und die längst erwartete Hilfe aus dem Banate war noch immer nicht in Sicht. Schon begann der Sieg entschiedener sich auf die Seite der türkischen Uebermacht zu wenden, als endlich im Rücken des Feindes, auf der Höhe, über welche der Weg von Broos nach Ober-Brodsdorf führt — dazumal die Hauptstrasse — die heissersehnte Hilfe sich zeigte.

Mit einer nicht unbedeutenden Streitmacht, unter der sich zahlreiche Hofleute des Königs und bei 900 Serben unter Demeter Jaksić befanden, traf Paul Kinizsi[3]) noch zu rechter Zeit ein. An der Spitze einer Schar geharnischter Reiter, an den Flügeln Schwärme leichter Reiter, sprengte er auf die Ebene herab und griff die Türken, die sich dessen gar nicht versehen hatten, unter grossem Geschrei und dem Lärm von Trommeln, Trompeten und Pauken an. Diese waren über den unerwarteten Angriff dermassen erschrocken, dass sie sich anfangs fast ohne Widerstand niederhauen liessen. Kinizsi's mächtige Gestalt drang wuthentbrannt, über und über mit Blut besprengt, und laut rufend in die feindlichen Reihen ein. Báthory, der mehr aus den immer abgeschwächteren Angriffen als aus den ihm geltenden, kaum verständlichen Zurufen Kinizsi's bemerkte, dass sein Waffengefährte nahe sei, rief auf ihn, und dieser warf sich erneut in das Kampfgewühle und befreite den Woywoden von dem ihm augenscheinlich drohenden Untergang.[4])

---

[3]) Paul Kinizsi, einstens Müllergeselle, der durch ausserordentliche Stärke die Aufmerksamkeit des Königs auf sich gezogen hatte und in seinem Heere Verwendung fand, war in Folge seiner Tapferkeit und späterer Entfaltung besonderen Feldherrentalentes immer höher gestiegen, so dass er Festungscommandant von Belgrad, später Graf von Temesvár und Oberbefehlshaber der südlichen Theile des Reiches, endlich aber auch wegen seiner Thatkraft und ebenso wegen seiner rücksichtslosen Grausamkeit zum Oberstlandrichter ernannt wurde, obwohl er des Lesens und Schreibens unkundig war.

[4]) Das Volkslied hat sich in Siebenbürgen dieser Schlacht, die, wie es scheint, noch ganz rittermässig, ohne Feuerwaffen, nur mit dem in Eile zusammengerafften

Als sich nun die Türken von allen Seiten angefallen sahen, ergriffen sie mit Zurücklassung ihres Lagers und aller Beute die Flucht. Es war keine Schlacht mehr, sondern ein Schlachten; wohin sich die Türken wandten, überall folgten ihnen die ergrimmten Streiter. Die nicht auf dem Brodfelde erschlagen wurden und in das Gebirge flüchteten, wurden in den Thälern und Schluchten vom Landvolke niedergemacht; geschont wurden nur jene, deren Aussehen den Gewinn eines reichen Lösegeldes erhoffen liess. Alibeg selbst, der Landessprache mächtig, wechselte seine Kleider mit einem Bauern und entkam nach der Walachei. Bei 30.000 Türkenleichen bedeckten das Schlachtfeld,[5]) aber auch 8000 Ungarn waren gefallen und ausserdem hatten gegen 2000, meist Sachsen und Siebenbürger Walachen, den Tod in den Wellen der Maros gefunden, deren Leichen erst später aus dem Wasser gezogen wurden. Die zahlreichen Gefangenen, welche die Türken zurückliessen, wurden ihrer Fesseln entledigt und betheiligten sich auch eifrig an der nun erfolgten Plünderung des türkischen Lagers.

Da die einbrechende Dunkelheit eine Verfolgung des Feindes ebenso unmöglich machte wie die Rückkehr in die eigenen Lager, beschlossen die beiden Führer, die Nacht auf dem Schlachtfelde zu verbleiben und die Kriegsleute mit Speise und Trank zu laben, wozu die reichlichen Vorräthe im erbeuteten türkischen Lager herhalten mussten.[6]) Am nächsten Morgen zogen Báthory und Kinizsi triumphierend in Weissenburg ein, während Bischof Gereb die Leichname der gefallenen Adeligen — bei 200 — auf dem Schlachtfelde sammeln und nach Weissenburg bringen liess. Die meisten der gefallenen christlichen Streiter wurden an der Stelle, wo der Kampf am heissesten getobt hatte, begraben. Báthory liess daselbst eine Kapelle bauen, die

Volke geschlagen wurde, bemächtigt, lässt aber Kinizsi, der, auf Báthory eifersüchtig, sich den Sieg allein zuschreiben wollte, mit der versprochenen Hilfe bis zu dem Augenblicke zögern, in dem der Feind nur mehr durch sein Einschreiten überwunden werden konnte, und beschuldigte ihn damit, dass er durch seinen masslosen Ehrgeiz Tausende von tapferen Kriegern dem Verderben geopfert habe.

[5]) Die mit den Türken eingefallenen Walachen sollen sämmtlich niedergemetzelt worden sein.

[6]) Auch an Ueberfluss von Wein mangelte es nicht, und als demselben stark zugesprochen und die Stimmung immer lebhafter wurde, folgte in einem Kreise, dem aufgeschichtete Türkenleichen als Bänke dienten, bald Gesang und Tanz; Kinizsi, von den Waffengefährten zum Tanze ermuntert, sprang mit gewaltigem Anlauf in die Mitte des Kreises, packte einen erschlagenen Türken mit den Zähnen und tanzte mit selbem unter lautem Beifall der Umstehenden, die diese herkulische Kraftäusserung wohl mehr bewunderten als belachten, im Kreise herum.

— schon zu Anfang dieses Jahrhunderts dem Verfalle nahe — gegenwärtig ganz verschwunden ist.⁷)

Dem König Mathias kam dieser Sieg — wenngleich nur zur Abwehr erfochten — doch zu sehr gelegener Zeit, um seinen Eifer für die Sache der Christenheit in einem Briefe an den Papst zu zeigen, dem er den Vorwurf machte, dass ihm an der Nährung der Zwietracht in Italien mehr gelegen sei, als an der Befreiung der Christen vom osmanischen Joche. Da er beim Papste nur Versprechungen und keine thatsächliche Unterstützung fand, fasste er den Entschluss, künftig, unbeeinflusst von Rom, nur seinen eigenen Eingebungen zu folgen.

Während König Mathias neuerdings mit dem Kaiser in Streit gerieth, und durch seine Truppen, vom Erzbischof von Salzburg Bernhard von Rohr gerufen, nicht nur dessen Schlösser in Steiermark besetzen, sondern auch Radkersburg, Fürstenfeld und Landstrass wegnehmen liess, fiel Anfangs August 1480 auch ein türkisches Heer über Croatien nach Krain ein. Ein Theil desselben durchstreifte Innerkrain bis Gottschee, Reifnitz und Zirknitz, während bei 16.000 über den Kankerpass nach Kärnten eindrangen, bei Völkermarkt die Drau übersetzten und über Altenhofen und Friesach gegen Neumarkt, das von 1500 Ungarn besetzt war, zogen. Zwischen den kaiserlichen und ungarischen Truppen wurde in Eile ein Waffenstillstand vereinbart, der jedoch keinen anderen Erfolg gehabt zu haben scheint, als dass die Türken jedem Zusammenstoss mit ihnen auswichen.⁸) Von Neumarkt zogen die Türken in das Murthal, errichteten bei Judenburg ein Lager und theilten sich in mehrere Scharen. Eine davon gieng über Knittelfeld, die andere über Rottenmann nach Leoben, von wo sie vereint an Bruck, Graz und Radkersburg vorbei ihren Raubzug fortsetzten. Eine dritte

---

⁷) Die Kapelle, für deren Instandhaltung Báthory dem Brooser Stadtrathe 100 Goldgulden gewidmet hatte, stand an der nordwestlichen Ecke der Einfriedung des Posthauses, wo der von Ober-Brodsdorf kommende Weg in die jetzige Landstrasse mündet. Die Widmung Báthory's war schon im 17. Jahrhundert in Vergessenheit gerathen, die Kapelle anfangs dieses Jahrhunderts verfallen. Ein Denkstein, den der reformierte Pfarrer von Broos, Nagy, im Jahre 1819 auf einen damals noch erkennbaren Grabhügel setzte, fiel dem Fanatismus des Jahres 1849 zum Opfer. Seit 1889 ist auf dem Bahnhofe zu Unter-Brodsdorf (Sibot) vom archäologischen Vereine zu Deva ein Denkstein zur Erinnerung an diese Schlacht aufgestellt.

⁸) Als die Türken vor Neumarkt standen, flehte ein Mann um Aufnahme bei den Christen, der angab, er sei ein Christ und wäre schon seit vierzehn Jahren gezwungen gewesen, mit den Türken zu ziehen. Er sagte, es wären bei diesem Zuge bei 50.000 Mann aus der Türkei aufgebrochen, die sich in drei Haufen, nach Italien, nach Krain und nach Kärnten, getheilt hätten.

Schar wendete sich von Judenburg südlich nach Kärnten, plünderte das Drauthal, gieng bei Möchling wieder nach Krain und dann durch Croatien nach Bosnien zurück. Unter einer Unzahl von Gefangenen sollen sich auch 500 Priester aus Kärnten befunden haben.

Gleichzeitig fiel auch ein Schwarm Türken in die Karstgegend und nach Friaul ein und drang bis an das Canalethal vor, während Iskenderbeg in Dalmatien plünderte und die Venetianer zur Erneuerung der Verträge nöthigte.

Als Mathias hörte, dass die nach Innerösterreich eingefallenen Türken sich eben anschickten, mit zahlreichen Gefangenen zurückzukehren, zog er eilig eine kleine Schar zusammen, um den Feind anzugreifen und die Gefangenen zu befreien; bei Uebersetzung der Drau und Save durch Hochwasser aufgehalten, kam er zu spät. Um die Türken aber doch noch zu züchtigen, fiel Mathias selbst noch Mitte November in Bosnien ein und bezog bei Jajcze ein Lager. Ein an die obere Bosna entsendeter Theil des Heeres schlug — durch fünf Tage in Gefechte verwickelt — den Pascha von Bosnien und drang plündernd und verwüstend bis Vrbosna (Sarajevo) vor. Während des sorglos angetretenen Rückzuges überfiel wieder der Pascha die mit Beute überladenen Truppen; schon waren sie in Verwirrung gebracht und im Begriffe, die Flucht zu ergreifen, als eine kaum 300 Mann starke Rotte Croaten auf dem Kampfplatz erschien und den Pascha mit solchem Ungestüm anfiel, dass dieser glaubte, es mit der Vorhut des königlichen Heeres zu thun zu haben und eiligst die Flucht ergriff. Auf solche Weise gelang es den ungarischen Truppen einer Niederlage zu entgehen und mit Beute beladen in das Lager zurückzukehren.

Ermüdung der Leute, schlechtes Wetter, das Ausbleiben der vom Papste und anderen italienischen Fürsten in Aussicht gestellten Hilfe, besonders aber sein gespanntes Verhältniss zu Kaiser Friedrich, bewogen König Mathias nach wenigen Wochen zur Rückkehr nach Agram, ohne dass er die eroberten Gebiete zu behaupten versucht hätte.

Im Frühsommer 1480 fiel auch Stephan, der Woywode der Moldau, in die Walachei ein. Mit Hilfe ungarischer Truppen soll er ein walachisch-türkisches Heer von 20.000 Mann geschlagen haben und bis an die Donau gegenüber von Nikopoli vorgedrungen sein, ohne sich aber dort behaupten zu können.[9]

---

[9] Huber, III, 260, führt diesen Zug als von Ungarn ausgehend an, und beruft sich auf zwei Schreiben der Königin Beatrix an ihren Bruder und die Herzogin von Ferrara, während ungarische Quellen, auch Fraknói, diesen Zug gar nicht erwähnen.

Im Spätherbste desselben Jahres hatte auch Iskenderbeg Truppen bei Semendria gesammelt, mit der Absicht, in Ungarn einzufallen. Mathias kam ihm jedoch zuvor, indem er Kinizsi mit 32.000 Mann in Serbien einfallen liess. Anfangs November brach dieser von Temesvár auf und wollte mit Schiffen, welche Ladislaus Rozgonyi, der Befehlshaber von Belgrad, und Vuk Branković herbeischaffen sollten, die Donau bei Rama übersetzen. Ein gleichzeitig dahin bestimmter Wagentransport unter den Brüdern Nikolaus und Andreas Tököli wurde am Rande eines Waldes von einer am linken Donauufer streifenden türkischen Horde angegriffen, der Wald in Brand gesteckt und die Wagen vom Feuer ergriffen. Die Bedeckung, 100 Reiter, war nun genöthigt, den Kampf im offenen Felde aufzunehmen; erst am Abend zogen sich die Türken mit einem Verluste von 200 Mann zurück, aber auch die Ungarn hatten 50 Mann, darunter Nikolaus Tököli, verloren. Die ungarische Flottille wurde nach einem hartnäckigen Kampfe mit türkischen Schiffen, von welchen 24 in den Grund gebohrt wurden, glücklich an Semendria vorübergebracht. Der jüngere Jaksić, zur Auskundschaftung der Gegend ausgesendet, begegnete dem Befehlshaber von Golubaz; er trieb ihn zurück und verfolgte ihn bis unter das Thor seiner Burg, wo er ihm den Kopf spaltete.

Kinizsi übersetzte nun die Donau und führte sein Heer längs der Morava bis Krusevaz, wo er durch 12 Tage lagerte und alles, was den Türken gehörte, verheerte. Mit 5000 Serben und 1000 Türken, die sich ihm freiwillig angeschlossen hatten, kehrte er nach Ungarn zurück, nachdem er noch den Türken ein Gefecht auf einer Donauinsel geliefert hatte. Zum Schutze der Furten bei Rama, Kubin, Poczaczin und Palanka liess er Verschanzungen aufführen.

Während dieser Kriegsereignisse traf plötzlich die Kunde ein, dass die türkische Flotte unter Kedük Achmed Pascha in Apulien gelandet und 20.000 Janitscharen und Asaben ausgeschifft hätte, welche die Stadt Otranto erstürmten, die Einwohner niedermachten und Brindisi bedrohten. Italien war von Schrecken erfüllt, der Papst dachte schon nach Avignon zu fliehen. Der König von Neapel bat Mathias um schleunige Hilfe, und dieser schickte 600 Mann unter Blasius Magyar dahin, während in Zengg noch 1300 Reisige auf Schiffe zur Ueberfuhr warteten. Kaum vor Otranto angelangt, griff die kleine Schar ein Fort an, das die Türken zum Schutze der Quelle, welche die Stadt mit Wasser versorgte, errichtet hatten, und nahmen es nach hartem Kampfe. Die Quelle führt seither den Namen Ungarquelle. Als in der Stadt auch das Cisternenwasser versiegte und die Versuche der

Besatzung, sich der Quelle zu bemächtigen, fehlschlugen, ergab sich dieselbe und verliess Anfangs November 1481 Otranto und den Boden Italiens.

Am 3. Mai 1481 starb der gefürchtete Sultan Mohammed II. Die Fortsetzung des Kampfes gegen die Türken würde jetzt gerade, da zwischen den Söhnen Mohammed's, Bajesid und Dschem, ein Kampf um die Herrschaft ausbrach, der mit der Niederlage des letzteren endete, den grössten Erfolg versprochen haben. Dschem war entflohen und hoffte, die christlichen Mächte, in erster Linie aber Ungarn, zum Sturze seines Bruders in Anspruch nehmen zu können. Dies verhinderte jedoch die Republik Venedig, die mit Sultan Bajesid freundschaftlich verkehrte und die Internierung Dschem's in einem Castell in Südfrankreich veranlasste.

Während Sultan Bajesid II. im Innern seines Reiches sich zu befestigen suchte, hörten die Raubzüge der Türken in die Nachbarländer nicht auf. Im Jahre 1482 unternahmen sie einen Streifzug durch Croatien nach Krain, von wo sie wieder Massen von Menschen fortschleppten. Im Jahre 1483 kamen sie nach Pettau, während ein Haufe in Kärnten einfiel und das Jaunthal plünderte. Durch Verschanzungen bei Lavamünd und Windischgraz suchten sich nun die Bauern dort gegen plötzliche Einfälle zu schützen. Eine noch im Herbste nach Bosnien zurückkehrende Schar erlitt durch Mathias Gereb, den Ban von Croatien, eine gründliche Niederlage.

Dschem's Anhänger hatten den Plan, ihn statt Bajesid auf den Thron zu setzen, nicht aufgegeben, und liessen sich mit Mathias, der in der That ein Heer von 70.000 Mann rüstete, in Unterhandlungen ein, um einen Einfall in die Türkei zu machen. Als sich dieselben aber zu Ende 1483 als unzuverlässig erwiesen, gab der König alle darauf gegründeten Pläne auf und schloss sogar, als der Sultan selbst günstige Bedingungen anbot, einen Waffenstillstand auf fünf Jahre. In einem Schreiben an die christlichen Fürsten wollte Mathias den Abschluss des Waffenstillstandes damit begründen, dass er allein den Krieg nicht fortsetzen könne, da ihn jene, welche in höherem Masse als er berufen wären, ihre Kraft dem Schutze der Christenheit zu widmen, sich selbst überlassen hätten. So lange Gott die Augen der übrigen Fürsten nicht öffne, wäre er gezwungen, zur Wahrung der eigenen Interessen Frieden zu schliessen.

Während Mathias die österreichischen Erbländer zum grössten Theil besetzt hatte, fiel noch gegen Ende October 1483 eine türkische Horde von 7000 bis 8000 Mann in Krain ein und verheerte der das Land durch 13 Tage. Als sie aber mit 9000 Gefangenen den Heimweg antrat, stellte sich ihr ein christliches Heer aus Croatien unter dem Ban Lupo Vulkovic und Bernhard Frangepan (Serben und einige krainerische Adelige) an der Una entgegen. Die Türken erlitten eine vollständige Niederlage, nur wenige entkamen. Alle Gefangenen wurden befreit und mit dem den Geschlagenen abgenommenen Vieh in die Heimat zurückgeschickt.

Ungeachtet des Waffenstillstandes fiel auch 1484 eine türkische Horde in Ungarn ein. Bei 7000 Mann überschritten bei Semendria die Donau und drangen bis Temesvár vor, wo sie am 13. September von Kinizsi aufgehalten und vernichtet wurden.

Der Sultan selbst zog im Mai 1484 gegen die Moldau, für die in dem mit Ungarn abgeschlossenen Vertrage nicht vorgesehen war. Mit Hilfe der Walachen und der Tataren aus der Krim nahm er die festen Plätze Kilia und Akerman ein und kehrte, nach Zurücklassung einer Besatzung in denselben, im August wieder über die Donau zurück. Stephan, der vom Schutze Ungarns nichts mehr erwartete, hatte sich in die Wälder zurückgezogen und unterwarf sich wieder dem Könige von Polen, der 3000 Reiter in die Moldau sandte — kaum genug, um eine türkische Raubhorde zu vertreiben, nicht aber die verlorenen Städte zurückzugewinnen.

König Mathias beschuldigte Bajesid, den Waffenstillstand durch den Ueberfall der Moldau, als eines ungarischen Vasallenlandes, gebrochen zu haben, und verlangte die Räumung von Kilia und Akerman. Bajesid berief sich zur Rechtfertigung auf den Wortlaut des Vertrages, gab aber den Befehlshabern der Festungen den Auftrag, die Moldau nicht weiter zu beunruhigen. Mathias liess die Entschuldigung zwar gelten, wendete seinen Zorn aber gegen den Kanzler, den Erzbischof Várdai, der den Vertrag verfasst hatte, und hielt ihn trotz Einsprache des Papstes in Gefangenschaft.[10] Als Stephan im folgenden Jahre Akerman zu überrumpeln versuchte, wiederholten die Türken unter Alibeg und später noch unter Balibeg Malkodsch den Einfall in die Moldau.

Auch des letzten Restes der Herzegowina bemächtigte sich nun der Sultan, ohne dass von Ungarn Einsprache dagegen erhoben worden wäre.

---

[10] Die Strenge des Königs mag sich der Kanzler, Erzbischof Várdai, wohl durch die Feindschaft der Königin Beatrix zugezogen haben, weil er bestrebt war, dem natürlichen Sohne des Königs die Nachfolge auf dem ungarischen Throne zu sichern.

Die Unzuverlässigkeit der mit den Türken abgeschlossenen Verträge machten in Mathias abermals den Wunsch rege, mit Benützung Dschem's einen Angriffskrieg gegen die Türken einzuleiten; doch scheiterten alle Versuche, ihn in seine Hände zu bringen, an dem Widerstande Venedigs. Dschem wurde aus Frankreich nach Rom, später nach Neapel gebracht, wo er 1495 an Gift starb.

Der mit den Türken geschlossene Waffenstillstand wurde auf weitere drei Jahre verlängert. Gegen ihre Angriffe längere Zeit gesichert, nahm Mathias nun den Krieg wider den Kaiser mit erneuter Kraft auf. Alle Vermittlungsversuche scheiterten an den unerhörten Forderungen des Königs. Mit seinen kriegsgeübten Truppen gelang es ihm bald, ganz Niederösterreich mit Ausnahme weniger Orte in seine Gewalt zu bringen und selbst Wien zu erobern, wo er am 1. Juni 1485 seinen Einzug hielt und seinen Wohnsitz nahm.

Auch Kärnten und Steiermark waren zum grossen Theil in den Händen der Ungarn.

Die im Juni 1487 dem Kaiser in Deutschland gewährte Hilfe reichte nicht aus, um den Kampf zur Entscheidung zu bringen, doch waren beide Theile so ermüdet und Mathias auch durch andere Pläne — besonders durch die Absicht, seinem unehelichen Sohn Johann Corvinus die Nachfolge in Ungarn zu sichern[11]) — so in Anspruch genommen, dass es zu einem Waffenstillstand und im Juni 1489 zu öffentlichen Friedensverhandlungen kam. Besonders des Kaisers Sohn Maximilian — seit 16. Februar zum Deutschen König gewählt —, zu dessen Jugendträumen die Wiedereroberung von Constantinopel und die Vertreibung der Osmanen aus Europa gehörte, und der dabei auf die Mitwirkung Ungarns baute, suchte einen Frieden zu Stande zu bringen und wollte selben sogar mit grossen Opfern erkaufen.[12]) Doch scheiterten die Unterhandlungen sowohl an den Forderungen des ungarischen Königs, als auch an der Weigerung des Kaisers, der

---

[11]) Die Mutter von des Königs unehelichem Sohne, Johann Corvinus, war eine Schlesierin aus edlem Geschlechte, keineswegs aber, wie oft behauptet wird, die Tochter des Bürgermeisters von Breslau. Gelegentlich der Vermählung des Königs mit Beatrix wurde sie in ein Kloster gesteckt. Johann Corvinus, 1473 geboren, wurde anfangs für den geistlichen Stand bestimmt; später erst, als Mathias die Hoffnung auf eheliche Nachkommenschaft aufgab, reifte der Plan, ihm die Nachfolge auf den ungarischen Thron zu sichern.

[12]) Maximilian soll bereit gewesen sein, die Herausgabe der in Innerösterreich verlorenen Plätze selbst durch die Verzichtleistung auf ganz Niederösterreich zu erkaufen.

sich mit Recht den von seinem Sohne zugemutheten Opfern widersetzte.¹³)

Während die Verhandlungen noch geführt wurden, erlag Mathias, dessen Gichtanfälle sich seit zwei Jahren so gesteigert hatten, dass er kaum mehr im Stande war, auf den Füssen zu stehen. am 6. April 1490. erst im 47. Lebensjahre. zu Wien unerwartet einem Schlaganfalle. ohne eheliche Nachkommen zu hinterlassen. und ohne fest über seine Nachfolge verfügt zu haben.

In Mathias, dem Sohne des Helden Hunyady. dem aus dem Volke hervorgegangenen Könige, verehrt das ungarische Volk den letzten nationalen Herrscher des Landes. und übersieht nur zu leicht die vielen Schattenseiten, welche seiner 33jährigen Regierung anhaften. Dass Ungarn seit Ludwig dem Grossen keine so ansehnliche Stellung in Europa einnahm wie unter ihm, verdankte es wohl zunächst seinem Heere, dessen Organisation — in die Zeit des Ueberganges zu einer anderen, neuen Kampfesweise — damals mit Recht als musterhaft galt. Der König war bestrebt, das so theure Söldnerwesen mit den Bedürfnissen der nationalen Vertheidigung in Einklang zu bringen; um es aber für seine ehrgeizigen Pläne auszunützen, musste er das Söldnerheer auf eine Stärke bringen und zeitweise auch erhalten, welche die Kräfte Ungarns auf das Aeusserste anspannte, ja sogar trotz der Subsidien. die dem Lande als Vormauer der Christenheit in nicht unbedeutendem Masse von Aussen znflossen, weit überstieg.¹⁴)

Trotz der meist glücklich geführten Kriege mit den Osmanen ist es dem König Mathias nie gelungen. einen entscheidenden Sieg über dieselben zu erringen, der für die Christenheit irgend einen nachhaltigen Erfolg gehabt hätte; seine gross geplanten und mit allen Mitteln vorbereiteten Unternehmungen verliefen meist in kleinlichen Erfolgen. Während er endlich im Westen Länder eroberte, die er auf die Dauer doch nicht hätte halten können, schien er die Gefahr, welche seinem Stammlande von Osten her drohte, ganz übersehen zu haben. Auch den letzten Rest des Einflusses auf die Vasallenländer büsste Ungarn unter Mathias vollkommen ein, ein Versuch, dieselben wieder zu gewinnen, wurde nicht mehr gemacht. War in der That, wie Mathias von

---

¹³) Der Kaiser soll auch durch den Hofastrologen, der den baldigen Tod des Königs Mathias voraussagte, — eine Prophezeiung, die er mit Rücksicht auf den Gesundheitszustand desselben leicht machen konnte — in der Weigerung, auf die Friedensvorschläge einzugehen, bestärkt worden sein.

¹⁴) Den Kern des ungarischen Heeres bildete die von ihm errichtete schwarze Legion, die ihren Namen von ihrer Rüstung herleitete.

sich selbst rühmte, sein Blick stets auf die ihm gewissermassen als Erbschaft zufallende Mission — die Vertheidigung Ungarns und damit auch der gesammten Christenheit gegen das Fortschreiten der osmanischen Macht — gerichtet, und glaubte er in der Vereinigung der österreichischen Erbländer mit Böhmen und Ungarn zu einem neuen Staatengebilde das Mittel gefunden zu haben, um den Osmanen widerstehen und endlich ihre Macht brechen zu können, so war die Schwächung Ungarns nach anderer Richtung hin nicht der Weg, um das zu erreichen. Nur ein starkes, kräftiges Ungarn hätte eine dauernde Anziehungskraft für die schon weiter vorgeschrittenen westlichen Nachbarländer bieten können.

Der äussere Glanz seiner Regierung sowie die klägliche Erscheinung seiner Nachfolger machte im Lande vergessen, dass er auch im Volke einer allgemeinen Beliebtheit sich keineswegs erfreute. Wie kein König früher verstand er, willkürlich zu regieren und sein Volk für seine ehrgeizigen Pläne auszunützen. Auch die Unterstützung, die er — der humanistischen Strömung seiner Zeit folgend — der culturellen Entwicklung Ungarns zu Theil werden liess, kam der nationalen Cultur des Landes wenig zu Gute und verschwand in den nachfolgenden Kriegen fast spurlos.

Der Leichnam des Königs wurde von Wien nach Stuhlweissenburg, der Begräbnissstätte der ungarischen Könige, überführt und dort unter kriegerischen Ehren, wie sie nie zuvor einem Könige erwiesen wurden, beigesetzt. Kaum waren aber die Trauerfeierlichkeiten vorüber, so waren auch die Gefühle der Pietät für den verstorbenen Herrscher verwischt.

Die verwitwete Königin gieng darauf aus, sich einen Gatten, mit dem sie den Thron theilen konnte, zu suchen; die Magnaten — ihrer dem verstorbenen König gegebenen Versprechungen uneingedenk — boten ihre Dienste fremden Thronbewerbern an, und unter ihnen war es Stephan Zápolya, der Statthalter von Oesterreich, der vom einfachen Trabantenhauptmann sich zum Feldherrn hinaufgeschwungen und seinen Reichthum wie seine Stellung der Gnade des Königs zu verdanken hatte, der gleich nach dem Tode seines Gebieters einen Aufruf versandte, in dem er die Ungarn aufforderte, sich aus der bisher erlittenen Bedrückung aufzuraffen und ihre alten Freiheiten wieder herzustellen.

In Ungarn traf man Vorbereitungen, um den als erledigt angesehenen Thron auf dem für Juni 1490 ausgeschriebenen Landtag zu besetzen. Auf Zápolya's Rath, auf dessen Treue und Einfluss der

verstorbene König zumeist baute, um die Wahl seines unehelichen
Sohnes durchzusetzen, wurde der unter den Throncandidaten vielleicht
unfähigste — König Wladislav von Böhmen — zum König gewählt.
Beatrix, welche selbst nach der Herrschaft strebte und die Krone
ihrem Stiefsohn nicht gönnte, unterstützte die Wahl Wladislav's in der
Hoffnung, dass er sie ehelichen werde.¹⁵) Johann Corvinus hatte nicht
die Energie seines Vaters, der ihm den Weg zum Throne geebnet zu
haben glaubte, und verzichtete darauf nach kurzem Widerstande.
Johann Albert, Wladislav's jüngerer Bruder, fiel, von seiner Mutter
aufgemuntert, mit polnischen Truppen in Ungarn ein, wurde aber bald
zurückgewiesen. Maximilian machte nach Wiedereroberung Nieder-
österreichs, gestützt auf sein Erbrecht, den Versuch, mit Waffengewalt
sich des ungarischen Thrones zu bemächtigen, der Versuch scheiterte
aber an der Unbotmässigkeit seiner Landsknechte. Maximilian wollte
den Feldzug im nächsten Sommer wiederholen, musste dies aber unter-
lassen, da ihm Kaiser Friedrich die nöthige Hilfe nicht gewähren
konnte. Ende des Jahres 1491 kam es zu einem Frieden zwischen
Maximilian und Wladislav, in welchem letzterer die Erbberechtigung
Maximilian's anerkannte, im Falle er selbst kinderlos sterben sollte.
Nach längerem Widerstande wurde dieser Friede auch von den ungarischen Ständen anerkannt, jedoch nicht ohne die königliche Gewalt
noch mehr einzuschränken, als dies durch die Wahlcapitulation früher
ohnedies schon geschehen war.

Der dreijährige Waffenstillstand, den noch König Mathias mit
dem Sultan abgeschlossen hatte, lief im Jahre 1491, bevor die Verhandlungen mit Maximilian abgeschlossen waren, ab. Um nun eine
Verlängerung auszuwirken, gieng Emerich Czobor nach Constantinopel.
Aber Sultan Bajesid, der unterdessen den Sultan von Aegypten, Katbai
besiegt hatte, wollte sich den bereits offenkundigen Verfall der ungarischen Macht zu Nutze machen. Chadim Suleiman, der Pascha von
Semendria, forderte Ujlaky, den Ban von Maćso, auf, Belgrad und
die anderen am rechten Saveufer gelegenen festen Plätze zu übergeben.
Die Freundschaft des Sultans, der ihn auf den ungarischen Thron
erheben werde, sollte sein Lohn sein. Da Ujlaky dem König von früher
her schon feindlich gesinnt war, gewährte seine zweideutige Haltung
einige Hoffnung des Gelingens, und Bajesid befehligte seine Truppen
aus Serbien und Albanien im März 1492 gegen Belgrad, während der

---

¹⁵) Beatrix führte jahrelang vergeblich Process gegen König Wladislav, weil
er ihr die Ehe versprochen haben sollte, schliesslich zog sie sich verarmt auf die Insel
Ischia zurück, wo sie 1508 starb.

Kapudanpascha (Befehlshaber der Flotte) Goigu Sinan, mit 300 Schiffen an der albanesischen Küste die Ankunft des Sultans erwarten sollte. Da der Anschlag auf Belgrad den erwarteten Erfolg nicht hatte, blieb der Sultan in Albanien und verheerte das Land, während die Truppen aus Serbien Szabacz belagerten und Jajcze sowie mehrere Schlösser in Bosnien bedrohten. Kinizsi und der nach dem Tode des Königs Mathias aus der Haft entlassene Erzbischof Várday hatten Belgrad und Jajcze mit den nöthigen Vorräthen versehen, und die Besatzung von Szabacz wehrte sich tapfer. Emerich Derencsény besiegte einen beträchtlichen Haufen von Türken an der Una, während Philipp More, der Ban von Severin, eine plündernde Türkenhorde zerstreute und seinen Bruder Georg mit zwei Wagen voll Türkenköpfen als Siegeszeichen nach Ofen sandte.

Die Niederlage dieser ungeregelten Horden hinderten den Pascha von Widdin nicht, mit 8000 Mann die Donau zu übersetzen und gegen Severin vorzurücken. Er stiess jedoch auf Kinizsi, der zur Vertheidigung der Grenze herbeigeeilt war, und wurde geschlagen. Leider schändete Kinizsi seinen Sieg durch Grausamkeit, indem er die gefangenen Türken unter den grässlichsten Martern sterben liess.

Die Hoffnung des Sultans, Belgrad ohne Mühe zu nehmen, war zwar vereitelt, seine kriegerischen Gelüste gab er aber deshalb nicht auf. Verlängerung des Waffenstillstandes oder Frieden wollte er nur unter der Bedingung gewähren, dass Ungarn ihm Ragusa preisgebe, auf die Oberhoheit der Walachei verzichte und seinen Kriegsvölkern den Durchzug durch Croatien und Dalmatien nach Deutschland gewähre. Da Czobor, der bisher vergeblich auf Antwort gewartet hatte, diesen Antrag verwarf, gerieth der Sultan in heftigsten Zorn, befahl ihm, sofort abzureisen, und brach selbst nach Sophia auf.

Der Bericht von dem Misserfolge der Gesandtschaft gelangte nach Ofen, als dort die Stände tagten. Der Adel verliess nun die Stadt, bevor die eben in Verhandlung stehenden Gesetze verkündet wurden, um sich für den Feldzug zu rüsten. Die hiedurch entstandenen Wirren wurden erst beigelegt, als die Nachricht von Kinizsi's Sieg eintraf und dadurch die augenblickliche Gefahr beseitigt war.

Ein gleichzeitig entstandener Aufruhr der »Schwarzen Legion« — früher des Königs Matthias beste Truppe —, in der die Bande der Zucht seit der Wahl Wladislav's vollkommen gelockert waren, machte deren Auflösung nothwendig. Kinizsi, mit derselben betraut, sammelte unter dem Vorwande eines Türkenkrieges bedeutende Streitkräfte, mit denen er die im verschanzten Lager bei Szegedin stehende Legion angriff und nach hartem Kampfe zur Waffenstreckung zwang. Nach Hinrichtung der Rädelsführer wurde die Mannschaft unter die Truppen Kinizsi's und des Palatins vertheilt; die sich den Bedingungen nicht fügen wollten, folgten ihrem Anführer nach Oesterreich, wo sie — nur auf Raub angewiesen — bald vernichtet wurden.

Einfälle der Türken nach Kärnten und Krain fanden in den Jahren 1488 und 1489 zwar statt, doch scheinen sie ohne Bedeutung gewesen zu sein.[16] Dagegen fand im Jahre 1491 abermals ein Einfall nach Krain statt, der grosse Verheerungen zur Folge hatte. Ohne dass früher eine Kundschaft aus Croatien gekommen wäre, fiel bei Möttling eine Türkenhorde ein, die — da sie die Save nicht überschreiten konnte — sich bald über ganz Unterkrain ausbreitete, und die Gegend bis Gottschee, Reifnitz, Auersperg und Laibach gründlich verheerte und ausplünderte. Einem gegen Adelsberg vordringender Schwarm wurde durch das Landesaufgebot, das sich im Birnbaumer Wald gesammelt und in einen Hinterhalt gelegt hatte, eine Niederlage beigebracht.

Im December 1492 zeigte Wlad, der Woywode der Walachei, den Hermannstädtern an, dass Sultan Bajesid für Semendria und Widdin neue Paschas — Ali und den Renegaten Malković — ernannt habe, mit der Absicht, nach Siebenbürgen einzufallen. Des Einverständnisses mit Ungarn verdächtig, wurde Wlad Anfangs 1493 vom Sultan abgesetzt und durch Radul ersetzt. Im Februar brachen die Türken auch durch den Rothenthurmpass in Siebenbürgen ein und plünderten durch 40 Tage im Altthal. Der neuernannte Stellvertreter des Woywoden in Siebenbürgen, Stephan Telegdy, sammelte noch rechtzeitig das Aufgebot der Szekler und Sachsen, um Alibeg den Rückweg durch den Pass zu verlegen und brachte ihm eine Niederlage bei. Gegen 15.000 Türken wurden erschlagen oder gefangen, reiche Beute wurde ihnen abgenommen und viele Gefangene befreit.

---

[16] Nur Valvasor, XV, bringt Nachricht über diese Einfälle.

Zehntes Capitel.

Kaiser Friedrich stirbt. — Kaiser Maximilian's vergebliche Bemühungen für einen Kreuzzug. — Neue Einfälle der Türken. — Kiniszi's Einfall nach Serbien. — Bajesid II. stirbt, unter Selim I. werden die Einfälle fortgesetzt. — Vorbereitungen für einen Kreuzzug arten in einen Bauernkrieg aus. — Zápolya bei Semendria geschlagen. — König Wladislav II. stirbt, ihm folgt sein unmündiger Sohn Ludwig II. — 1490 bis 1516.

Kaiser Friedrich sollte seinen Gegner Mathias nicht lange überleben; nach einer 54jährigen, sehr wechselvollen Regierung starb er zu Linz am 19. August 1493 im Alter von 78 Jahren. Nachdem es ihm gelungen war, die Besitzungen des Hauses Habsburg wieder zu vereinigen, seinen Sohn Maximilian als Regenten der reichen Niederlande zu sehen und ihm die Nachfolge im Deutschen Reiche zu sichern, konnte er auch hoffen, dass seine Nachkommen einst in den Besitz von Ungarn und Böhmen gelangen würden.

Um dem Fortschreiten der osmanischen Macht Einhalt zu thun, zunächst aber seine eigenen Länder zu schützen, machte Kaiser Maximilian dem König Wladislav den Vorschlag, im Verein mit ihm den Krieg gegen die Türken zu führen. Vom Deutschen Reiche, vom Papste, von Venedig und auch von den übrigen christlichen Mächten unterstützt, hoffte der thatenlustige Kaiser dem Vordringen der Türken Halt gebieten, vielleicht sogar sie aus Europa hinausdrängen zu können, während Ungarn allein unter ihrem wenig befähigten und dem Kriege abgeneigten Könige kaum sich selbst zu schützen, noch das Eindringen der Türken auf fremdes Gebiet zu hindern vermochte. Maximilian's Vermählung mit Blanca von Mailand hieng mit diesem Plane zusammen; ihre Aussteuer sollte die Mittel zur Kriegführung bieten, doch scheiterte die Ausführung desselben an dem Auftreten Frankreichs und an den Wirren in Italien.

Während nun mit dem ungarischen Kanzler Verhandlungen gepflogen wurden, welcher Theil den Oberbefehl in diesem Kriege führen sollte, brach Ende August Jakubpascha mit 8000 leichten Reitern aus Bosnien auf. Als er an Jajcze vorüberzog, machte Kanizsay — dessen Befehlshaber — einen Ausfall und forderte Jakubpascha zum Zweikampf auf, was ihm die Lust zu längerem Verweilen benahm.[1]) Bei Ostrozać übersetzte Jakubpascha die Una und fiel, Croatien und Krain durchziehend, nach Steiermark ein, wo er die Gegend von Marburg und Cilli durch 15 Tage plünderte. Als Jakob Szekely mit 5000 Reitern — Croaten und Krainer —, welchen deutsche Reichstruppen unter Maximilian's[2]) Führung folgten, sich Jakubpascha näherte, zog er sich nach Croatien zurück. Hier belagerte der Ban Derencsényi eben die Burg Brinje (Bründl!), welcher sich die Grafen Frangepan widerrechtlich bemächtigt hatten; die gemeinschaftliche Gefahr bewog nun beide Theile zum Frieden, die Brüder Bernhard, Nikolaus und Johann Frangepan stellten sich unter des Bans Oberbefehl, und ihrem Beispiele folgten Karl Torquati, Graf von Korbava, Georg Blasković und Peter Zrinyi. Ihre vereinte Streitmacht verlegte dem über Modrus zurückkehrenden Feinde den Weg an einem Passe in der Nähe von Udbinje (Sadbar?), der mit Bäumen und Steinen verrammelt wurde.[3]) Jakubpascha verhandelte um freien Durchzug gegen Geld, aber der Ban und die Frangepan bestanden auf Entlassung der Gefangenen und Herausgabe der Beute. Die Uebermacht des Feindes scheuend, wollte der Ban auf Jakub's Bedingungen schon eingehen, aber Bernhard warf ihm vor, er wolle nur das Leben seines Sohnes und Bruders schonen. So kam weder ein Vergleich, noch ein Abzug zu Stande, während Jakub die Zeit benützte, sich den Weg frei zu machen. Als es nun in den ersten Tagen des September zum Kampf kam und Bernhard seinen Bruder Johann und Blasković fallen sah, war er der Erste, der sich mit seiner Schar zur Flucht wandte. Bald war die Verwirrung allgemein; 5700 Christen wurden erschlagen, darunter der Sohn und Bruder des Ban, der selbst mit Nikolaus Frangepan in Gefangenschaft gerieth. Jakubpascha überhäufte Derencsény mit Vorwürfen, dass er

---

[1]) Der türkische Geschichtsschreiber Seadeddin führt die Ereignisse bei Jajcze an, ohne sie ausführlicher zu schildern (Hammer, I, 641).

[2]) Iwolf: »Einfälle der Osmanen in Steiermark«, S. 207.

[3]) Bonfinius nennt den Pass »Sadbar im Gebiete von Modrus«, Seadeddin sagt bei »Adbinje im Gebiete von Korbavia«, Tubero sagt »Adbinja«. Es ist anzunehmen, dass Jakubpascha über Sluin und Modrus gegen Udbinje zog, während Derencsény sich beeilte, von Bründl aus über Otocac ihm den Weg abzuschneiden. Die eigentliche Stelle des Gefechtes, die Lage des Passes, ist nicht mehr auszumitteln.

den Frieden gebrochen habe, indem er ein Heer angriff, das ungarisches Gebiet friedlich durchziehen wollte und nur anderwärts plünderte. Den Gefallenen wurden die Nasen abgeschnitten und als Siegeszeichen mit dem gefangenen Ban nach Constantinopel geschickt, wo er — vor den Sultan geführt — ungeachtet seines rüden Benehmens nicht hingerichtet, sondern bis zu seinem Tode auf einer Insel gefangen gehalten wurde. Jakubpascha wurde zum Beglerbeg von Rumili ernannt und mit Ehren überhäuft.

Die von den wiederholten Türkeneinfällen heimgesuchten Landstriche waren so verarmt, dass die Stände erklärten, das Land könne die allgemeine Steuer und Umlage zu Vertheidigungszwecken nicht tragen. Auch die croatischen Stände wandten sich, da sie von Ungarn einen genügenden Schutz nicht erhielten, an Kaiser Maximilian und die Fürsten des Deutschen Reiches.[4]) Maximilian liess an den Grenzen bei 3000 Mann an Fussvolk und Landsknechten zurück, aber weder ihre Ausrüstung noch ihre Vertheilung konnte die Türkeneinfälle behindern.[5]) Den 30. September 1494 fielen abermals osmanische Scharen in Croatien gegen Agram und in Krain gegen Landstrass ein, setzten über die Save und verheerten den Landstrich bis Seiz, Windisch-Feistritz und Neustift; in Seiz nahmen sie den Prior und einige Mönche gefangen, aus Neustift, wo eben Jahrmarkt war, führten sie eine Masse Landleute ab. Das dem Schauplatze dieses Türkeneinfalles nahe gelegene Kriegsvolk wurde zerstreut, und mit Beute beladen zogen die Türken wieder über Peilenstein ab.

In Ungarn setzte Paul Kinizsi, der zum Erbgrafen von Temesvár ernannt worden war, Anfangs des Jahres 1494 über die zugefrorene Donau, erstürmte in der Nähe von Semendria zwei Schlösser, in denen Alibeg seine durch Raub angehäuften Schätze verwahrte, und kehrte mit reicher Beute und einer grossen Anzahl Serben, die sich dem türkischen Joche entziehen wollten, über den Strom zurück, noch bevor ihn Alibeg erreichen konnte.

Zur Besatzung von Belgrad gehörte auch ein beträchtlicher Theil jener Leute, welche nach Auflösung der »schwarzen Legion« unter Kinizsi's Truppen eingereiht wurden — meist Böhmen. Des Einverständnisses mit den Türken beschuldigt, wurden sie von Kinizsi durch die Folter zum Geständnisse gebracht und mit unerhörter Grau-

---

[4]) Iwolf, S. 208.
[5]) Unress sagt: Die Landsknechte, die »ein wenig die Türken wollten schrecken«, wurden gefangen und waren der Türken Spott durch ihr »schnoden Gewand« und ihre »langen Strenge«.

samkeit bestraft.⁶) Bald darauf versuchten auch die Türken, die von der Unzuverlässigkeit der Besatzung Kenntniss haben mochten, Belgrad zu überfallen. Nur dem rechtzeitigen Einschreiten Kinizsi's verdankte man die Rettung der Stadt, auf deren Mauern schon eine feindliche Fahne wehte. Der König, dem nicht mit Unrecht der Vorwurf grosser Sorglosigkeit gemacht wurde, begab sich nach Peterwardein, um der Grenze näher zu sein, und traf mit dem alten Kinizsi zusammen, der — obwohl vom Schlage gerührt und kaum mehr der Sprache mächtig — doch noch immer von Begierde nach dem Kampfe mit den Türken brannte.

Nach dem verunglückten Versuche, sich Belgrads zu bemächtigen, fielen türkische Horden über Mitrowitz nach Slavonien ein. Zur Abwehr dieses Einfalles geschah zwar nichts, doch unternahm Kinizsi und der Siebenbürger Woywode Dragfy, um ihn zu rächen, noch im October mit 14.000 Mann einen Raubzug nach Serbien. Die Vorstädte Semendrias wurden niedergebrannt und 14 Tage hindurch das Land durchstreift, ohne auf einen Feind zu stossen, der sich theils in die festen Plätze, theils ins Gebirge zurückgezogen hatte. Am 1. November kehrte das Heer mit grosser Beute an Menschen⁷) und Vieh nach Belgrad zurück. Der Plan Kinizsi's, Semendria noch zu belagern, wurde in Folge seines Todes aufgegeben. An seiner Stelle wurde Josef Som zum Temeser Grafen und Capitän des südlichen Grenzgebietes ernannt.

Im Jahre 1495 wurde der Ban Peter More mit Friedensanträgen nach Constantinopel gesendet. Bajesid war dem Frieden nicht abgeneigt und bot einen zehnjährigen Waffenstillstand an; in eitler Selbstüberhebung gewährte man in Ungarn aber nur einen »dreijährigen unter der Bedingung, dass »die Osmanen während dieser Zeit weder in ungarisches Reichsgebiet, noch in Kärnten, Krain oder Steiermark einfielen, dass sie die von Jakubpascha gefangenen Ungarn in Freiheit setzten, und dass dem König gestattet wäre, den Waffenstillstand noch vor Ablauf desselben zu verlängern oder nach dreimonatlicher Kündigung aufzuheben«. Die Bedingungen des Waffenstillstandes wurden freilich von beiden Seiten nicht genau eingehalten. Die ungarischen

---

⁶) Kinizsi soll sie durch Hunger gezwungen haben, sich gegenseitig aufzufressen, bis der Letzte dem Hunger und seinen Leiden erlag.

⁷) Die Zahl der zurückgebrachten Gefangenen, mit welchen die Ungarn damals gerade so Handel trieben wie die Türken, war so gross, dass ein Weib mit vier Mädchen um 18 Silberlinge verkauft wurde. Auch die Beute an Vieh war so gross, dass für fünf Ochsen nur ein Ducaten gezahlt wurde.

Grenzländer sowie die Nachbargebiete wurden von kleineren Reiterscharen überschwemmt und ausgeplündert; so 1497 Dalmatien, wo Alibeg der Verschnittene von Cattaro aus mit 2000 Mann an Zara vorüber nach Friaul einfiel, seinen Raubzug bis Raifnitz, Zirknitz und Laibach ausdehnte und denselben im folgenden Jahre wiederholte.

Welchen Wert Ungarn noch auf die Erhaltung des ohnehin schon sehr eingeschränkten Besitzes in Bosnien legte, beweisen die vielen Ausgaben, welche um diese Zeit für die Instandhaltung Jajcze's und der übrigen Schlösser in Bosnien gemacht wurden. Das hinderte aber nicht, dass Jakubpascha im Jahre 1497 vier bosnische Schlösser eroberte. Der Befehlshaber von Jajcze, Ladislaus Kanizsay, der die Aufforderung Jakub's, die Festung zu übergeben, abwies, unternahm mit 4000 Reitern einen Streifzug nach Serbien, wo er zwei Schlösser erstürmte.

Im Jahre 1497 fiel plötzlich König Johann Kasimir von Polen mit 80.000 Mann in die Moldau ein. Der Woywode Stephan wusste sich nicht anders zu helfen und rief Türken und Tataren herbei; auch Szekler und Walachen schlossen sich Stephan an. Das polnische Heer wurde geschlagen und bis an den Dniester zurückgedrängt. Da nun der zwischen Polen und der Pforte geschlossene Waffenstillstand abgelaufen war, stand zu befürchten, dass der Sultan einen Krieg beginnen würde. Um seinem Bruder, dem König von Polen, zu helfen, schickte Wladislav eine Gesandtschaft nach Constantinopel, welche den Sultan vom Kriege abhalten sollte, dabei aber Anforderungen stellte, wie sie nur ein kräftigeres Staatswesen zu stellen berechtigt gewesen wäre. Als Polen und Ungarn im August 1498 einen Vertrag zu gegenseitiger Hilfe schlossen, fielen die pereskopischen Tataren, und noch im November Balibeg Malkodschogli, der Statthalter von Silistria, mit einem grossen türkischen Heere, ohne dass Stephan es hinderte, durch die Moldau nach Polen ein und drang durch Haliz bis gegen Przemysl vor. Wladislav sandte den Grafen Peter von St. Georgen und Pösing nach Siebenbürgen, um ein Heer zu sammeln, dessen Verwendung aber überflüssig wurde, da die strenge Kälte des inzwischen eingetretenen Winters das türkische Heer zum Theile aufrieb, während Stephan mit seinen in die Tracht der früher gemachten polnischen Gefangenen gekleideten Kriegern die Niederlage desselben vollendete. Nur bei 10.000 Türken sollen über die Donau zurückgekehrt sein.

Ungarn und Polen erneuten 1499 den früheren Vertrag und sagten sich gegenseitig Schutz gegen die Türken zu; auch die Moldau wurde in diesen Vertrag einbezogen und die Walachei zum Beitritt aufgefordert. Einen wirklichen Wert erlangte dieser Vertrag aber nie.

Mit Venedig hatte Sultan Bajesid zwar im März 1499 Frieden geschlossen, brach denselben aber schon nach zwei Monaten. Während Iskenderpascha im Juni von Bosnien aus einen Streifzug nach Dalmatien unternahm und Zara bedrohte, schlug der Kapudanpascha Daud Ende Juli bei der Insel Sapienza, unweit Modon. die venetianische Flotte unter Andrea Loredono, und bemächtigte sich ein Landheer, bei dem der Sultan selbst war, der Städte Korinth und Lepanto. Im September wiederholte Iskender seinen Einfall und drang bis Friaul vor. Mit 100.000 Reitern übersetzte er nun den Isonzo und Tagliamento und kam bis Vicenza. Der venetianische Feldherr Zanchini sah ruhig zu. wie die Türken 132 Städte in Asche legten und bei 6000 Einwohner fortführten. Auch Kärnten blieb von Raubscharen nicht ganz verschont. In ihrer Bedrängniss suchte nun die venetianische Regierung den König von Ungarn zu einem Angriff auf die Türken zu bewegen; ihre Bemühungen wurden auch von Papst Alexander III. unterstützt, der eine Verbindung aller christlichen Mächte anstrebte. Der ungarische Staatsrath zeigte sich dem Kriege anfangs wenig geneigt. indem auf Dalmatien hingewiesen wurde. dessen Besitznahme Venedig zum Gegner Ungarns machte. Die Prälaten waren besonders gegen den Krieg, da sie nur eine Erhöhung der Besteuerung zu erwarten hatten. Aber der einflussreiche und ehrgeizige Graner Erzbischof Thomas Bakacs wollte sich den Cardinalshut verdienen, und der venetianische Gesandte theilte reichlich Geld aus; der Krieg wurde also beschlossen und im Frühjahre 1500 vom Reichstage genehmigt. Ohne bedeutende Subsidien konnte Ungarn aber an einen Krieg nicht denken; der vom Papste angebotene Jubiläumsablass, die Besteuerung der Kirchengüter und die Kreuzzugssteuer standen in Ungarn in schlechtem Andenken. und belasteten doch nur das ohnedies bedrückte Land. Erst am 31. Mai 1501 wurde zwischen dem Papst, Venedig und Ungarn ein Bündniss geschlossen, demzufolge ersterer jährlich 40.000 Ducaten. Venedig 100.000 Ducaten zahlen und die Türken zur See angreifen sollten, während Ungarn den Krieg zu Lande zu führen hatte. Wenn auch die Vorbereitungen zum Feldzug. den der König persönlich unternehmen zu wollen vorgab, schon seit Frühjahr 1500 getroffen wurden. der Sultan auch durch seine Agenten hievon unterrrichtet war, wurde der Waffenstillstand früher doch nicht gekündigt. An einen Eroberungskrieg dachte man nicht. obwohl die Verhältnisse nicht ungünstig schienen, da die Hauptmacht des Sultans im Peloponesus festgehalten war. Die Streitkräfte, welche Ungarn an Bosniens und Serbiens Grenzen aufstellte, waren trotz der Subsidien nur geringfügig; es schien dem König mehr an diesen als an dem Kriege selbst gelegen zu sein, der nun den Charakter von Raubzügen annahm.

Im October 1501 drang Kinizsi's Nachfolger, Som, um einen Einfall der Türken zu rächen, mit ungefähr 14.000 Mann von Belgrad aus in Serbien ein, plünderte und verbrannte die spärlichen Dörfer, pfählte und röstete die Einwohner, schlug auch ein paar türkische Heerhaufen, die sich ihm entgegenstellten, und nahm 1000 Mann gefangen. Ebenso wurde einem türkischen Heerhaufen, der in Croatien einfiel, durch Johann Corvinus (seit 1496 zum drittenmale Banus), dem der Palatin Peter Geréb 200 Reiter und zwei Fahnen Fussvolk zuführte, eine vollständige Niederlage beigebracht und dessen Lager den Truppen zur Plünderung preisgegeben.

Im Sommer 1502 belagerte der Sohn Iskenderpascha's mit 10.000 Mann Jajcze. Johann Tarczai, der unter dem Schutze von 4500 Mann die Festung zu verproviantieren suchte, griff ihn am 2. und 3. Juli an und schlug ihn mit einem Verluste von 1000 Todten und 400 Gefangenen.[8]) Die den Türken abgenommenen Geschütze wurden in die Festung gebracht. Im Herbste fiel Som von Belgrad aus nach Bosnien ein und vereinigte sich bei Jajcze mit Johann Corvinus. Bei der Schwäche der in Bosnien befindlichen türkischen Besatzung erwartete man von dem dort vereinten ungarischen Heere von mehr als 20.000 Mann grössere Erfolge und war mit Recht enttäuscht, als Som sich auf den Wiederaufbau einiger von den Türken zerstörter Burgen beschränkte. Auch Graf Peter von Püsing, der Woywode von Siebenbürgen, machte noch im Herbste einen Einfall nach Bulgarien, eroberte Widdin und soll bis an die Mauern von Nikopoli vorgedrungen sein,[9]) und dessen Vorstädte eingeäschert haben.

König Wladislav hatte sich während dieses Krieges nicht nur nicht an die Spitze des Heeres gestellt, sondern verbrachte die Zeit

---

[8]) Die jedenfalls glaubwürdigen Berichte des venetianischen Gesandten Giustiniani (Huber, III, 427—430) widersprechen den von den meisten ungarischen Geschichtsschreibern zumeist nach Istvanfy gebrachten Schilderungen der Kriegsereignisse dieser Zeit. Der Zug nach Jajcze kann nicht von Johann Corvin und nicht schon im Jahre 1500 unternommen worden sein. Corvin kann auch nicht im Herbste 1502 mit dem Woywoden von Siebenbürgen nach Bulgarien gezogen sein. Er scheint auch bei dem Zuge Som's nach Bosnien in diesem Jahre nur eine untergeordnete Rolle gespielt zu haben.

[9]) Dass der Woywode bis vor Nikopoli vordrang, erwähnt Istvanfy; es erscheint dies jedoch wenig glaubwürdig.

zumeist ferne vom Kriegsschauplatz, in Böhmen. Im September vermählte er sich mit Anna von Candale, einer Verwandten des Königs von Frankreich. Auf ihrer Reise nach Ungarn über Venedig wurde die königliche Braut in Croatien durch den Einfall einer türkischen Horde erschreckt, welche die Save übersetzte, Pozega und Valpo verheerte und die Strasse unsicher machte, auf dem Rückwege aber vom Befehlshaber von Belgrad, Georg Kanizsay, erreicht und vernichtet wurde.

So gering auch die Energie war, mit der Ungarn den Krieg führte, so hatte derselbe, da die Flotten der christlichen Seemächte die Küsten des Aegäischen Meeres beunruhigten, und die Venetianer mit zunehmendem Glücke auf Morea fochten, doch den Erfolg, dass der Sultan schon im Sommer 1502 Friedensanträge machte, die Venedig auch gleich benützte, um einen dauernden Frieden zu schliessen.

Ungarn, das die günstigste Zeit zum Siege versäumt hatte, stand nun dem mächtigen Feinde allein gegenüber. Vergeblich stellte Kaiser Maximilian zu Glenhausen den Kurfürsten die Gefahr vor, welche Deutschland drohte, wenn Ungarn von den Türken unterjocht würde. Auch von Polen konnte Ungarn eine Unterstützung nicht erwarten. Zum Glück für Ungarn war Bajesid durch dieselben Umstände, die ihn zum Frieden mit Venedig bestimmt hatten, bewogen, denselben auch auf Ungarn auszudehnen. Die Verhandlungen wurden in Constantinopel gepflogen, beschränkten sich aber auf einen Waffenstillstand, über welchen der Vertrag am 20. August 1503 zu Ofen ausgewechselt wurde. Ungarn und Böhmen mit allen Nebenländern, ferner die Moldau und die Walachei, welche sowohl den Ungarn, als dem Sultan Dienste leisten und an beide Tribut entrichten sollten, endlich Ragusa, das unter ungarischer Hoheit blieb, dem Sultan aber auch tributpflichtig war, wurden in den Waffenstillstand einbezogen. Die damals noch zu Ungarn gehörigen Orte Bosniens, Serbiens und der Walachei — nur mehr Jajcze mit den dazu gehörigen Schlössern. Szabacs, Srebrenik, Belgrad und Severin — wurden ausdrücklich genannt. Ferner wurden alle Feindseligkeiten an der Grenze, alle Ueberfälle und Raubzüge untersagt und festgesetzt, dass kein türkisches Heer durch ungarisches Gebiet den Weg zum Angriffe anderer Länder nehmen dürfe. Endlich wurde dem römisch-deutschen Reiche, Polen, Frankreich, Spanien, allen italienischen Staaten und dem Johanniterorden der Beitritt zum Waffenstillstand freigestellt. Im Jahre 1510 wurde der Waffenstillstand um weitere drei Jahre verlängert, welche Zeit Ungarn zur inneren Kräftigung hätte verwenden sollen.

Während des Königs Hauptsorge darin bestand, seinen Erben — damals nur seiner einzigen Tochter Anna — die Nachfolge in seinen Ländern zu wahren, und er in richtiger Würdigung, dass Ungarn allein dem Andrange der Osmanen nicht widerstehen könne, sich die Unterstützung Deutschlands, insbesondere aber Oesterreichs, zu sichern suchte, bot eine Partei, bei der das Andenken an die Regierung des Königs Mathias noch nachhaltig wirkte, alles auf, um die Nachfolge eines Ausländers, besonders aber eines Oesterreichers, unmöglich zu machen. Seit der Sohn eines Johann Hunyady zum König gewählt worden war, hielt sich jeder ungarische Adelige berechtigt, um die Krone zu werben, namentlich war es aber Johann Zápolya, der ehrgeizige und durch seine Familienverbindungen wie durch seinen Reichthum angesehene Sohn des Palatins Stephan, der sein Auge auf die Krone zu richten begann und, um auch durch Erbschaft den Anspruch auf selbe zu sichern, sich um die Hand der erst dreijährigen Tochter des Königs bewarb. Zwischen der Königin, die nicht einen Emporkömmling zum Schwiegersohn haben wollte, und Zápolya kam es zu einem Zerwürfniss, das sogar die Vertreibung Wladislav's fürchten liess. Doch wurde 1506 die Erbschaftsfrage durch die Geburt eines Sohnes, der den Namen Ludwig erhielt, für den Augenblick beseitigt, während wenige Tage darauf die Königin Anna starb.

Dem Kaiser Maximilian musste eine innige Verbindung mit Wladislav auch erwünscht sein, denn nur im Vereine mit Ungarn konnte er seine Erbländer gegen das Eindringen der Osmanen schützen. Es ist daher begreiflich, dass auch ihm eine Familienverbindung, welche die Vereinigung Ungarns mit den Erbländern — wenn auch erst in ferner Zeit — in Aussicht stellte, erwünscht war. Es wurde daher 1507, den schon früher geschlossenen Verträgen entsprechend, in bindender Form eine Doppelheirat zwischen den Nachkommen beider Herrscher vereinbart.

Als im Jahre 1508 zu Cambray der Kaiser mit dem König von Frankreich und dem Papste sich zur Vernichtung Venedigs vereinigten, gelang es den schlauen Abgesandten dieser Republik, Ungarn von dem Beitritte zur Liga abzuhalten. Ebenso hielt sich Ungarn 1511 von der gegen Frankreich gerichteten sogenannten heiligen Allianz ferne, doch gaben die wegen des Beitrittes Ungarns gepflogenen Verhandlungen den europäischen Mächten Gelegenheit, sich von der Schwäche des Landes und von der Unzuverlässigkeit der ungarischen Staatsmänner zu überzeugen.

Unterdessen waren im osmanischen Reiche ganz unerwartete Ereignisse eingetreten. Sultan Bajesid II. war alt und kränklich geworden und bestimmte seinen zweiten Sohn Achmed im Jahre 1510 zu seinem Nachfolger. Bajesid's dritter Sohn, Selim, der zwar als grausam und tyrannisch bekannt, sich doch durch seinen kriegerischen Sinn die Zuneigung des Heeres zu sichern wusste, verlangte, um dem Schauplatze des demnächst zu gewärtigenden Thronwechsels näher zu sein, ein Sandschak in Europa, und brach auch gleich aus Trapezunt dahin auf, um sich ein solches zu erzwingen. Um Frieden im Reiche zu erhalten, ernannte ihn Bajesid zum Statthalter in Semendria. Auf die Nachricht, dass seine Brüder ebenfalls gegen Constantinopel zögen, wandte sich Selim gegen seinen Vater und brachte ihn — obwohl anfangs besiegt — in Folge der Empörung der Janitscharen dahin, zu seinen Gunsten dem Throne zu entsagen. Bajesid wollte sich nach seinem Geburtsort Demotika zurückziehen. Von seinem Sohne ehrerbietig bis an die Grenze der Stadt geleitet, starb er aber schon unterwegs am dritten Tage, 28. April 1512, wahrscheinlich an Gift, das ihm auf Befehl seines Sohnes gereicht wurde. Um sich den Thron zu sichern, liess Selim seine fünf Neffen und seine Brüder Achmed und Korkud, nachdem er sie besiegt hatte, hinrichten.

Nach Europa zurückgekehrt, empfieng nun Selim I. die Gesandten Ungarns und Venedigs, um über die Erneuerung der Friedensverträge zu verhandeln, auf welche einzugehen der Sultan sich bereit erklärte, da er seine Herrschaft in Asien ausdehnen wollte. Während die Unterhandlungen sich in die Länge zogen, nahmen die Paschas der Grenzprovinzen die gewohnten Raubzüge wieder auf; auch die österreichischen Erbländer blieben von denselben nicht verschont.

Schon im Herbste 1512 durchstreifte der Pascha von Bosnien den ungarischen Theil dieses Landes, nahm die Burgen Teschani, Sokol und Kotorsko in der Bosnagegend weg und fiel in Croatien ein; dagegen erlitten die Türken durch Stephan Báthory, Grafen von Temesvár, bei Belgrad eine Schlappe. Báthory schickte einen mit acht Pferden bespannten Wagen voll Türkenköpfen an den König. Auch im Jahre 1513 dauerten die Angriffe der Türken fort; mehrere Burgen in Croatien und im dalmatinischen Binnenlande wurden erobert, das Land bis gegen Agram und Temesvár ausgeraubt und verwüstet. Erst ein Sieg, den Peter Periszlo, Bischof von Veszprim und Ban von Croatien, am 16. Juni bei Kostainicza erfocht, wo die Türken bei 3000 Mann verloren, wie ein gleichzeitig von Zápolya gegen den Willen und ohne Wissen des Königs unternommener Zug bis unter die Mauern von Semendria, von dem er mit grosser Beute beladen zurückkehrte, verschafften den Ungarn für einige Zeit wieder Ruhe. Die im Vorjahre verlorenen Schlösser in Bosnien wurden den Türken wieder abgenommen. Die Unterhandlungen über einen Waffenstillstand hatten noch immer zu keinem Ergebniss geführt, man war sehr besorgt, dass die Rüstungen der Türken gegen Ungarn gerichtet wären, und Sultan Selim demnächst einen Zug bis Ofen beabsichtige.

Da kam im März 1514 der Erzbischof Thomas Bakács, der wegen des lateranischen Concils in Rom gewesen war und sich mit der Hoffnung geschmeichelt hatte, selbst Papst zu werden, nach Ungarn zurück, versehen mit einer Bulle des neuerwählten Papstes Leo X., die ihn zum Zwecke eines Krieges gegen die Türken zum Legaten in Ungarn und ganz Osteuropa ernannte und ihn ermächtigte, das Kreuz zu predigen. Im Staatsrath liess nun Bakács, der versprach, ohne Kosten ein Heer aufzustellen, sowie für einen tüchtigen Führer desselben zu sorgen, die Kreuzbulle verlesen. König Wladislav hörte die von grossen Verheissungen strotzende Rede schweigend an, der grösste Theil der Räthe nahm sie mit Beifall auf, nur wenige warnten vor den Folgen. Der Aufruf zum Kreuzzug hatte besonders bei den Bauern, welche bei dem zunehmenden Verfall der königlichen Macht vom Adel immer mehr bedrückt wurden, ganz unerwartete Wirkungen. In solchen Massen strömten sie zusammen, dass den Herren offenbar vor ihnen bange wurde. Unterdessen waren die Botschafter mit dem neuerdings auf drei Jahre abgeschlossenen Waffenstillstandsvertrag aus Constantinopel zurückgekehrt, und Bakács erklärte auf das Drängen der Magnaten den Kreuzfahrern, nachdem man sie unter einem guten Vorwande aus Ofen und Pest entfernt hatte, dass man ihrer Dienste nicht mehr bedürfe und sie nach Hause ziehen könnten. Die Kreuzfahrer (Kurutzen, kuroczok) wollten indessen von einem Frieden mit den Ungläubigen nichts wissen, und begannen, da ihnen auch eine Geldunterstützung zur Heimreise verweigert wurde, in zügellosen Haufen auf den Gütern der Adeligen zu rauben und zu morden. So gieng dieser Kreuzzug in einen furchtbaren, die vollständige Vernichtung der Adelsherrschaft anstrebenden Bauernkrieg, an dessen Spitze sich der durch einen Zweikampf mit einem Türken bekannt gewordene Szekler Georg Dózsa stellte, über, welcher 40.000, nach Anderen gar 70.000 Menschen das Leben kostete und erst nach wiederholten Kämpfen, an denen Zápolya sich hervorragend betheiligte, gedämpft werden konnte. Der Adel benützte diesen Aufstand der Bauern, um ihren ganzen Stand in die härteste Leibeigenschaft herabdrücken zu können.

Im Jahre 1515 kam die schon früher (1506 und 1507) verabredete Vermählung der Kinder des Königs Wladislav von Ungarn und der Enkel des Kaisers Maximilian zu Stande. Der ungarische Kronprinz wurde mit des Kaisers Enkelin Maria, und die ungarische Prinzessin Anna mit einem der Enkel des Kaisers vermählt; vollzogen sollte die Ehe aber erst werden, wenn die Gatten ein entsprechendes Alter erreicht hätten. Es geschah dies erst im Jahre 1521, in welchem sich der jüngere Enkel mit Anna verband. Durch diese Verbindung wurde der Grund zur Grösse des deutschen Zweiges der Habsburgischen Familie gelegt.

Zápolya, der die Hoffnung, einst König zu werden, nicht aus dem Auge verlor, hatte gehofft, wie er als Sieger über den Bauernaufstand hervorgieng, auch durch einen Sieg über die Türken sich die Gunst des Adels zu erwerben und seine Ansprüche auf die Hand der Prinzessin Anna durchzusetzen. Er hatte daher eigenmächtig, ungeachtet des Waffenstillstandes, in Gesellschaft des Temeser Grafen Emerich Török und des Michael Baksy mit 10.000 Mann einen Zug nach Serbien unternommen und die auf halbem Wege zwischen Belgrad und Semendria gelegene Burg Sarno (Isardjik) belagert, aber durch Sinanbeg, den Befehlshaber von Semendria, eine Niederlage erlitten und alle Geschütze, die er von Belgrad mitgenommen hatte, eingebüsst.[10] Baksy und ein Bruder desselben hatten den Tod auf dem Schlachtfelde gefunden. In Folge dieser Niederlage wurde dem Ansehen Zápolya's ein Schlag versetzt, von dem er sich längere Zeit nicht erholte, und der auch Ursache war, dass sich in Ungarn nur geringer Widerstand gegen die Familienverbindung mit dem Hause Habsburg erhob.

Im Herbst 1515 traf in Ofen eine Gesandtschaft des Sultans Selim ein, der — eben im Kriege mit Aegypten begriffen — die Verlängerung des Waffenstillstandes dringend wünschte. Dem friedliebenden König war die Botschaft höchst willkommen, und das Land bedurfte des Friedens sehr; dennoch wollte man, ohne die Meinung des Papstes und des Kaisers eingeholt zu haben, in dieser Angelegenheit nicht entscheiden. Noch im vorigen Jahre hatte Papst Leo X. dem König 50.000 Ducaten versprochen, wenn er einen grösseren Feldzug gegen die Türken zu unternehmen gesonnen wäre, und 20.000 Ducaten zur Verstärkung der Grenzfestungen geschickt. Ausserdem erhielt der Bischof von Veszprim einen ansehnlichen Vorrath von Schiessbedarf nebst einigen Kanonen, und er, sowie Stephan Báthory je 2000 Ducaten, die sie zur Vertheidigung der Grenze verwenden sollten. Auf die An-

---

[10] Zápolya mag wohl die Absicht gehabt haben, Semendria zu belagern und führte deshalb einen grossen Theil der Kriegsausrüstung von Belgrad mit sich, deren Verlust sich später sehr unangenehm fühlbar machte.

frage, ob es gerathen wäre, den Waffenstillstand mit den Osmanen zu verlängern, antwortete der Papst am 27. Jänner 1516, man möge die Gesandten jetzt nicht geradezu abweisen, sondern mit Worten hinhalten und Zeit gewinnen, da er hoffe, die christlichen Fürsten zu einem Bündniss wider die Türken zu vereinigen. Der Kaiser — noch im Kriege mit Venedig — widerrieth bei den gegenwärtigen Umständen jedes Unternehmen gegen die Türken.

Noch dauerten die Unterhandlungen und Berathungen über die Annahme eines Waffenstillstandes fort, als Wladislav schwer erkrankte. Im Vorgefühle seines Todes setzte er zu Vormündern seines erst zehnjährigen Sohnes den Papst, den Kaiser und den König von Polen ein, und betraute mit seiner Erziehung den ernsten Johann Bornemisza und den leichtsinnigen Markgrafen Georg von Brandenburg, den Sohn seiner Schwester. Am 13. März 1516 starb König Wladislav II. im 61. Lebensjahre und im 16. Jahre seiner wenig rühmlichen Regierung.

Die Anordnungen des verstorbenen Königs über die Vormundschaft des erst zehn Jahre alten Königs Ludwig fanden in Ungarn wenig Anerkennung. Zápolya wollte die Wahl eines Gubernators durchsetzen, welche Würde er dann für sich erhoffte; doch traf der Reichstag mit Uebergehung der Vormünder die Verfügung, dass die Aufsicht über Ludwig wohl Bornemisza und Georg von Brandenburg belassen die Regierung aber unter dem Vorsitze des königlichen Knaben einem Staatsrathe übertragen werde, eine constitutionelle Regierungsform, die dem Staate kaum zum Heile gereichen konnte.

Elftes Capitel.

Kaiser Maximilian stirbt. — Die Unternehmung eines Kreuzzuges wird aufgegeben. — Kaiser Karl V. und Erzherzog Ferdinand. — Türkeneinfälle trotz des Waffenstillstandes. — Sultan Selim stirbt, Suleiman I. — Szabacs und Belgrad von den Türken erobert. — Tomori erhält den Oberbefehl im südlichen Ungarn. — Orsowa und Severin fallen. — Jajcze von Frangepan entsetzt. — Wirren in Ungarn. — 1516 bis 1525.

Obwohl in Ofen Friedensverhandlungen mit der Türkei gepflogen wurden, liess Sultan Selim noch im Frühjahre 1516 die festen Plätze Jajcze, Knin, Clissa und Skardona durch den Beglerbeg von Bosnien bedrohen, um den Ungarn die Abschliessung einer Verlängerung des Waffenstillstandes wünschenswert zu machen. Die Verhandlung hierüber oblag nun dem Reichstage, der zwischen der Nothwendigkeit, den Frieden zu erhalten, und dem Bestreben, den Wünschen des Papstes, der ihm entgegen war, nachzukommen, schwankend war. Nachdem der Reichstag noch einige Steuern zur Instandhaltung der Grenzfestungen ausgeschrieben hatte, schloss er doch endlich eine einjährige Verlängerung des Waffenstillstandes, in welchen jedoch Croatien, Dalmatien und der Besitz Ungarns in Bosnien nicht eingeschlossen waren. Da der türkische Gesandte nach Auflösung des Reichstages nicht gleich zurückgeschickt wurde, gerieth der Sultan so in Zorn, dass er auch den ungarischen Gesandten, Barnabas Bélay, wie einen Spion behandelte und ihn mit sich nach Aegypten führte.

Papst Leo setzte seine Bemühungen, die christlichen Mächte zu einem gemeinschaftlichen Zuge wider die Osmanen zu vereinen, fort und erhielt sowohl vom Kaiser wie vom König von Frankreich die Zusicherung, dass sich ihre Völker unter seiner Fahne scharen würden. Nachdem die Nachricht von der Besiegung Aegyptens (1517) die Besorgniss erregte, der Sultan werde nun seine ganze Macht gegen die christlichen Länder kehren, liess Leo für den Türkenkrieg Steuern einheben und einen Ablass ausschreiben. Den Augustinermönch Nikolaus Schönberg entsendete er nach Ungarn, um dort zu melden, was bisher zum Schutze der Christenheit geschehen sei, und zugleich die Ankunft eines Cardinals anzukünden, der die weiteren Entwürfe des Papstes überbringen werde.

Wider Erwarten erneuerte Selim seine Anträge auf Verlängerung des Waffenstillstandes abermals; der Staatsrath jedoch — vom Papste dringendst abgemahnt — liess diese Gelegenheit, Frieden zu schliessen, wieder unbenützt vorübergehen. Dies hatte zur Folge, dass die Streifungen der Türken an der Grenze nicht aufhörten und dass Mustafa, der Pascha von Zwornik, Jajcze wieder ernstlich bedrohte. Auf dem für Mai einberufenen Reichstage erschienen die Stände nur in sehr beschränkter Zahl. Die Croaten blieben der Türkengefahr wegen zu Hause und in Siebenbürgen nahm Zápolya die Aufforderung des Sultans an den Woywoden der Walachei, sich ihm zu unterwerfen, zum Vorwande, nicht zu erscheinen. Auch der Kaiser und der König von Polen riethen zur Annahme des Waffenstillstandes, der endlich, nachdem die Stände, ohne einen Entschluss zu fassen, sich zerstreut hatten, auf ein Jahr verlängert wurde. Um dem Ban von Croatien, dem Bischof Berisló, die zum Entsatz von Jajcze nöthigen Mittel zu gewähren, blieb nichts übrig, als von den Städten Steuern einzutreiben und Domänen zu verkaufen. Nikolaus Zrinyi, des Helden von Sziget Vater, und Franz Berisló, des Bans Bruder, führten den Entsatz von Jajcze glücklich durch, Mustafa selbst fiel im Kampfe.

Im Jänner 1518 brachte Cardinal de Vio den Feldzugsplan des Papstes Leo nach Ofen. Die Art der Geldbeschaffung wurde festgestellt. Der Kaiser mit dem König Emanuel I. von Portugal sollten die Osmanen von Aegypten aus, die Ungarn, Böhmen und Polen unter Sigismund's, des Königs von Polen Führung, von Ungarn aus angreifen, die Moldau und Walachei sich noch im Laufe des Jahres Kilia's und Silistria's bemächtigen. Nach langen und erfolglosen Berathungen über die Ausführung dieses Planes löste sich der Reichstag auf, trat aber im Juli zu Tolna wieder zusammen und beschloss zwar die zur Vertheidigung des Landes sowie die zum Beginn des Feldzuges nöthigen Massregeln, führte sie aber nur zum Theil und sehr lässig aus.[1])

---

[1]) Im Eingange zu den Beschlüssen des Tolnaer Landtages steht die für die Verhältnisse in Ungarn sehr bezeichnende Formel: »Ein jedes Land wird durch zwei Mittel aufrecht erhalten: das eine ist das Gesetz, das andere die bewaffnete Gewalt; in unserem Vaterlande fehlt es an beiden.« (Fraknói, Ungarn vor der Schlacht bei Mohács, 16.)

Inzwischen war der Plan des Papstes zur allgemeinen Heerfahrt wider die Türken in Folge der Reformbewegung auf kirchlichem Gebiete in Deutschland und des unerwarteten Ablebens des Kaisers Maximilian (den 12. Jänner 1519) vollkommen gescheitert.

In Ungarn musste nun in Folge der geänderten Verhältnisse der Waffenstillstand, den Bélay bei der Pforte ausgewirkt hatte, obwohl die Bedingungen nichts weniger als ehrenvoll waren, angenommen werden. Drei Jahre lang verpflichteten sich Ungarn und die Türkei, ihre gegenseitigen Länder zu schonen. Den christlichen Mächten steht es frei, binnen Jahresfrist dem Waffenstillstand beizutreten; unterliessen sie es aber, so darf der König von Ungarn den osmanischen Truppen den Durchzug durch sein Gebiet nicht verwehren. Ragusa, die Moldau und Walachei blieben wie bisher beiden Theilen tributpflichtig.

Im Jahre 1519 wurde in Ungarn auch der Regentschaftsrath beseitigt und Stephan Báthory zum Palatin gewählt, was zu einem auf die Verhältnisse des Landes höchst ungünstigen Zerwürfniss zwischen ihm und Zápolya Anlass gab.

Ungeachtet des Waffenstillstandes benützten die türkischen Befehlshaber die Vernachlässigung der Grenzgebiete zu verheerenden Einfällen. Alle Bestrebungen des Staatsrathes im Frühjahr 1520 den auf die Vertheidigung der Grenzen abzielenden Anordnungen des Tolnaer Reichstages Geltung zu verschaffen, blieben erfolglos. Die osmanischen Horden unter den Paschas von Semendria und Vrbosna besetzten zu Ende des Jahres die festen Plätze Srebrenik, Teschani und Sokol, welche ihr Commandant Thomas Matusnay verlassen hatte, ohne sie genügend mit Besatzung und Proviant zu versehen; entgegen der Zusicherung freien Abzuges wurden die Besatzungen niedergehauen. Auch die Festung Knin in Dalmatien wurde eingenommen und niedergebrannt. Unweit Bihács an der Korana wurde der tapfere Bischof Berisló treulos überfallen und ermordet.

In Deutschland wurde Karl, der älteste Enkel Maximilian's, der bereits im Besitze der spanischen Länder sowie der Niederlande war, zum Kaiser gewählt. Dieser überliess die österreichischen Besitzungen seinem Bruder Ferdinand, welcher sich Anfangs des Jahres 1520 mit der Schwester Ludwig's, Anna, vermählte. Die Hoffnungen, welche man in Ungarn an dieses Ereigniss knüpfte, erfüllten sich nicht; die nahen Beziehungen, in denen Ludwig zum Kaiser stand, verschafften ihm die erwartete Hilfe nicht und erhöhten auch sein Ansehen im eigenen Lande kaum.

Unterdessen war der ländergierige Sultan Selim am 20. September 1520 gestorben. Die Hoffnungen, welche man an den Tod desselben knüpfte, giengen nicht in Erfüllung, denn kaum hatte sein Sohn und Nachfolger Suleiman I. die Regierung angetreten, als er einen Behram Tschausch (Staatsboten) nach Ofen sandte, um von Ungarn Tribut zu fordern, und wenn dieser verweigert würde, mit Krieg zu drohen. Um seinen Forderungen Nachdruck zu geben, befahl er dem Pascha von Vrbosna, sogleich Jajcze zu belagern; Peter Keglević gelang es, den Angriff abzuwehren. Wenn auch an den Grenzen die Waffen nie ganz ruhten und ohne Vorwissen des Sultans und des Königs unternommene Raubzüge nicht als Friedensbruch angesehen wurden, so war doch dieser auf Befehl des Sultans ausgeführte Zug und die Forderung des Tributes eine Beleidigung, die nicht geduldig hingenommen werden konnte. Bei der gänzlichen Aussichtslosigkeit auf Hilfe von aussen hätte man den Gesandten des Sultans wenigstens so lange hinhalten sollen, bis das Land einigermassen gerüstet gewesen wäre; statt dessen warf man in Nachahmung der türkischen Sitte den Ueberbringer der beleidigenden Botschaft in den Kerker und machte den sofortigen Ausbruch des Krieges unvermeidlich. Der Zorn des Sultans wurde noch gesteigert, als sich in Constantinopel die Nachricht verbreitete, der Behram Tschausch wäre ermordet worden.

Bei der Aussicht, Ungarn werde den Kampf mit den Osmanen diesmal allein ausfechten müssen, wurde im April 1521 ein Staatsrath abgehalten, um Vorkehrungen für den bevorstehenden Krieg zu treffen, namentlich aber die beiden Hauptbollwerke des Landes, Belgrad und Szabacs, in Vertheidigungsstand zu setzen.

Die Bane von Slavonien, Franz Hedervary und der noch unmündige Valentin Török, der dieses Amt nach seines Vaters Tode erhalten hatte, ebenso dessen Vormünder, welche das Vertrauen der Regierung nicht genossen, verweigerten Belgrad in die Hände des Königs zu übergeben, und forderten ungestüm die Rückstellung der zur Erhaltung der Besatzungen bereits aus Eigenem verausgabten Summen. Sie wollten nicht, dass der zum Befehlshaber von Belgrad auserschene Andreas Báthory Verstärkungen hinführe, denn Mannschaft wäre dort genug, man möge die Festungen nur mit Geld, Lebensmitteln, Geschützen und Munition hinlänglich versehen. Szabacs hatte nur 100, Belgrad, Ungarns Hauptbollwerk an der Donau, nur 700 Mann verlässliche Besatzung; beiden fehlte es an Munition, und die Belgrad entnommenen Geschütze, welche Zápolya bei seinem unglücklichen Zuge gegen Semendria (1515) verloren hatte, waren seither noch nicht ersetzt worden.

Nachdem der Staatsrath den Anforderungen der Bane nicht entsprechen konnte, überliessen diese ihren Untergebenen die Hut der ihnen anvertrauten Festungen und zogen sich auf ihre Landsitze zurück. Den Schiffsleuten auf den Kriegsfahrzeugen der Donau, die seit drei Jahren keinen Sold erhalten und auf Raub angewiesen waren, konnte man es nicht verübeln, dass sie nach Ofen kamen, und, als man sie dort mit Worten vertröstete, mit ihren Schiffen wieder hinab fuhren und sich zerstreuten. Da alles blieb wie zuvor, ist es wahrscheinlich, dass der in Parteien zerfallene Staatsrath zu keinem Beschlusse kommen konnte und sich auflöste, ohne etwas zur Rettung des Vaterlandes angeordnet zu haben. Während an der Grenze der Krieg schon entbrannt war, dachte man am Hofe zu Ofen nur an Vergnügungen.

Mitte Februar 1521 war Sultan Suleiman von Constantinopel aufgebrochen; in Sophia stiess Ferhadpascha mit grossen Vorräthen an Munition und Kriegsgeräthen, dann 30.000 Kameelen, welche in Asien zusammengetrieben und dem Heere über dem Bosporus nachgezogen waren, zum türkischen Lager; die christliche Bevölkerung der europäischen Sandschake musste die Lebensmittel liefern, mit welchen die Kameele beladen wurden. Von Nissa aus wurde Achmedpascha, der Beglerbeg von Rumili, voraus gegen Szabacs gesendet. Von den Rennern und Brennern, in zwei Haufen getheilt, gieng einer, von Mohammed Michaloghli befehligt, gegen Siebenbürgen, während der andere, von Omarbegoghli angeführt, dem Lager des Sultans vorauszog. Mit 1000 Janitscharen, den Sipahis und Asaben wandte sich der Grossvezier Piripascha gegen Belgrad, während Sulciman selbst der Heeresabtheilung Achmedpascha's gegen Szabacs folgte.

Die Kunde vom Aufbruche des Sultans gegen Ungarn weckte endlich dessen Regierung zu grösserer Thätigkeit. Ende Juni wurde zu Ofen ein Reichstag gehalten, der den Bannerherren und Gespanschaften anbefahl, ihre Kriegsmannschaften unverzüglich nach Tolna, wo das Heer sich sammeln sollte, abgehen zu lassen und die Mittel zu beschaffen, damit auch der König Truppen hinführen könne. An den Papst und alle christlichen Mächte wurde über die drohende Gefahr berichtet und um Hilfe gebeten. Erzherzog Ferdinand sandte 3000 Mann, König Sigismund von Polen 2000 Mann Fussvolk und 500 Reiter; nur Böhmen zeigte eine schimpfliche Gleichgiltigkeit, die Stände waren taub für den Hilferuf ihres Königs, und die Krieger traten, trotz dessen Verbotes, lieber in den Dienst des Königs Franz von Frankreich wider Kaiser Karl V., weil dieser ihnen mehr Sold zahlte, als Ludwig gewähren konnte. Venedig sandte 30.000 Ducaten. Alle Hilfe von auswärts kam aber zu spät. Erst einige Tausend Ungarn befanden sich im Lager zu Tolna, da war Szabacs schon erobert und Belgrad hart bedrängt.

Als Achmedpascha vor Szabacs anlangte, führte dort anstatt der beiden Sulyok, die ihren Posten verlassen hatten, der tapfere Simon Bogody den Befehl; er schwur, mit seiner Mannschaft den ihm anvertrauten Platz bis zum letzten Athemzuge zu vertheidigen, und hielt seinen Eid. Am 7. Juli, als die Mauern in Schutt geschossen und die Gräben mit Faschinen angefüllt waren, versuchte die auf 60 Mann zusammengeschmolzene Besatzung noch einen Ausfall und erwartete dann den Sturm, der allen das Leben kostete; aber auch 700 Türken fielen vor den Mauern des Platzes. Als Suleiman am folgenden Tage in denselben einzog, waren die Köpfe der Vertheidiger längs des Weges auf Pfähle gesteckt.

Sulciman liess Szabacs verstärken und befahl, eine Brücke über die Save zu schlagen, um nach Syrmien zu kommen. Er selbst mit allen Agas des Heeres und des Hofes überwachten mit Stöcken in der Hand die Arbeiter. Neun Tage lang ward an der Brücke gearbeitet, während welcher Zeit die Nachricht einlief, dass Semlin in die Hände der Grossveziers gefallen wäre, dass die Schlossfrau von Kulpinić (Kulpin an der Bega?) ihr Schloss verlassen habe, und dass Jahjapascha's Sohn, Balibeg, auf einem Streifzug ein Paar Schlösser erobert und 60 Köpfe abgeschlagen habe. Am zehnten Tage — den 19. Juli — stand die Brücke, 1800 Ellen lang, zum Uebergange für das Heer bereit, doch wurde sie durch Hochwasser wieder zerstört, so dass man erst den 27. Juli den Fluss übersetzen konnte.

Einen Monat lang war der Grossvezier bereits vor Belgrad gestanden, wo Blasius Olah und Johann Both befehligten, als Suleiman am 1. August vor der Festung erschien. Schon früher hatten zwei serbische Ueberläufer dem Grossvezier verrathen gehabt, dass der schwächste Theil der Mauern am Zusammenfluss der Donau und Save wäre, weshalb er, um schweres Geschütz dieser Stelle gegenüber auf der Kriegsinsel aufführen zu können, Semlin nehmen liess, wobei Markus Szkubić mit 400 Schiffsleuten ihren Tod fanden. Schon am Tage seiner Ankunft befahl der Sultan einen Sturm auf Belgrad, bei dem 600 Mann unnütz geopfert wurden.

Am 8. August eröffneten die Türken von drei Seiten Angriffe auf die Stadt; alle wurden zwar mit grossem Verluste für die Angreifer abgewiesen, die ungarische Besatzung war dabei aber auch schon auf 400 Mann zusammengeschmolzen und sah sich zum Rückzug in die obere Festung genöthigt, wohin ihr die Serben — von den Befehlshabern nur widerwillig aufgenommen — folgten. Diese vertheidigten nun heldenmüthig das Bollwerk der Christenheit und hatten schon mehr als 20 Stürme abgeschlagen, als Suleiman auf eines französischen oder italienischen Renegaten Vorschlag den grössten Thurm der Stadt, von den Ungarn der »Meilenthurm« — »Milliaria« — genannt,[2] unterminieren und sprengen liess. Auf Andrängen der serbischen Einwohner ergab sich nun die Besatzung, welche alle Hoffnung auf Rettung aufgegeben hatte, nach 50tägigem Widerstande am 28. August gegen Zusicherung freien Abzuges. Wie schon oft, wurde das gegebene Versprechen nicht eingehalten. Olah und Both mit den meisten Ungarn wurden niedergehauen, die Serben aber in der Umgebung von Constantinopel angesiedelt, wo noch heute ein Dorf den Namen »Belgrad« führt. Zur Wiederherstellung der eroberten Festung wurden 20.000 Walachen aufgeboten, als Besatzung blieben daselbst 3000 Janitscharen unter Balibeg's Befehl. Mit dem Falle Belgrads kamen auch die syrmischen Schlösser, darunter Slankamen, Mitrowitz, Carlowitz und Illok in die Hände der Türken, die sie nicht besetzten, jedoch zum Theil zerstörten.

Während der Belagerung von Belgrad und Szabacs hatte Báthory in Tolna einige tausend Mann versammelt, Zápolya aber, auf dessen Zuzug man sehnlichst wartete, kam nicht, entweder weil ihn die Ereignisse in der Walachei festhielten, oder weil er sich mit seinem Feinde, dem Palatin, nicht vereinigen wollte.[3] Báthory war zwar mit seinen wenigen Truppen bis Mitrowitz vorgerückt, Szabacs aber war bereits gefallen. Er musste vor dem Pascha von Bosnien, der mit 17.000 Mann gegen Syrmien heranzog, zurückweichen und sah aus dem Lager bei

---

[2] Serben und Türken nennen den Thurm »Neboise« (Fürchte nicht!). Der »Meilenthurm« — wohl so genannt, weil aus grosser Entfernung sichtbar — muss an der Umfassungsmauer der oberen Festung gestanden sein, und ist wohl schon lange durch späteren Umbau derselben verdrängt worden. Irrthümlich wird jetzt ein Thurm am Wasser »Neboise« genannt.

[3] Die Aeusserung des venetianischen Gesandten: »Der Vayda (Zápolya) würde nicht danach fragen, wenn das Land verloren gienge, damit er Gelegenheit fände, es mit Hilfe Siebenbürgens wieder zu gewinnen und sich zum König aufzuwerfen,« macht das letztere wahrscheinlich.

Titel der Einnahme von Belgrad und der Verheerung des Landes müssig zu.

Nachdem Suleiman, dessen Heer durch Kämpfe und Krankheiten stark gelitten hatte, Belgrad mit 200, Szabacs mit 20 neuen Geschützen ausgerüstet, in beiden Plätzen Obrigkeiten eingesetzt, die Belgrad gegenüberliegenden Auen ausgerodet und das schon früher auf den Höhen südlich der Stadt zur Beobachtung von Belgrad erbaute Schloss Avala verstärkt hatte, kehrte er nach Constantinopel zurück.

Mohammedbeg, der sich vom Haupttheere Suleiman's gegen Siebenbürgen abgetrennt hatte, gelangte nur in die Walachei, wo er unumschränkt herrschte. Er bemächtigte sich des siebenjährigen Sohnes des verstorbenen Woywoden und sandte ihn nach Constantinopel. Die Bojaren wählten nun einen gewesenen Mönch, Radul, zum Fürsten. Die an den Sultan mit der Bitte um seine Bestätigung gesandten Abgeordneten wurden erwürgt, ihre Diener mit abgeschnittenen Ohren und Nasen zurückgesendet. Mohammed schlug nun Radul und erklärte die Walachei als Sandschak (Statthalterschaft). Als das Land Zápolya's Hilfe erbat, verständigte sich Mohammedbeg mit den Bojaren, der türkische Abgeordnete aber, welcher Radul die Insignien der Fürstenwürde überbringen sollte — Fahne, Haube und Keule — erschlug ihn mit letzterer gelegentlich der Investition. Ein zweiter Radul, ein Verwandter Bessaraba's, kämpfte nun bei Glubavy und Kleschau anfangs mit Glück um die Herrschaft; in einem dritten Gefecht geschlagen, wandte er sich an Zápolya um Hilfe. Mit ungarischen Truppen schlug nun Radul in einem Treffen, das vom Morgen bis zum Abend währte, bei Grumatz den Mohammedbeg, wurde aber dann selbst geschlagen und zur Flucht nach Siebenbürgen genöthigt. Nun rückte Zápolya mit 30.000 Mann in die Walachei ein und setzte Radul wieder auf den Fürstenthron, während Mohammedbeg sich über die Donau zurückzog. Zápolya unterstützte Radul nicht weiter und gab ihm den Rath, sich mit der Pforte auszugleichen, den er auch befolgte.

Nach dem Verluste Belgrads war es in Ungarn wohl auch der Ausfluss einer augenblicklichen patriotischen Aufwallung, wenn man auf dem Reichstage, Ende 1521, mit Beiseitesetzung alles Parteihaders, sich mit der Beschaffung der Mittel zur Vertheidigung des Landes befasste und die Ernennung eines tapferen und kriegserfahrenen Mannes zum Obercapitän im südlichen Ungarn verlangte. Die Wahl fiel auf Paul Tomori, der sich sowohl in den Kämpfen gegen die Türken, wie gegen die aufständischen Bauern hervorgethan hatte. Der rasch aufeinanderfolgende Tod zweier Bräute war Tomori wie eine Mahnung

Gottes erschienen, seine kriegerische Laufbahn zu verlassen und in den Orden der Franciscaner zu treten. Als ihn nun die gefahrvolle Lage des Landes aus seiner Einsamkeit rief, verlangte der Adel seine Ernennung zum Obercapitän und zugleich zum Erzbischof von Kalocsa; doch weigerte er sich lange, diese hohe Stellung anzunehmen, und fügte sich erst dem Befehle des Papstes Hadrian VI., der seinem 1521 verstorbenen Vorgänger Leo X. auf dem römischen Stuhle gefolgt war.[4])

Die Erklärung des Königs, im Frühjahr einen Feldzug zur Wiedereroberung Belgrads unternehmen zu wollen, wurde mit Begeisterung aufgenommen; nahezu unerschwingliche Steuern wurden bewilligt, eine allgemeine Insurrection und die Aufstellung eines stehenden Heeres in Aussicht gestellt. Von den Steuern floss aber wenig ein, und die Insurrection kam nicht mehr zu Stande, als keine augenblickliche Gefahr drohte, weil der Sultan 1522 Rhodus belagerte.[5])

Auf eine wesentliche Unterstützung von auswärts konnte Ungarn in einem Kriege gegen die Osmanen nicht rechnen. Der erbitterte Kampf Kaiser Karl's V. mit Franz I. von Frankreich, der später, 1525, mit der Gefangennahme des Letzteren endete — zunächst wohl um die Herrschaft in Italien, in der That aber um die Erhaltung des Kaiserthums geführt — wurde dem Kaiser aufgedrungen. Franz I. strebte nach dem Kaiserthrone, für welche die Herrschaft über Italien nur die erste Stufe gewesen wäre. Karl V. hätte daher auch durch Verzicht auf Italien seine Macht für die Erhaltung Ungarns nicht einsetzen können. Franz I. scheute sich nicht, den Sultan zum Kriege wider die Ungarn zu reizen, um den Erzherzog Ferdinand, dessen Länder hiedurch ebenfalls gefährdet waren, festzuhalten.[6]) Auch das Ueberhandnehmen der Reformation in Deutschland war mit Ursache, dass der Plan eines Türkenkrieges, weil von Rom ausgehend, sich dort keiner Volksthümlichkeit erfreute.

[4]) Adrian von Utrecht — Papst Hadrian VI. — war früher Professor an der Universität zu Löwen und Lehrer Kaiser Karl's V., durch den er auch in diese hohe Stellung gelangte. »Einen würdigeren Mann«, sagt Ranke, »hatte die Papstwahl lange nicht getroffen. Sein Streben gieng dahin, einen Waffenstillstand, wenn nicht einen Frieden zwischen dem Kaiser und König Franz I. herbeizuführen, um indessen einen Feldzug gegen die Türken unternehmen zu können.«

[5]) Erst nach sechsmonatlicher Vertheidigung durch die Johanniter wurde Rhodus eingenommen.

[6]) Franz I. wandte sich aus seiner Gefangenschaft zu Madrid an den Sultan um Hilfe und bediente sich, während er mit Karl V. um seine Freilassung verhandelte, Frangepan's als Unterhändler, um den Sultan zu einem Angriffe auf Ungarn zu verleiten, durch den er den Kaiser am empfindlichsten zu treffen meinte.

Wenn auch auf dem Reichstage zu Nürnberg im März 1522 über eine Türkenhilfe berathen wurde, und der Kaiser auf die zum Römerzuge bewilligten Gelder verzichtete, so war das Ergebniss doch nur, dass im Mai nächsten Jahres 4000 Mann Fussvolk und 20 Geschützmeister nebst 100 Centner Pulver nach Ungarn abgeschickt werden sollten; ob sie auch hinkamen, ist nicht bekannt.

In Voraussicht, dass die Türkeneinfälle demnächst auch wieder die österreichischen Erbländer überschwemmen würden, verlangten die Krainer Stände schon im Jänner 1520 die Besetzung des croatischen Landstriches zwischen der Una und Kulpa zur Sicherung des eigenen Landes, und die Befestigung des Hauptschlosses zu Laibach sowie der Städte Möttling und St. Veit am Pflaum (Fiume). Als nun Suleiman im Jahre 1521 den Feldzug gegen Ungarn eröffnete, berieth man auf dem Landtage zu Krems über die Widerstandsmittel der Erblande; vergeblich aber verlangte der kaiserliche Commissär die Verdoppelung der bisher dafür bestimmten Auflagen. Man organisierte in Krain auch einen Kundschaftsdienst, der sich bis Bosnien erstreckte und die Nachrichten von Einfällen schleunigst weit in das Land hinein ausbreiten sollte. Auch sonstige Vorkehrungen zur Vertheidigung wurden getroffen, die sich bald als nicht überflüssig erwiesen, denn schon jetzt waren kleinere Raubzüge an der Tagesordnung.

Im Frühjahr 1521 fiel eine grössere Raubschar aus Bosnien durch Croatien in Krain ein, ermordete am Palmsonntag in der Kirche zu Slavin in der Poik den Priester am Altare nebst vielen Andächtigen, streifte dann durch drei Tage über Adelsberg, Zirknitz und Reifnitz nach Gottschee, und kehrte mit Beute beladen über Croatien zurück. Die vom Krainer Landtage beschlossenen Vertheidigungsmassregeln erwiesen sich als ungenügend, stiessen auch bei der Bevölkerung auf Widerstand und konnten einen ähnlichen Raubzug im Frühjahr des nächsten Jahres nicht verhindern, wobei die Umgebung von Möttling besonders litt.[7]

Diese Einfälle nach Krain sowie auch nach Dalmatien veranlassten den Erzherzog Ferdinand, zur Sicherung seiner eigenen Länder die auf das Aeusserste bedrohten croatischen Grenzorte mit österreichischen Truppen (3000 Mann unter dem Oberbefehl des Feldhauptmannes in Laibach, Katzianer) zu besetzen. Es waren daher auch österreichische

---

[7] Der Landescomthur des Deutschen Ordens zu Möttling schrieb damals: »Im Lande Krain, zumal in der Gegend von Möttling, sei nichts anderes zu vermuthen, als dass der Türke dort bald alles Volk in ewige Gefangenschaft hinwegtreiben werde.« (Dimitz, Geschichte Krains, I, 107.)

zur Rechenschaft zu ziehen. weiters wären ausser den Banderien durch die Magnaten noch zahlreiche Truppen zu erhalten. alle Edelleute hätten persönlich in das Feld zu ziehen und alle ihre Unterthanen zu bewaffnen, um ein fünftel, im Nothfalle alle in das Lager zu schicken; für Siebenbürgen und Slavonien wären die bisher üblichen Anordnungen beizubehalten; in der Leitung der Truppen wolle der König auf den Rath erfahrener Männer achten und an die Spitze des Heeres einen oder mehrere bewährte Führer stellen. Ferner meinten die Stände, dass durch die gefassten Beschlüsse das königliche Ansehen unverletzt aufrecht erhalten bliebe, und dass sie die Einnahmsquellen bezeichnet hätten, welche zur Deckung aller Bedürfnisse vollkommen ausreichten. Schliesslich baten sie den König, er möge seine Macht gebrauchen, denn wenn eine Gefahr das Land ereile, dann belaste nicht sie die Verantwortlichkeit.

Der König antwortete hierauf, dass er die Aeusserungen ihres guten Willens gerne entgegennehme und bereit sei, alles zu thun, was in seiner Macht stehe. Allein die Vertheidigung des Landes und die Aufrechthaltung der königlichen Autorität erfordert Geld, und die Stände hätten den Wert der königlichen Einkünfte weit überschätzt: er werde thun, was er im Stande ist, aber Unmögliches kann man von ihm auch nicht verlangen. Deshalb verwahre er sich dagegen, dass beim Hereinbrechen einer Landesgefahr ihn keine Verantwortung belaste.

In seinen Berichten nach Rom sagt Baron Burgio: »Eine solche Komödie spielen der König und seine Unterthanen mit einander.« Nicht mit Unrecht schildert Burgio die Lage des Landes als völlig hoffnungslos und meint, der Papst wäre kaum in der Lage, dem Lande die zu seiner Vertheidigung nöthigen Mittel zu geben; wenig zu geben, heisse so viel, wie das Geld zum Fenster hinauswerfen; wenn der Papst in der Lage wäre, 200.000 Ducaten zu senden, so würde das vielleicht zur Vertheidigung des Landes ausreichen und er würde damit sicher eine ruhmvolle That ausführen, könne er es aber nicht, so möge er ihn unter passendem Vorwande abberufen, um nicht Zeuge der unvermeidlich hereinbrechenden Katastrophe sein zu müssen. Die noch in seinen Händen befindlichen Geldsummen wären dem Erzbischof von Kalocsa zur Verfügung zu stellen, um ihn zur Beibehaltung des Obercommandos zu bewegen und Peterwardein in Vertheidigungszustand zu setzen; Tomori sei die bedeutendste Persönlichkeit im ganzen Lande. und Peterwardein dermalen der wichtigste Platz in selbem.

Abermals bestimmte der Papst 50.000 Ducaten für die dringendsten Auslagen, auch widmete er alle in Ungarn für Rom eingehenden Taxen der Vertheidigung des Landes, und gestattete nicht nur die Besteuerung, sondern auch den Verkauf von Kirchengütern. Auch ein Ablass für die Kämpfer gegen die Ungläubigen wurde erlassen und Säumige mit Kirchenstrafen bedroht. Tomori's Ernennung zum Obercapitän der römischen Kirche änderte nichts an seiner Stellung.

Seit dem Tode des Königs Mathias geschah in Ungarn alles, um die königliche Macht zu schwächen, und als man sich nicht mehr zu helfen wusste, übertrug man die volle Herrschergewalt wieder dem König und machte ihn verantwortlich für die Erfolge. Ein fest entschlossener und einsichtsvoller Fürst wäre vielleicht im Stande gewesen, die verworrenen Zustände zu bessern, in der Hand des Königs Ludwig aber, der seine sorglose Lebensweise auch jetzt noch fortsetzte, war die königliche Gewalt ein nutzloses Werkzeug. Die Königin Maria bemühte sich, die Staatsgeschäfte immer mehr in die Hand zu nehmen. ihre gute Absicht kann nicht bezweifelt werden, auch fehlte es ihr nicht ganz an Einfluss auf ihren Gemahl, allein sie kannte die Verhältnisse und die Menschen nicht genau, hatte für die Eigenthümlichkeiten der Ungarn wenig Verständniss, und begieng manche Missgriffe, die man der wenig beliebten Fürstin doppelt übel nahm.

Die Wahl eines Feldherrn beschäftigte den König und dessen Umgebung lebhaft, man konnte aber zu keinem Entschlusse kommen. Unter den weltlichen Herren wäre nur Zápolya die Fähigkeit zur Führung eines grösseren Heeres zuzumuthen gewesen, und er machte auch Anspruch auf die Stelle eines obersten Führers, allein am Hofe hatte man kein Vertrauen zu ihm und wollte ihn übergehen. Um ihm weniger Grund zu einer Beschwerde zu geben, dachte man an einen auswärtigen Feldherrn und wandte sich an Niklas Salm, einen Feldherrn des Kaisers; dieser entschuldigte sich mit seinem Alter, thatsächlich aber scheute er sich, eine Aufgabe zu übernehmen, die mit so schwerer Verantwortung so wenig Aussicht auf Erfolg hatte. Auch an Christoph Frangepan wandte man sich vergeblich; er konnte die ihm angethane Schmach nicht vergessen und sah nicht ohne Schadenfreude den Eintritt der folgenden Katastrophe.[3]

Am 2. Juni erklärte der König den in Ofen anwesenden Magnaten und Gesandten fremder Mächte, dass er persönlich ins Feld ziehen möchte, allein er könne sich nicht rühren, weil ihm 30.000 Gold-

---

[3] In einem Briefe Frangepan's vom 5. September 1526, also wenige Tage nach der Niederlage der Ungarn, sagte er: »Wenn die Ungarn den Türkenkaiser besiegt hätten, wer könnte unter ihnen leben, oder eine Stellung unter ihnen annehmen? Wann wird ihr Hochmuth ein Ende nehmen?«

gulden zur Aufstellung und Ausrüstung seines Banderiums fehlten. Burgio erbot sich, 500 Gulden aus eigenem beizusteuern, wenn sich ausser ihm noch 59 Personen zu gleichem Opfer bereit fänden; so wurde gerade nur der verlangte Betrag aufgebracht. Die Verkündung einer allgemeinen Erhebung wurde nun beschlossen und der König erklärte, am 2. Juli in Tolna eintreffen und das Heer persönlich gegen die Türken führen zu wollen. So tief war das Ansehen des Königs schon gesunken, dass er, während Bischöfe und Magnaten in Ueppigkeit strotzten und sich aller einträglichen und einflussreichen Stellen im Staate bemächtigt hatten, fast auf Almosen angewiesen war.

Die vom Papste genehmigte Verwertung der Kirchengüter entsprach den gehegten Erwartungen nicht; die Durchführung derselben geschah zu spät und mit zu wenig Gewissenhaftigkeit, um die nachfolgenden Ereignisse wesentlich beeinflussen zu können. Einzelne Forderungen wurden befriedigt. So erhielten die Tschaikisten in Peterwardein und die Besatzung von Jajcze je 3000, einige Capitäne 6000 Gulden, Graf Hardegg wurde mit 5000 Gulden zum Einkaufe von Waffen nach Wien geschickt. Abgesandte des Palatins, der zur Vertheidigung der Drau-Linie nach Essegg abgegangen war, sowie jene der Besatzungen von Peterwardein, Temesvár, Klissa und noch von anderen Orten mussten nach langem Warten in der Regel unbefriedigt abziehen. Auch die Ausrüstung des königlichen Banderiums begegnete wieder Schwierigkeiten, und der König wandte sich abermals an den Nuntius, als dieser 25.000 Ducaten erhalten und den Kämmerer Hannibal von Karthago zur Anwerbung von Söldnern nach Mähren geschickt hatte. Der Anforderung des Königs entsprach diesmal Burgio aber erst, nachdem er sich einen Schuldschein ausstellen liess, in dem König Ludwig sich verpflichtete, alle vom Papste erhaltenen Beträge zurückzuzahlen, im Falle der unter seiner Anführung geplante Feldzug nicht stattfinden sollte.

Unterdessen war der Sultan, nachdem er die Gräber seiner Ahnen besucht hatte, Montag, den 23. April (einem nach türkischem Gebrauche besonders günstigen Tage), mit mehr als 100.000 Mann und 300 Kanonen von Constantinopel aufgebrochen. Der Marsch der türkischen Truppen zeichnete sich durch strenge Mannszucht und grosse Ordnung aus; bei Lebensstrafe war es verboten, die Saaten zu betreten, Pferde hineinzutreiben oder sie ihrem Besitzer wegzunehmen. An den Rasttagen wurde Divan gehalten, an einem derselben wurden die moldauischen Gesandten, welche den Tribut brachten, vorgestellt. Starke Regengüsse machten den Marsch über den Hämus sehr beschwerlich. Um das Gedränge im Passe der Trajanspforte nicht zu vermehren, musste die anatolische Reiterei, die in Philippopel zum Heere des Sultans stiess, durch den nördlich gelegenen Pass von Isladi ziehen. Im Lager bei Sophia trennte sich der Grossvezier Ibrahim[4]) vom Sultan, indem er vorauszog.

Sobald in Ofen sichere Nachrichten über die Annäherung des Sultans eintrafen, beschloss der Staatsrath, dass der erste Versuch zur Abwehr an der Save unternommen werden sollte. Dem Palatin, mehreren Prälaten, Magnaten und Comitaten wurde in der zweiten Hälfte Juni der Auftrag ertheilt, ihre Banderien unverzüglich in Tomori's Lager zu führen, um sie an der Grenze verwenden zu können. Allein der Erfolg entsprach nicht den Erwartungen. Viele zögerten auch jetzt noch, die Opfer zu bringen, welche die Ausrüstung und Absendung der Banderien erheischten; sie bezweifelten die Wirklichkeit der Gefahr und verbreiteten das Gerücht, der Sultan wage nicht, die Save zu übersetzen, ja, es fanden sich auch solche, welche die verlassene Lage Tomori's mit Schadenfreude erfüllte. Nur der Abt von Szegszárd, dann Valentin Török und Blasius Raskay erschienen persönlich; der Graner Erzbischof und sein Domcapitel, sowie der Bischof von Fünfkirchen schickten einige Hundert Bewaffnete.

Tomori legte ein besonderes Gewicht auf das Erscheinen des Palatins, der als erster Bannerherr des Landes den Ständen mit gutem Beispiel vorangehen sollte. Báthory beeilte sich aber nicht und gab auf wiederholte Aufforderung des Königs, sich an die Grenze zu begeben, zur Antwort, er könne nur an der Spitze eines seiner Stellung entsprechenden Heeres ins Feld ziehen, mit Bauernvolk erscheine er nicht im Lager. Anstatt an die Save zu gehen, kam Báthory Anfangs Juli nach Ofen und verlangte, dass der König sich persönlich an die Spitze des Heeres stelle, da sonst der Adel nicht zu den Waffen greifen würde.[5])

Tomori's Entrüstung erreichte damals ihren Höhepunkt, und er gab dieser Empfindung in seinen Briefen auch rückhaltlos Ausdruck. Das Land stand dem Feinde offen, ein Heer, welches ihn hätte aufhalten können, war nicht vorhanden, und die Festungen auf seinem Wege befanden sich in einem Zustande, der sie zu längerem Wider-

---

[4]) Ibrahim war der Sohn eines Fischers an der Ostküste des Adriatischen Meeres. Von Seeräubern geraubt, gelangte er seiner Schönheit und seiner musikalischen Talente wegen in den Besitz des Sultans Suleiman; mit Gunstbezeugungen überhäuft, wurde er dessen Vertrauter, Freund und endlich als Grossvezier dessen Schwager. Durch seinen Uebermuth die Eifersucht des Sultans hervorrufend, wurde er aber 1536 im Serail erwürgt.

[5]) Es scheint, dass dem Palatin, dem man kein Vertrauen schenkte, auch der Gehorsam versagt wurde.

stande unfähig machte. Das ehemals feste Slankamen lag in Ruinen Für das Schloss Titel ernannte der König zwei Schlossvögte, gab ihnen aber weder Geld noch Waffen; der Nuntius gab ihnen noch 1500 Gulden, um 100 Fusssoldaten anzuwerben. Peterwardein endlich, der wichtigste feste Platz, der seit dem Falle Belgrads und Severins als der Schlüssel des Landes angesehen wurde, war bis in die jüngste Zeit vernachlässigt und wurde erst von Tomori, der es als Hauptquartier wählte, in Vertheidigungszustand gesetzt.

In weitem Bogen von der Donau umspült, liegt Peterwardein auf dem bei 200 Fuss hohen Ausläufer des Fruska-Gora-Gebirges, das an der Westseite gegen den Strom steil abfällt, und nur an der Südseite vom Gebirge aus dem Feinde eine schmale Angriffsfront bietet. In dem unter der Festung angesiedelten Stadttheil befand sich die Hauptstation der Tschaikisten — aus Serbien und den unteren Donaugegenden vor der türkischen Herrschaft geflüchteter Leute, welche früher als Bemannung der Donauflotille unterhalb Belgrads verwendet wurden. Unregelmässig besoldet und an Allem Mangel leidend, hatten sich die Tschaikisten zerstreut und konnten jetzt nur mehr mit Mühe in der Stärke von ungefähr 1000 Mann gesammelt und neu organisiert werden.

An der Morava traf der Sultan wieder mit dem Grossvezier zusammen und ertheilte ihm den Befehl, mit 40.000 Mann voraus gegen Peterwardein aufzubrechen. Balibeg, der Befehlshaber in Belgrad, hatte den Befehl, eine Brücke über die Save zu schlagen; heftige Regengüsse verzögerten die Arbeit. Als die Brücke in der zweiten Hälfte Juni fertig war, zog Balibeg über dieselbe und schlug bei Semlin sein Lager auf. Wenige Tage später traf der Grossvezier vor Belgrad ein, wo die Sandschak-Bege von Bosnien und der Herzegowina, sowie eine von Janitscharen besetzte Donauflotille von 800 Schiffen unter Michaloghli, Iskenderogbli und Taschibeg sich mit ihm vereinten. Am 11. Juli übersetzte auch der Grossvezier den Fluss. Am 15. Juli, dem Bairamfeste, gerade drei Monate nach seinem Aufbruche von Constantinopel, traf Sultan Suleiman in Belgrad ein.

Tomori, der die Vertheidigung der Save-Linie aufgeben musste, liess in Peterwardein eine der Grösse der Festung entsprechende Besatzung zurück — ungefähr 1000 Mann, darunter die Hälfte päpstlicher Soldtruppen — und zog mit seinen Truppen auf das linke Donauufer, wo er an der Stelle, wo jetzt Neusatz liegt, ein verschanztes Lager errichtete.

Die Aufmerksamkeit des ganzen Landes, ja man kann sagen Europas, war jetzt auf Peterwardein gerichtet; man glaubte allgemein, dass der Fall dieser Festung den Untergang Ungarns nach sich ziehen müsse. Tomori hoffte, dass die Festung bis zum Eintreffen eines Entsatzheeres Widerstand leisten könne. In Ofen war man froh, dass der Sultan sich zur Belagerung der Festung entschlossen hatte und nicht gerade auf die Hauptstadt losgegangen war, denn es wurde dadurch Zeit für die Organisation des Heeres gewonnen.

Gleich nach seinem Eintreffen vor Peterwardein begann der Grossvezier die Belagerungsarbeiten; er äusserte sich, die Festung sei für ihn ein kleiner Bissen, der kaum zum Frühstück ausreiche. Sturmleitern wurden gleich vorgerichtet und schon am 15. Juli der erste Sturm unternommen; die Besatzung schlug ihn ab, und die Tschaikisten, von Tomori's Kanonen unterstützt, brachten der türkischen Flotille erhebliche Verluste bei. In der folgenden Nacht schickte Ibrahim eine Heeresabtheilung an das jenseitige Ufer der Donau, so dass der Kampf gegen Tomori den ganzen folgenden Tag über bis spät Abends zu Wasser und zu Land — jedoch ohne entscheidenden Erfolg — geführt wurde. Tomori hielt nun Kriegsrath, und alle seine Unteranführer erkannten, dass sie, in den Verschanzungen bei Neusatz sich selbst überlassen, dem stets wachsenden Gegner nur kurze Zeit Widerstand leisten könnten und in erfolglosem Kampfe untergehen müssten. Wenn sie hingegen sich dem Heere anschliessen, dessen Eintreffen zum Entsatze der Festung unter Führung des Königs demnächst erwartet wurde, könnten sie mit Hoffnung auf Erfolg eine Schlacht annehmen und Peterwardein entsetzen. Deshalb verliess Tomori sofort sein Lager und gieng entlang der Donau nach Bács. Hier sendete er den Bischof von Bosnien an den König mit der Meldung: »Peterwardein könne sich noch acht bis zehn Tage halten; wenn ihm entsprechende Unterstützung zukäme, wäre er bereit, umzukehren und sich mit dem Feinde zu schlagen.«

Die Besatzung von Peterwardein unter dem tapferen Georg Alapi liess auch nach Abzug Tomori's den Muth nicht sinken und zog sich, als es bei einem zweiten Sturm den Türken gelungen war, in die untere Stadt einzudringen, in das Schloss — jetzt die obere Festung — zurück. Der Grossvezier, nun überzeugt, dass selbes nicht so leicht zu nehmen wäre, als er dachte, entschloss sich nun zu einer regelmässigen Belagerung. Nach mehrtägiger Beschiessung stürzten einige grössere Gebäude in der Festung zusammen und an mehreren Stellen wurden die Stadtmauern durchbrochen. Trotzdem schlug die Besatzung noch zwei Stürme zurück und versuchte einen Ausfall, bei welchem dem Feinde grosse Verluste beigebracht wurden. Als aber der Grossvezier unter den Mauern des Schlosses Minen anlegte, und am 28. Juli — dem zwölften Tag der Belagerung — durch das Aufflattern derselben unter der Besatzung grosse Verwirrung entstanden war, ordnete er einen Hauptsturm an, dem das zusammengeschmolzene Häuflein der Vertheidiger nicht widerstehen konnte. In erbittertem Kampfe fand die Mehrzahl derselben den Tod, nur 90 Mann hatten sich in einen Thurm zurückgezogen und setzten hier den Widerstand fort; als ihnen der Grossvezier freien Abzug zusicherte, legten auch sie die Waffen nieder.

Am 30. Juli langte der Sultan vor Peterwardein an. Schon der Ueberbringer der Nachricht vom Falle der Festung wurde reich beschenkt. Unter Vortragung von 500 aufgespiessten Köpfen zog Ibrahim dem Padischah entgegen; die Eroberer wurden reichlich belohnt. Zugleich traf hier die Nachricht von der Einnahme von Mitrowitz durch bosnische Bege ein.

Das Lager der Türken hatte sich von Peterwardein längs der Donau bis Illok hingezogen. Durch den hartnäckigen Widerstand Peterwardeins gewarnt, beschloss der Grossvezier, das Schloss von Illok regelmässig zu belagern. Nachdem dasselbe durch mehrtägige Beschiessung erheblichen Schaden gelitten hatte und ein Entsatz nicht zu hoffen war, liess sich die Besatzung — wahrscheinlich jene 300 Mann, welche der Nuntius kürzlich dahin gesendet hatte — in Unterhandlungen ein. Der Grossvezier sicherte ihr freien Abzug zu, und der Sultan beschenkte zwölf Mann derselben mit Kaftanen.

Zur selben Zeit erschienen Abgesandte der Besatzung des Schlosses Erdöd und der Bevölkerung von Essegg im türkischen Lager, überreichten die Schlüssel und baten um Schonung. Am 9. August verliess das Heer das Lager bei Illok und setzte den Marsch unter fortwährenden Regengüssen, welche die Strassen fast ungangbar machten, gegen Essegg fort.

* * *

Während die Besatzung von Peterwardein den Entscheidungskampf kämpfte und Tomori in Bács mit Ungeduld die Ankunft des Entsatzheeres erwartete, entschloss sich der König endlich, ins Feld zu ziehen, und brach auf Drängen des Adels am 20. Juli an der Spitze von kaum 4000 Mann — darunter bei 600 Böhmen und Mährer — aus der Ofner Festung gegen Tolna auf, wo das Heer sich sammeln sollte. Die Königin, der Primas, der Palatin und der Kanzler gaben ihm das Geleite. Langsame Bewegung in kurzen Tagmärschen sollte den Magnaten Zeit lassen, dem Beispiele des Königs zu folgen, und den Anschluss ihrer Banderien, sowie jener der Comitate, und die

Ankunft der noch immer erhofften Hilfstruppen aus den Nachbarländern ermöglichen.

Beim Aufbruche aus Ofen berechnete man, dass aus Ungarn ohne Siebenbürgen ein Heer von 50.000, aus Böhmen und Mähren bei 16.000 Bewaffnete zusammenkommen dürften. Durch das Fernbleiben der Croaten verminderte sich schon die Zahl der Ungarn. Aus Böhmen traf nur jener Theil im Lager des Königs ein — wann und wo ist unbestimmt — welcher Anfangs Juli von dort ausgezogen war. Bei selbem befand sich Heinrich von Rosenberg mit 600 Mann Fussvolk und 200 schweren Reitern; er erkrankte unterwegs und musste in Zwettl zurückbleiben, wo er am 18. August starb. Von Böhmen betheiligten sich ferner noch: Graf Stephan Schlick, Johann Bustehradsky von Kolowrat, Burian von Gutstein, Heinrich Kutnauer von Kutnow, Heinrich Hložek von Zambach und der Unterkämmerer Jakob Kiszersky mit Leuten der Städte Saaz, Laun, Kaaden, Brüx, Tabor und anderen, während der grössere Theil, den der Statthalter Lew von Rozmital erst nach Befragen des Landtages am 18. Juli abgehen und absichtlich so langsam marschieren liess, dass er zu spät kommen musste, die ungarische Grenze gar nicht überschritt.

––– König Ludwig's II. Zug nach Moháes,
–·–·– Tomori's Rückzug von Peterwardein
–··–··– Sultan Suleiman's I. Zug gegen Moháes

In geringer Entfernung von der Stadt, zu Erd, machte der König Halt und nahm Abschied von der Königin, welche nach Ofen zurückkehrte.

Abermals wurde die Frage erörtert, wem man die Führung des Heeres übertragen könne. Der Plan, drei Obercapitäne, den Palatin, Tomori und Johann Zápolya, damit zu betrauen, wurde verworfen.

Den 25. Juli verlegte der König sein Quartier nach Ercsi. Hier traf ihn auch der Bischof von Bosnien, welchen Tomori zur Betreibung der schleunigen Absendung eines Entsatzheeres für Peterwardein entsendet hatte. Tomori liess dem König auch den Rath ertheilen, er möge, falls er eine Hilfe nicht schicken könne, lieber mit dem Sultan Unterhandlungen anknüpfen, und im schlimmsten Falle selbst durch Versprechen von Tribut ihn zum Rückzug bewegen. So berechtigt dieser

Rath auch gewesen sein mag, so konnte ihn der König doch nicht befolgen; der Adel, der sich stets einem Friedensschluss widersetzt hatte, würde einen Frieden unter so demüthigenden Bedingungen als Landesverrath betrachtet und das Land leicht in noch grössere Gefahr gestürzt haben, als wie sie vom Feinde drohte. Man einigte sich deshalb in dem Beschlusse, der Palatin solle voraus nach Tolna eilen, und sich dort mit Tomori vereinigen; der König aber setze seinen Vormarsch fort, und kämpfe dann in offener Feldschlacht mit dem Feinde.

Einige Tage später traf im Lager des Königs aus Siebenbürgen die Meldung ein, dass Johann Zápolya bereit sei, die Befehle des Königs zu vollführen, aber nicht wisse, was er thun solle; erstlich habe man ihn nach Ofen berufen, dann nach der Walachei geschickt, damit er im Vereine mit den Woywoden der Moldau und Walachei dem Sultan in den Rücken falle,[6]) und der jüngste Befehl bescheide ihn nach Tolna. Er bitte deshalb um bestimmte Weisungen, und führte zugleich an, dass der Feldzug in die Walachei bereits unausführbar sei, da der dortige Woywode mittlerweile gezwungen worden war, seinen Sohn als Geisel in das Lager des Sultans zu schicken.

Schon am 19. Juli war von Ofen Stephan Báthory, der Sohn des Palatins, an Zápolya gesendet worden, mit dem bestimmten Befehl, sein Heer, das bei 40.000 Mann zählte, nach Tolna zu führen. Wenn Zápolya noch nicht aufgebrochen war, so musste ihn dieser Befehl spätestens am 24. Juli in Weissenburg getroffen haben. Nun wurde noch der Propst Statilio mit dem nachdrücklichen Befehl des Königs, in Eilmärschen nach Tolna zu ziehen und unterwegs noch alle waffenfähige Mannschaft mitzunehmen, an Zápolya gesendet. Wenn der letzte Befehl nicht überhaupt zu spät kam, um die Lage des königlichen Heeres wesentlich zu beeinflussen, so sah sich Zápolya auch nicht veranlasst, seinen Marsch zu beschleunigen, und blieb vorläufig in Szegedin stehen.

Die gegen Zápolya erhobene Beschuldigung, dass er es mit dem Sultan gehalten habe, ist zwar nicht erwiesen, dass er aber

---

[6]) Der jugendliche Woywode der Moldau berichtete im Juli 1526, dass er nach dem vom Sultan erhaltenen Befehle mit seinem Heere in das türkische Lager eilen solle; er werde aber nicht gehorchen, sondern sei bereit, mit dem Woywoden der Walachei gegen den Sultan ins Feld zu ziehen und sich an der Donau mit Zápolya zu vereinigen, damit sie dann den Sultan im Rücken angreifen oder ihn zum Rückzug zwingen könnten. Die Anhänglichkeit der beiden Woywoden an die ungarische Krone war nicht über jeden Zweifel erhaben, weshalb das Project misstrauisch aufgenommen, schliesslich aber doch Zápolya beauftragt wurde, in die Walachei einzufallen.

die Lage des Königs mit Schadenfreude betrachtete, vielleicht auch aus derselben Nutzen zu ziehen hoffte, ist nicht zu bezweifeln.[7])

Der König setzte den Marsch über Adony, Duna-Péntele und Földvár fort und erreichte am 4. August Paks. Hier erhielt er die Kunde vom Falle Peterwardeins. Diese Trauerbotschaft verbreitete sich eiligst im ganzen Lande. Unter Herumtragung eines blutigen Schwertes — einer alten ungarischen Sitte entsprechend — wurden in den Comitaten die Stände aufgefordert, jetzt, in der Stunde der höchsten Gefahr, sämmtliche Unterthanen zu bewaffnen.

Am 6. August traf der König in Tolna ein. Er bezog mit seinem Hofstaate die nahe gelegene Ortschaft St. Georgen; seine Truppen lagerten in der Stadt und Umgebung. Jetzt sammelten sich allmählich geistliche und weltliche Herren im Lager daselbst. Es erschienen: Georg Zápolya, der Bruder des Woywoden, mit meist in Mähren und Ober-Ungarn angeworbenen 1100 Reitern und 300 Mann Fussvolk, der Erlauer Bischof Paul Várday, der Grosswardeiner Bischof Franz Perényi und andere; die Comitate dagegen bekundeten keinen grossen Eifer in ihren Rüstungen.

Der Nuntius, welcher in Ofen geblieben war, bemühte sich auch, mit päpstlichem Gelde Leute anzuwerben, und sandte noch einige Tausend Mann Fussvolk, dem ein dreimonatlicher Sold ausbezahlt wurde, dem König nach. Eine von ihm angeworbene Schar von 1500 Reitern wurde von dem Polen Leonhard Gnojensky befehligt. Die von Burgio angeworbenen Truppen bestanden meist aus ausgesuchten Leuten, und waren am besten ausgerüstet, während die Disciplin der übrigen Truppen viel zu wünschen übrig liess. Die Fälle, dass Söldner, nachdem sie ihre Löhnung empfangen hatten, die Fahne verliessen und nach Hause liefen, waren nicht selten. Burgio selbst, der den Vorgängen im Lager nicht ohne bange Sorge folgte, entschloss sich, dem König nachzufolgen; allein die in Ofen noch anwesenden

---

[7]) Erzherzog Ferdinand, dem später Zápolya als Rivale gegenüberstand, sagt von ihm, dass er, von Herrschsucht getrieben, dem Befehle des Königs nicht gehorcht, den zweifelhaften Ausgang des Krieges aus der Ferne beobachtet habe, und durch seine absichtliche Verspätung der Urheber des Verderbens bei Mohács geworden sei. Würde Ferdinand nur den mindesten Beweis gehabt haben, dass Zápolya mit dem Sultan gegen den König conspiriert habe, so würde er auch nicht versäumt haben, diese Anschuldigung an massgebender Stelle vorzubringen. Massaro, ein italienischer Agent, der mit Zápolya in freundschaftlichen Beziehungen stand, sagte schon im Jahre 1523 von ihm, dass er gerne sehen würde, wenn das Reich in Gefahr käme, damit er dasselbe mit Hilfe der Siebenbürger erretten und für sich den ungarischen Thron gewinnen könne.

Magnaten machten darauf aufmerksam, dass man im Lager Geld von ihm verlangen werde, und wenn er keines habe, werde er von Seite des ungezügelten Haufens der Edelleute Beleidigungen ausgesetzt sein. In der Ueberzeugung, dass er auch in Ofen wichtige Aufgaben zu erfüllen habe, entschloss er sich, an der Seite der Königin zu bleiben. Um seiner Entfernung, wenn ihm Gefahr drohte, oder er auch sonst sie für wünschenswert hielt, nicht den Anschein einer Flucht oder einer Preisgebung des Landes zu geben, erhielt er vom Papste die Weisung, nach Polen zu gehen, um dort Hilfe für Ungarn zu erwirken, später aber nach Rom zurückzukehren. Burgio dankte dem Papst für seine Fürsorge, erwiderte aber: »er halte jetzt, nachdem das türkische Heer so nahe sei, es für seine Pflicht, den Ausgang des Feldzuges in Ungarn abzuwarten. Er kenne ganz wohl die Gefahr, welcher er ausgesetzt sei; an selbe sei aber nicht zu denken, sobald die Ehre in Frage stehe. Wenn der König sich zur Annahme einer Schlacht entscheide, werde er dabei nicht fehlen.« Die unerwartet rasche Entwicklung der Ereignisse verhinderte die Verwirklichung dieser Absicht.

Im Lager zu Tolna wurden die Berathungen über die Feststellung des Kriegsplanes gepflogen. Die Meisten verlangten, dass der König an die Drau ziehen und dort dem Sultan eine Schlacht liefern sollte. Die Macht des Feindes wurde unterschätzt, die eigenen Kräfte aber viel zu hoch angeschlagen. Der Kanzler Brodarić mahnte zur Vorsicht und schlug vor, der König möge in Tolna bleiben, der Palatin dagegen bis an die Drau vorgehen.

Der König billigte diesen Rath mit dem Hintergedanken, dass, falls es dem Palatin nicht gelingen sollte, den Sultan an der Drau aufzuhalten, er nach Croatien ziehe, wo er in den von Frangepan gesammelten Truppen und den mit österreichischen Besatzungen versehenen Festungen einen sicheren Halt finden, vielleicht auch die türkische Macht theilen oder ihrem Stosse eine andere Richtung geben könne. Brodarić blieb aber mit seinem Vorschlage allein, man nannte ihn feige und furchtsam, so dass der König die Zustimmung zum Zuge des Palatins nur durch das Versprechen, ihm einige Tage später folgen zu wollen, erlangen konnte. Doch auch in dieser Weise vollzog der Palatin den Befehl nicht; die Edelleute, welche mit ihm ziehen sollten, erklärten, sie gehen im Sinne ihrer Privilegien nur unter der Führung des Königs gegen den Feind. Diese Aeusserung brachte eine Deputation dem König mit dem Beifügen: »Wie das türkische Heer vom Sultan geführt wird, so möge auch der König sich an die Spitze des ungarischen Heeres stellen.« In drohendem Tone verlangte der

Sprecher eine Antwort, ob der König bereit sei, sich zu schlagen; wenn nicht, würden sie selber für die Vertheidigung des Landes Sorge tragen.

Der König verbarg seine Aufregung nicht und erwiderte gereizt: »Jedermann sucht hinter mir Schutz und Ausflucht, ich bin bereit, mich für das Land jeder Gefahr auszusetzen. Damit Niemand seine Feigheit dadurch decke, oder die Verantwortung auf mich schiebe, so werde ich mit Gottes Hilfe morgen aufbrechen und dahin gehen, wohin man ohne mich nicht gehen will.«

In der That verlegte der König am 14. August sein Lager nach Szegszárd, am 16. nach Bátta, von hier sandte er den Bischof von Erlau mit einem Auftrage nach Ofen; um den Schein der Feigheit von sich abzuwälzen, liess sich derselbe ein Zeugniss ausstellen, dass er sich gegen seinen Willen aus dem Lager entferne.[8]

Nachdem vorauszusehen war, dass nur wenige Tage das Heer von einem Zusammenstosse mit dem Feinde trennen, konnte man die Bestellung eines obersten Feldherrn nicht länger hinausschieben. Johann Zápolya, wohl der geeignetste Mann, war noch nicht zugegen; ob er rechtzeitig eintreffen könne und auch wolle, schien zweifelhaft. Báthory, als Palatin zur Uebernahme des Oberbefehls berufen, hatte seine Unfähigkeit eben zu deutlich dargethan. Nach Anhören seiner Umgebung betraute endlich der König den Erzbischof Paul Tomori mit dem Oberbefehl und gab ihm den Bruder des Siebenbürger Woywoden, Georg Zápolya, bei. Tomori, von den Türken gefürchtet und im kleinen Kriege wohl bewährt, fühlte sich seiner Aufgabe nicht gewachsen, er bat den König vergeblich, diese verantwortliche Stellung ablehnen zu dürfen, und Zápolya mag wohl darauf vertraut haben, dass sein Bruder noch rechtzeitig eintreffen werde, worauf er sich in den Hintergrund zurückziehen könne.

Da die Umgebung von Bátta zur Entwicklung des zur Hälfte aus Reiterei bestehenden Heeres zu wenig Raum bot, wurde beschlossen, bei Mohács ein Lager zu beziehen und den Feind in der Ebene, welche sich um diesen Ort ausbreitet, zu erwarten.

Nachdem die Türken die Richtung gegen Essegg eingeschlagen hatten, waren Tomori's Truppen bei Bezdan auf das rechte Donauufer übergegangen und standen bereits mit den von Peter Perényi aus der Temeser Gegend herbeigeführten Mannschaften — zusammen

---

[8]) Eine ähnliche Erklärung hatte der König dem Alexius Thurzo ausgestellt, den er mit seinen Truppen bei der Königin liess, damit er sie im Nothfalle in Sicherheit bringen könne.

bei 6000 Mann — bei Baranyavar. 24 Kilometer südlich von Mohács, wo sie den Anschluss an das Lager des Königs suchen sollten. Der König selbst verblieb vorläufig in Duna-Szekcsö, 13 Kilometer nördlich von Mohács zurück, weil sein Gepäck noch nicht angelangt war; der Verkehr des Königs mit dem Heere war hiedurch wesentlich beeinträchtigt.

Flüchtlinge und Spione hatten aus dem türkischen Lager die Nachricht verbreitet, dass das türkische Heer meist aus feigem Gesindel bestehe, von welchem kaum jeder zehnte Mann bewaffnet sei, und dass die türkischen Geschütze zumeist von Christen — Deutschen und Italienern — bedient würden, welche sie im entscheidenden Augenblick gegen die eigenen Truppen richten würden. Dass derartige Nachrichten in der grossen Menge Glauben fanden, ist wohl begreiflich. unwahrscheinlich aber, dass auch Tomori diesen Glauben getheilt haben soll;[9]) doch dürfte er der allgemeinen Meinung im ungarischen Heere ernstlich entgegenzutreten, nicht mehr für rathsam gehalten haben. Man hielt sich in seinem Lager des Sieges gewiss, sprach nur mit Verachtung von den Türken und brandmarkte alle, welche einen Zusammenstoss mit dem Feinde verzögerten, als Feiglinge und Verräther. Im Befehle, sich in das Lager bei Mohács zu begeben, erblickten sie eine Hinterlist; man wolle sie vom Feinde entfernen; die an Unthätigkeit gewöhnten Herren denken an die Flucht; der König möge zu ihnen kommen und den Kampf je eher beginnen. Sie baten Tomori, dass er den König aus dem Kreise der unfähigen Pfaffen und der kampfscheuen Herren befreien möge.[10])

Das türkische Heer, welches am 8. August von Illok aufgebrochen war und des anhaltenden Regenwetters sowie der schlechten Strassen halber sich nur sehr langsam bewegen konnte, zog, ohne ferner Wider-

---

[9]) Fraknói, »Ungarn vor der Schlacht bei Mohács«, sagt: »Auch Tomori stimmte den Nachrichten bei.«

[10]) Die Abneigung der Truppen Tomori's, sich mit den Truppen des Königs bei Mohács zu vereinen, mag wohl in dem Umstande eine nicht unberechtigte Begründung finden, dass man der Entwicklung des türkischen Heeres beim Austritt aus den Sümpfen zwischen der Donau und Drau viel wirksamer entgegentreten konnte wie in der Ebene. Kápolnai, »A Mohácsi hadjárat«, S. 200, sagt: »das türkische Heer zwischen Darda und Bellye hätte sich in sehr ungünstiger Lage befunden«, und meint, »wenn der König Tomori's Rath befolgt und vor Baranyavár die Spitze der feindlichen Colonnen aufgehalten hätte, so würden die Türken einen empfindlichen Verlust erlitten und kaum einen Sieg errungen haben«. Dass die Truppen Tomori's meist aus der Donaugegend waren und sie ihre Güter, ihren häuslichen Herd nicht der Verwüstung des Feindes preisgeben wollten, mag auch zu dem Wunsche, hier, und nicht erst im Innern des Landes den Feind zu bekämpfen, beigetragen haben.

stand zu finden, erst am 13. August in Essegg ein. Der Bau einer Brücke über die Drau, mit dem von Belgrad heraufgebrachten vorbereiteten Materiale, wurde sogleich begonnen. Um den Brückenschlag zu beschleunigen, liess der Sultan sein Zelt an dem Ufer des Flusses aufschlagen. Nach fünf Tagen war die Brücke in der Länge von 200 Meter vollendet. Am 20. August übersetzte die erste türkische Abtheilung den Fluss und vertrieb den am jenseitigen Ufer lagernden ungarischen Posten.[11]) Nach Uebergang des ganzen türkischen Heeres, den 22. August, wurde Essegg verbrannt, und die Brücke zerstört, um sowohl dem eigenen Heere den Rückzug, als auch einem etwa aus Croatien kommenden Feinde das Ueberschreiten des Flusses unmöglich zu machen.

Als die Nachricht von der Annäherung der Türken in das Lager der Ungarn gelangte, machte sich in der Umgebung des Königs, hauptsächlich unter dem Einflusse des Kanzlers Brodarić und wohl auch in Folge der unabhängig von einander angelangten Meldungen Johann Zápolya's und Christoph Frangepan's, dass sie rechtzeitig im Lager des Königs nicht eintreffen können, die Ansicht geltend, dass es rathsam wäre, sich nach Ofen zurückzuziehen und dort die Ankunft der in Ober-Ungarn und um Stuhlweissenburg sich sammelnden Banderien sowie der aus Oesterreich, Böhmen und Mähren anrückenden Söldnerscharen abzuwarten, und nicht hier mit so geringen Kräften eine Schlacht zu wagen, in welcher der König, sowie das Land der grössten Gefahr ausgesetzt wären. Johann Zápolya, den der von Ercsy aus abgesendete Befehl, sich dem Heere des Königs in Tolna anzuschliessen, noch in Weissenburg fand, hätte rechtzeitig selbst mit Aufbietung aller Kräfte kaum eintreffen können.

Noch am 25. August suchte der Kanzler die Herren im Lager für seine Ansicht zu gewinnen; hier war aber Kampflust und Selbstüberschätzung vorherrschend, und wirkungslos verklang daher jede vernünftige Warnung.

Um über das weitere Vorgehen einen Beschluss zu fassen, berief nun der König die Feldhauptleute und Herren zu einer Berathung;[12])

---

[11]) Fraknói, »Ungarn vor der Schlacht bei Mohács«, S. 299, sagt: »Tomori wäre am 18. August mit 5000 Mann gegen Essegg gezogen, um dem Sultan den Uebergang über die Drau zu verwehren, nachdem aber am 20. das türkische Heer schon zum Theile am linken Ufer stand, wäre er wieder nach Baranyavár zurückgekehrt.«

[12]) Fraknói, »Ungarn vor der Schlacht bei Mohács«, S. 300, verlegt diese Berathung auf den 26. August, nachdem aber an diesem Tage die Türken schon bei Baranyavár anlangten, müsste sie spätestens schon den 25. stattgehabt haben.

auf des Königs bestimmte Frage: »Soll eine Schlacht angenommen oder vertagt werden?« sprach die grosse Menge, Tomori an der Spitze, sich gegen jede Vertagung aus. Auf die Frage, wie gross Tomori die Stärke des Feindes schätze, erwiderte dieser: »Das gesammte ungarische Heer betrage wohl kaum mehr 20.000 Mann, das des Feindes wohl 300.000 Mann, vor dieser Zahl dürfe man aber nicht erschrecken, denn es wäre meist feiges Gesindel. während das auserlesene Kriegsvolk darunter kaum auf 70.000 Mann zu schätzen wäre.« Tomori mag, als er die Annahme einer Schlacht für unvermeidlich erklärte, wohl nur der allgemeinen Stimmung Rechnung getragen haben. Die Stärke des türkischen Heeres mag Tomori wohl übertrieben geschätzt haben; wenn dieselbe auch schon beim Ausmarsche 100.000 Mann betragen hat, und der Zufluss an Mannschaft bis zum Uebergange über die Save nicht unbedeutend war, so ist doch hievon eine grosse Zahl als Diener u. dgl. in Abschlag zu bringen; gegen 60.000 bis 70.000 Mann mag der Gefechtsstand aber immerhin noch betragen haben.[13]

Während der Berathung kamen aus Tomori's Lager Boten. die zuerst den König allein zu sprechen verlangten, dann aber vor dem Kriegsrathe erschienen und forderten, sich der Schlacht nicht weiter zu widersetzen. Sie erklärten: »Der Sieg ist unser. wir wissen, worin die Macht der Türken besteht. benützen wir das Glück, welches die Gnade Gottes uns bietet! Kommt mit dem König in unser Lager, das dem Feinde näher liegt wie eures und zum Angriffe geeigneter ist! Wer es wagt, dem König anders zu rathen, den hauen wir in Stücke. und wenn ihr länger zögert, zerstören wir euer Lager!« Diese Drohung machte alle verstummen, wenn sie so vermessene Hoffnungen auch nicht theilten. Es wurde nun beschlossen, dass der König die Schlacht annehme, jedoch auf dem Felde von Mohács.[14] Tomori eilte nun in sein Lager und erklärte, dass eine Schlacht auf dem Felde von Mohács angenommen würde; er wurde mit Jubel empfangen, und seine Truppen fanden sich auch bereit. sich dem Lager des Königs anzuschliessen.

[13] Kápolnai, »A Mohácsi hadjárat«, S.192, sagt: »Gleichzeitige Geschichtsschreiber schätzen zwar das türkische Heer auf 100.000 Mann und 300 Geschütze, da aber bei dem zum grossen Theil aus Lehenstruppen bestehenden Heere zwei Drittheile auf Diener, Fuhrleute etc. zu rechnen sind, kann man als Gefechtsstand nur 30.000 bis 40.000 Mann annehmen.« Da man die Lehenstruppen, die zum grössten Theil in beständigem Kampfe an den Grenzen verwendet waren, doch auch zu den kriegsgeübten Truppen rechnen muss, halte ich diese Schätzung für zu gering.

[14] Bischof Perényi sagte nach dieser Scene zum König: »Am Tage der Schlacht wird der Bruder Paul (Tomori) mit 20.000 Ungarn in das Himmelreich eingehen, möge doch Eure Majestät den Kanzler Brodarić nach Rom senden, damit der Papst diesen Tag als das Fest der 20.000 ungarischen Märtyrer in das Brevier eintrage.«

In den letzten Tagen kamen auch Schiffe mit Kanonen — darunter neun von Wien gesendete — und das Gepäck des Königs an, der sich nun erst nach Mohács begab. Auch noch andere Verstärkungen langten an; Alexius Thurzó brachte 200 Schützen; Franz Batthyány, der Ban von Croatien, Johann Tahy, der Prior von Vrana, Johann Bánffy und Andere rückten mit 3000 Reitern und einigem Fussvolk, Simon Erdödy, Bischof von Agram, und sein Bruder Peter mit 700 Croaten ein. Johann Bornemisza schickte mit Stephan Azel 300 Reiter; Johann Szerecsen führte mehrere hundert Mann aus Fünfkirchen herbei, [15]) wodurch die Zahl der Streiter auf ungefähr 28.000 — darunter die Hälfte Reiter — und die der Geschütze auf 80 anwuchs.

Das türkische Heer hatte nach dem 20. August den Vormarsch von Essegg angetreten und setzte ihn unter den ungünstigsten Verhältnissen fort. Der anhaltende Regen verwandelte die ganze Gegend zwischen der Donau und Drau nahezu in einen Sumpf, aus dem nur die auf Erdwellen liegenden Dörfer hervorragten. Erst den 26. August langte das Heer, nachdem es eine kaum 30 Kilometer weite Strecke zurückgelegt hatte, bei Baranyavár an. Der ausgetretene Karasiczabach konnte nur hier überschritten werden. Der Sultan musste daher das auf mehreren Wegen vorrückende Heer hier sammeln und hielt im Lager daselbst zwei Rasttage.

Am rechten Ufer der Donau liegt Mohács, am Rande einer bis 10.000 Schritte nach Westen ausgebreiteten Ebene, welche oberhalb bei der Mündung des Baches Csele in den Strom beginnt und unterhalb am Karasiczabach endet. Im Osten wird diese Ebene von der in mehrere Arme gespaltenen Donau uud ihrem Ueberschwemmungsgebiete begrenzt, das — seither durch Abzugsgräben trocken gelegt — damals versumpft und von mehreren todten Armen durchzogen, zum Theil bewaldet war. Im Westen der Ebene zieht sich eine 30 bis 40 Meter hohe, durch mehrere Einschnitte durchbrochene Erderhebung hin, auf welcher jetzt die Orte Lanczuk, Nagy-Nyarád, Maisz liegen, und einst eine Kirche mit mehreren Häusern stand, die von den Türken »Pusu kilise«, d. i. »Kirche des Hinterhaltes«, genannt wurde, welcher Name der Gegend bis heute als »Buziglica« blieb; [16]) hier senkt sich

[15]) Der Sage nach sollen es Studenten gewesen sein; die Reste der Fahne, welche sie geführt haben sollen, werden noch heute in der Domkirche zu Fünfkirchen vorgezeigt.

[16]) Noch sind Fundamente zu finden, welche den einstigen Bestand eines grösseren Gebäudes, vielleicht Klosters, und einer Kirche sowie einiger Wohnhäuser anzeigen, auch werden Gruben zur Aufbewahrung des Getreides — Silos — wie sie jetzt noch in Ungarn gebräuchlich sind, gefunden.

die Strasse von Baranyavár gegen Mohács in die Ebene herab. Wo diese Strasse das Ueberschwemmungsgebiet der Donau berührt, führt sie an einem jetzt Türkenhügel genannten, bei fünf Meter hohen Erdaufwurf vorüber, von dessen Höhe man den gegen Moháes gelegenen Theil der Ebene übersieht. Die Ebene — jetzt durch Drainage-Gräben geregelt, und meist Ackerboden — war mit Feldern und Hutweiden, zum Theil auch mit Wald bedeckt. Ein geschlossener, grösserer Wald bedeckte einen Theil der Ebene zwischen Moháes und Lancsuk längs der Strasse gegen Fünfkirchen, welcher als Thiergarten des Bischofs benannt wurde.[17]) Auf dem südlichen Theil der Ebene war längs des Fusses der Erderhebung sowie von der Nyaráder Höhe bis zur Donauniederung Wald, welcher sich bis gegen Földvár (Sátoristie) hinzog.[18])

Obwohl man das türkische Heer in der Nähe wusste — schon seit 26. August fanden Zusammenstösse zwischen streifenden türkischen Horden und den ungarischen Vorposten statt — hatte man am 28. August im ungarischen Lager doch keine genauere Kenntniss über die Vorgänge im Feindeslager; dass das türkische Heer am nächsten Tage aufbrechen würde und dann eine Schlacht unmittelbar bevorstünde, war wohl vorauszusehen.

Tomori setzte nun mit den Feldhauptleuten den Schlachtplan fest. Die Fremden, welche dem Kriegsrath beiwohnten, besonders der Pole Gnojenski, erwogen in nüchterner Weise die Fälle der Schlacht und gaben den Rath, aus der grossen Anzahl von Fuhrwerken, welche das Heer begleiteten, eine Wagenburg zu errichten und unter deren Schutz den Angriff abzuwarten. Die ungarischen Herren aber legten wenig Gewicht darauf; sie meinten, dass hiezu auch nicht mehr Zeit wäre, und beschlossen, dem Feinde in offenem Felde entgegenzutreten. Unter dem Eindrucke der über das türkische Heer verbreiteten Nachrichten rechnete man auf sicheren Erfolg und glaubte weniger durch entsprechende taktische Verfügungen, als durch muthiges Vorgehen im ersten kräftigen Ansturme die Schlacht zur Entscheidung bringen zu können.

Zur Aufstellung des ungarischen Heeres wurde die Ebene südlich von Moháes zwischen den Orten N.-Nyarád und Kölked gewählt. Der

---

[17]) Fraknói, »Ungarn vor der Schlacht bei Moháes«, S. 305, sagt: »wo heute der Thiergarten des Bischofs von Fünfkirchen sich befindet«; die Lage dieses Thiergartens, dessen letzter Rest noch als »Körtvelyer Revier« besteht, ist nur mehr in der Erinnerung der ältesten Leute bekannt.

[18]) Noch Karten und Ansichten aus dem vorigen Jahrhundert bringen diese Waldpartien.

Schlacht bei Mohács, 29. August 1526.

Uebersichtskarte.

Stellung beider Heere zu Beginn der Schlacht.

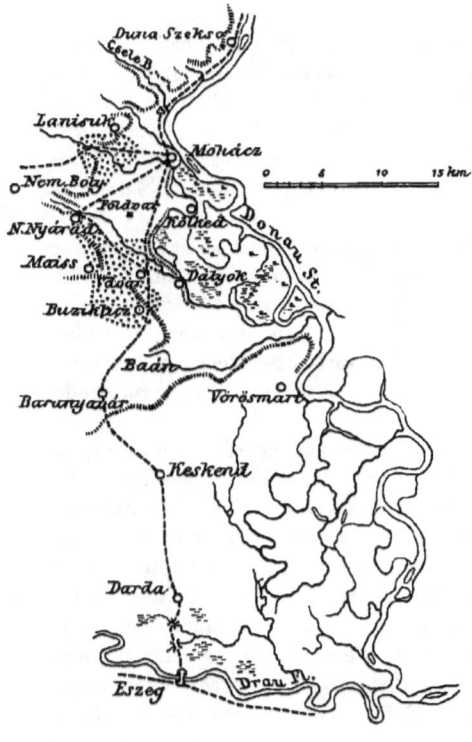

Ungarn	Annäherudèr Gefechtsstand		
	Fussvolk	Reiter	Geschütze
Erstes Treffen.			
1. Rechter Flügel unter Battyány und Taby	—	2000	—
2. Centrum unter dem Oberbefehl	10000	—	80
3. Linker Flügel unter Perenyi	—	2000	—
Zweites Treffen.			
4. Kämmerer des Königs unter Tarczay	—	3000	—
5. Hannerherren unter Korlatkövy	—	3000	—
6. Söldner unter Trepka und Schlick	—	3000	—
7. Banderium des Königs unter Dragfy	—	1000	—
8. Leichte Truppen	2000	—	—
Lager.			
9. Landsknechte	2000	—	—
Zusammen	14000	14000	80
Türken			
Erstes Treffen			
unter Ibrahim Pascha	—	—	30
a) Rumelier	—	12000	—
b) Janitscharen	2000	—	—
Zweites Treffen			
unter Behram Pascha	—	—	270
c) Janitscharen	10000	—	—
d) Anatolier	2000	20000	—
Seiten-Colonne.			
e) Bosnische Reiter unter Balibeg	—	5000	—
f) Bosnische Reiter unter Chosrevbeg	—	5000	—
g) Gefolge des Sultans	—	1000	—
Zusammen	14000	43000	300

Bewegung während der Schlacht.

1', 2', 3' Angriff des ersten Treffens der Ungarn.

e', f' Vorrückung Balibeg's und Chosrevbeg's.

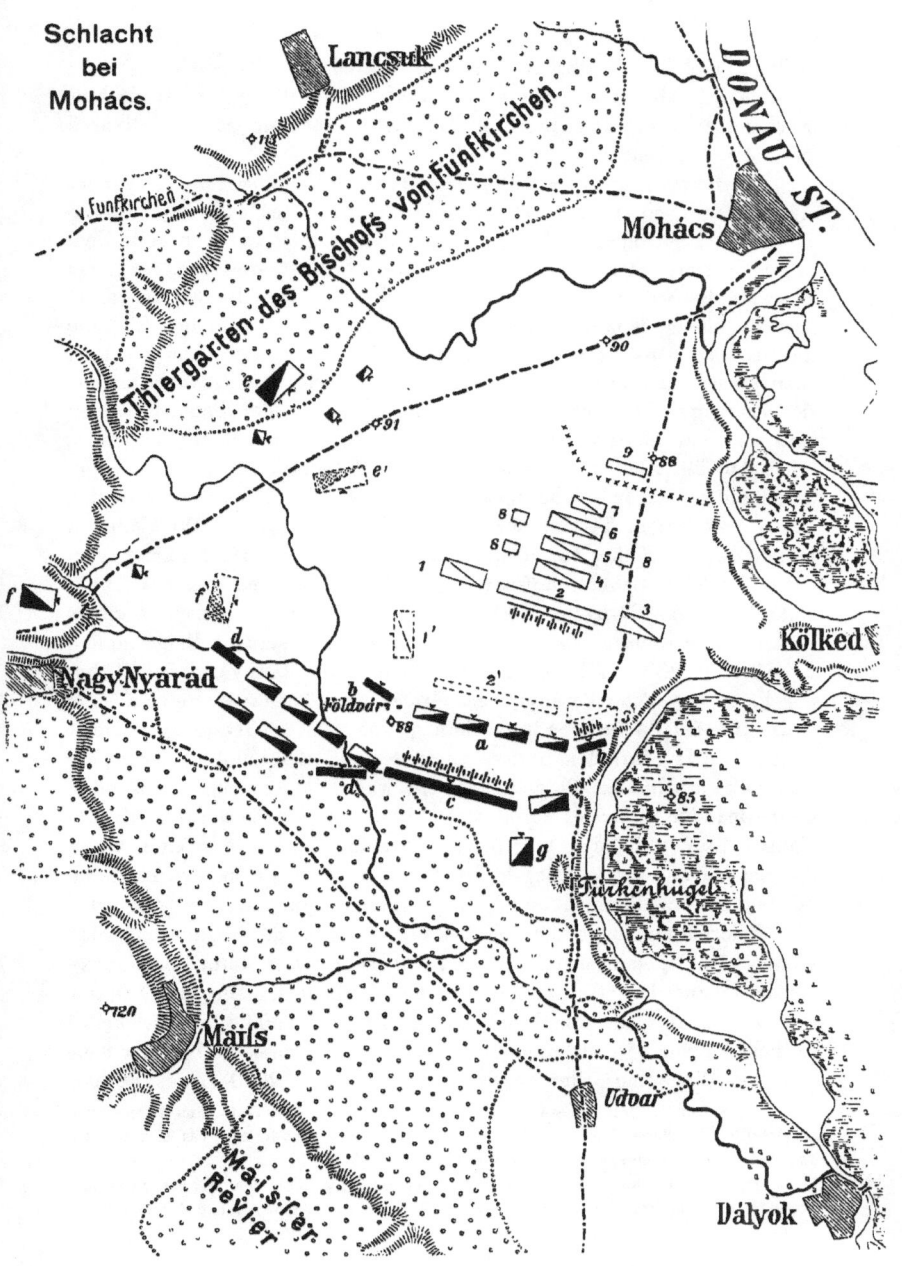

linke Flügel lehnte sich an die Donauniederung, den rechten Flügel glaubte man durch die möglichste Ausdehnung der Schlachtlinie hinreichend gesichert und unterliess daher, die Erhebung gegen N.-Nyarád besonders zu beachten.

Dass man auch die Möglichkeit eines ungünstigen Ausganges der Schlacht im Auge hatte, zeigen die für diesen Fall zur Rettung des Königs getroffenen Vorkehrungen. Einige meinten, man solle dem König entfernt vom Schlachtfelde einen Standort anweisen, wogegen eingewendet wurde, das Heer wünsche ihn in seinen Reihen zu sehen. Der Vorschlag, jemand von ähnlichem Aussehen in des Königs Rüstung zu stecken, wurde als desselben unwürdig verworfen. Endlich kam man überein, dass Caspar Ratkay, Valentin Török und Johann Kallay, die Ludwig's Vertrauen genossen, ihn während der Schlacht hüten und im Falle eines üblen Ausganges aus derselben geleiten sollten.

Am 29. August — einem schönen Sommermorgen nach lange anhaltendem Regen — bezogen die Truppen die ihnen angewiesenen Plätze. Im ersten Treffen wurde das Fussvolk, bei 10.000 Mann, in langer dünner Reihe, vor demselben und in den Zwischenräumen vertheilt die 80 Geschütze aufgestellt. Als Führer werden genannt Anton Palóczy, Franz Drugeht, Gabriel Perényi, Thomas Szécsy, Andreas Báthory und Emerich Czibak. An beiden Flügeln standen Reiterhaufen, ungefähr je 2000 Mann stark; der rechte von Batthyány und Tahy. der linke von Peter Perényi, dem Grafen von Temesvár, geführt. Das ganze Treffen dürfte eine Ausdehnung von 4000 Schritten genommen haben. Das Hintertreffen bestand zumeist aus Reiterei und nur wenigem Fussvolk, das an den Flügeln vertheilt war. Die Reitermassen standen hintereinander, in erster Reihe unter Führung Nikolaus Tarczay's, die Kämmerer des Königs mit ihren Dienstmannen,[19] in zweiter Reihe die Barone mit ihren Kriegsleuten unter Korlátkövy, in dritter Reihe die Söldner aus Böhmen und Mähren unter Trepka und Schlick. jeder der Reiterhaufen ungefähr 3000 Mann, endlich das Banderium des Königs, 1000 gepanzerte Reiter mit der Reichsfahne unter dem Iudexcuriae Johann Dragfy: an den Flügeln vertheilt standen 2000 Mann leichte Fusstruppen. Im Lager bei Mohács, ungefähr 5000 Schritte südlich der Stadt,[20] um welches aus den vorhandenen 500 Fahrzeugen eine Art Wagenburg hergestellt war, verblieben 2000 Landsknechte.

---

[19] Unter den »Kämmerern des Königs« dürften wohl die von den Krongütern beigestellten Banderien zu verstehen sein, während das Banderium des Königs aus angeworbenen, wohlausgerüsteten Reitern bestanden hat.

[20] Brodarić sagt, das Lager wäre zwei Meilen südlich von Mohács gewesen, worunter er wohl italienische Miglien = 2500 Schritte, gemeint haben dürfte.

In der Umgebung König Ludwig's, der, sobald die Abtheilungen in ihre Stellungen eingerückt waren, mit dem Palatin ihre Reihen durchritt und an Truppen oder einzelne Leute einige aufmunternde Worte richtete, während letzterer Ansprachen an das Heer hielt, befanden sich die beiden Oberbefehlshaber, der Erzbischof von Gran, die Bischöfe von Agram, Grosswardein, Fünfkirchen, Neutra, Raab, Waizen und der Bischof von Bosnien, ferner der Palatin und der Kanzler nebst mehreren weltlichen Bannerherren.

Das erste Treffen sollte den Kampf auf der ganzen Linie gleichzeitig beginnen und sich mit voller Kraft auf das Vordertreffen der Türken werfen; würde letzteres — wie sicher erwartet wurde — im ersten Anlauf geworfen, so sollten die Reitermassen eingreifen, mit den Flüchtigen zugleich die rückwärtigen Treffen durchbrechen und die Niederlage der Türken vollenden. Es sollte aber anders kommen!

Indessen waren die Türken am 29. August nach dem Gebete mit Tagesanbruch aus dem Lager um Baranyavár aufgebrochen. Der Sultan hatte nicht die Absicht, noch am selben Tage eine Schlacht zu liefern, daher das Heer den Marsch in gewöhnlicher Ordnung antrat. Die Grenzbege waren an der Spitze des Heeres: Balibeg von Belgrad — wohl der hervorragendste von Suleiman's Heerführern — mit 5000 ausgesuchten Reitern führte die Vorhut; diesem folgte Chosrevbeg mit den bosnischen Lehenstruppen,[21] dann kam der Grossvezier Ibrahim mit 2000 mit Feuergewehren bewaffneten Janitscharen, einem Theil der Geschütze und den übrigen rumelischen Truppen; ferner Behram Pascha mit den anatolischen Truppen und den dazugehörigen Geschützen; endlich der Sultan selbst mit dem Rest der Janitscharen (bei 10.000 Mann) und der Geschütze, deren das türkische Heer bei 300 hatte, von seinen sechs Rotten der regelmässigen Reiterei und seiner Leibwache umgeben.[22] Nachdem das türkische Heer die Marschordnung möglichst einhielt, dürfte selbes bei dem streitbaren Stand von 60.000 bis 70.000 Mann immerhin im Marsche eine Ausdehnung von beiläufig 50.000 Schritten oder fünf bis sechs Gehstunden benöthigt haben.

Balibeg hatte schon bei dem Abmarsche aus dem Lager den Befehl erhalten, von Buziglica aus unter dem Schutze der die Ebene

---

[21] **Hammer,** II, S. 52, verweist den Chosrevbeg in die Nachhut, während in Suleiman's Tagebuch (Szuleiman Naploi, S. 315) letzterer dem Balibeg folgte.

[22] Ueber die Vertheilung der Geschütze sprechen türkische Quellen sich nicht genau aus, Kápolnai (S. 444) vertheilt sie gleichmässig zwischen den rumelischen und anatolischen Truppen.

begrenzenden Erderhebung und der Wälder zur Bedrohung der rechten Flanke des Feindes gegen N.-Nyarád vorzugehen und dort das Eingreifen der Hauptcolonnen abzuwarten. Ungefähr um 10 Uhr Vormittags bei Buziglica angelangt, dürfte der Sultan erfahren haben, dass das ungarische Herr kampfbereit vor Mohács stehe. Im Kriegsrathe dürfte hier beschlossen worden sein, dass Chosrevbeg mit weiteren 5000 Mann der Vorhut Balibeg's folge, das Heer selbst aber gegen Abend den Ungarn gegenüber ein Lager beziehe.[23]

Unbemerkt von den Ungarn entwickelte sich nun das türkische Heer während des Vormarsches; das erste Treffen, die Rumelier, blieb durch den Wald gedeckt unter Waffen stehen, bis die Anatolier und die Janitscharen sich entwickelt hatten. Als in den Nachmittagsstunden ein heftiges Gewitter losbrach, das jede Bewegung erschwerte, ordnete der Sultan an, den Wald zu verlassen und so weit vorzurücken, um ein Lager beziehen zu können.

Beim ungarischen Heere verstrich der Tag in ungeduldiger Erwartung. Bald nach Sonnenaufgang trat wieder Regen ein und als in den Nachmittagsstunden das Gewitter losbrach, wollten die unthätigen und doch ermüdeten, auch zur Unbotmässigkeit geneigten Truppen in der Meinung, die Türken wollten nicht mehr angreifen, schon in das Lager zurückkehren. Endlich nahm man gegen N.-Nyarád, aus dem dort gelegenen Walde kommend, einzelne Reiterhaufen wahr. Tomori hielt dieselben nur für eine streifende Abtheilung, welche mit Umgehung des Heeres das Lager beunruhigen wollte, und entsendete mit Zustimmung des Königs Ratkay nebst den übrigen Hütern desselben mit einigen Reitern, um die vorbrechende Horde zu zerstreuen, dann aber wieder in die Schlachtordnung zurückzukehren.

Als der Himmel sich wieder aufhellte, war das türkische Heer aus dem Walde herausgetreten. Das erste Treffen — die Rumelier, ein Theil der Janitscharen und der Geschütze unter Ibrahim Pascha — war bis gegen Földvár vorgegangen. Im zweiten Treffen standen nebst

---

[23] Hammer, II, 52, führt aus türkischen Quellen mit vielen unwesentlichen Angaben die Abhaltung dieses Kriegsrathes an und verlegt ihn unmittelbar auf das Gefechtsfeld, also viel zu spät, um noch Verfügungen treffen zu können. Hier mag es auch gewesen sein, dass der Sultan — wie Hammer nach türkischen Quellen berichtet — unter Jubelbezeugung des Heeres, mit erhobenen Händen den Beistand Gottes anflehte. Hammer lässt auch das türkische Heer sich in drei Treffen entwickeln — im Widerspruch mit dem Tagebuch Sulciman's — und bringt wie auch Kemalpaschasade die Fabel, dass die beiden Vordertreffen den Befehl hatten, zurückzuweichen und sich zu öffnen, um den Feind vor dem letzten Treffen desto besser vernichten zu können.

10.000 Janitscharen und den Geschützen die Anatolier unter Behram Pascha, hinter denselben der Sultan mit seinem Gefolge.

Als nun die Ungarn das Vorgehen der Türken wahrnahmen, eröffneten sie, in der Meinung, letztere wollten zum Angriff vorgehen, den Kampf. Die Wirkung der ungarischen Geschütze scheint sich nun als sehr ungenügend erwiesen zu haben, denn Tomori gab sogleich das Zeichen zum Angriff.[24] Das Mitteltreffen, dem der linke Flügel folgte, stürzte sich nun auf die Rumelier, die, eben im Begriffe zu lagern, ihr Gepäck ablegten und die Tragthiere zurückschickten. Ganz unvorbereitet, wurden sie mit leichter Mühe in die Flucht getrieben.

Andreas Báthory, des Palatins Bruder, eilte nun unter dem Eindrucke des augenblicklichen Erfolges mit dem Rufe zurück: »Die Feinde fliehen, unser ist der Sieg!« Die Reitermassen griffen nun in das Gefecht ein. Hat Tomori oder der König den Befehl hiezu ertheilt? Sind sie, den geträumten sicheren Erfolg vor Augen, aus eigenem Antriebe vorgegangen? und: Wie haben sich die hintereinanderstehenden Reitermassen zum Gefechte entwickelt? Das sind Fragen, die nun nicht mehr beantwortet werden können! Thatsache ist, dass von diesem Augenblicke an jede Leitung der Schlacht verloren war.

Die Reitermassen warfen sich nun auf das zweite indessen geordnete Treffen der Türken. Einzelne Reiter drangen sogar bis in die Nähe des Sultans vor, wo sie von seinen Leibwachen niedergemacht wurden.[25] Hier wurden sie aber von dem im Feuergefechte wohlgeübten Janitscharen, sowie von den vor selben stehenden Geschützen, welche mit ihren durch Ketten verhängten Fahrzeugen eine Art Barricade bildeten, mit so heftigem Feuer überschüttet, dass ein weiteres Vordringen unmöglich war. Nur kurze Zeit kam der Kampf zum Stehen; was von den Ungarn dem heftigen Feuer nicht erlag, musste aber bald die Flucht ergreifen.

Während des Vorganges bei dem Mitteltreffen und des Eingreifens der Reitermassen wurde der rechte Flügel der Ungarn nur zu bald gewahr, dass von den Nyaráder Höhen nicht einzelne Schwärme vorgehen, sondern ein ernster Angriff zu erwarten war, der seine rechte Flanke sowie den Rücken bedrohte. Er musste daher seine

---

[24] Kápolnai meint, die Geschosse der Ungarn hätten die Türken wegen zu grosser Entfernung nicht erreicht, weshalb Tomori den Angriff sogleich anordnete.

[25] Türkische Quellen berichten, dass 32 edle Ungarn sich dem Tode geweiht hätten, um den Sultan zu verderben, und auch bis zu den Leibwachen vorgedrungen wären, wo sie niedergehauen wurden. Ungarische Quellen erwähnen dies nicht, ebenso auch nicht, dass der König in der Schlacht verwundet worden wäre.

ganze Kraft wohl im Vereine mit dem bei den Reitermassen eingetheilten Fussvolke nach rechts wenden. Als nun aber auch die Ausdehnung der türkischen Gefechtslinie — sie nahm nahezu die ganze Breite der Ebene ein — zur Geltung kam, konnte er dem Drucke Balibeg's nicht widerstehen und ergriff, sich auch im Rücken bedroht sehend, die Flucht gegen die Donau.

Nun trat die für das ungarische Heer so verderbliche Katastrophe ein. Die Fliehenden des rechten Flügels rissen den Rest der zerstreuten Reitermassen mit sich gegen die Donau. Nach kaum zweistündigem Ringen war die Schlacht beendet, das ungarische Heer vernichtet; was nun folgte, war kein Kampf mehr.

Gegen 20.000 Ungarn lagen todt auf dem Schlachtfelde oder hatten in den Wellen der Donau ihr Grab gefunden; 2000 Mann — der Besatzung des Lagers angehörend oder dahin geflüchtet — wurden gefangen, nur Wenigen gelang es, begünstigt durch den Eintritt eines heftigen Gewitters, in wilder Flucht zu entkommen.

Unwillkürlich stellt man die Frage: Wie war es möglich, in der Zeit von wenigen Stunden ein so grosses Heer zu vernichten? Die Antwort findet man nicht in der geringeren Zahl der Ungarn allein, sondern auch in der Zusammensetzung des ungarischen Heeres, dem jede einheitliche Organisation fehlte; die Verwendung desselben — diesem Umstande vollkommen entsprechend — konnte kaum einen anderen Erfolg erwarten lassen. Die Geschütze der Ungarn fanden keine Verwendung; ihr Fussvolk — zum Theil noch Bogenschützen, nur zum geringen Theil mit Feuergewehren ausgerüstet — verwertete die Fernwirkung ihrer Waffen gar nicht, sondern warf sich gleich zu Beginn der Schlacht in das Handgemenge, wo ihr der überlegene Muth und wohl auch die Ueberraschung des Feindes einen geringen Erfolg sicherte. Von einer Seite wird behauptet, Tomori, der Feldherr, habe sich an die Spitze des ersten Treffens gestellt und dort den Tod gefunden — vielleicht ihn auch gesucht — womit jede Leitung der Schlacht verloren war; ebenso soll Georg Zápolya, von dem überhaupt wenig die Rede ist, gefallen sein, und von dem wenig selbstständigen König war ein energisches und zielbewusstes Eingreifen nicht zu erwarten. Hat Tomori, wie auch behauptet wird, sich rechtzeitig aus dem Gewühle der Schlacht gerettet und erst später den Tod gefunden, so müsste er wohl das Bewusstsein gehabt haben, dass ihm bereits jede Einflussnahme auf den Gang der Schlacht benommen war. Das Vorbrechen der Reitermassen scheint zu früh und in sehr gedrängter Form stattgefunden und sich auf einen Punkt des Feindes beschränkt zu haben; der Ungarn erstes Treffen dürfte von den Reitern überritten worden sein, da die Massen gleich vor die Front der Janitscharen und ihrer Geschütze gelangten, wo sie dem heftigen Feuer, vor dem sie ihre Eisenpanzer nicht schützten, erlagen. Ein unglückliches Zusammentreffen mit den Flüchtigen ihres rechten Flügels vollendete dann die Niederlage der Ungarn, die umso verhängnissvoller war, als die Türken keine Gefangenen machten, sondern niederhieben, was ihnen in den Weg kam.

Unter den Todten befanden sich der Erzbischof von Gran und fünf Bischöfe, ferner Korlatkövy, Trepka, Schlick, Johann Batthyány, Gabriel Perényi, dann noch gegen 20 Magnaten und 500 andere Edelleute, und wohl auch die beiden Oberbefehlshaber Paul Tomori und Georg Zápolya.[26]) Von den böhmischen Herren, die ins Lager des Königs gekommen waren, sah nur Heinrich Zlozek seine Heimat wieder.

Unter den Wenigen, die sich aus der Schlacht gerettet hatten, befand sich der Palatin Stephan Báthory, der bei Zeiten im Wagen entkommen war, Peter Perényi, Franz Batthyány und der Kanzler Brodarić.

Als über den Ausgang der Schlacht kein Zweifel mehr war, beschloss König Ludwig, die Flucht zu ergreifen, und schlug mit seiner Umgebung den Weg gegen Ofen ein. In der Verwirrung zerstreuten sich bald seine Begleiter und als er am Bache Csele anlangte, waren nur Wenige mehr bei ihm. Dieser sonst unbedeutende Bach war in Folge der Regengüsse und des Stauwassers der Donau hoch gestiegen. Bei dem Uebersetzen desselben konnte das ermüdete Pferd des Königs das steile, schlüpfrige Ufer nicht erklimmen; sich überschlagend, stürzte es in das Wasser zurück und begrub den Reiter unter sich. Von den Begleitern des Königs fand Stephan Atzél bei dem Versuche, ihn zu retten, den Tod in den Wellen, während Ubald Zettwitz von Lorenzdorf in der Furcht vor Verfolgung die Flucht fortsetzte und die Nachricht vom Tode des Königs nach Ofen brachte.[27])

---

[26]) Die Leichen Tomori's und Georg Zápolya's scheinen von den Türken nach der Schlacht nicht aufgefunden worden zu sein.

[27]) Allgemein verbreitet ist die Nachricht, dass König Ludwig II. auf diese Weise den Tod in den Wellen des Baches gefunden habe. Auffallend ist es, dass die Leiche des Königs mehrere Monate später in einem Grabe nächst dem Bache ohne Rüstung, sonst aber ihres Schmuckes nicht beraubt, aufgefunden wurde, während man aller Wahrscheinlichkeit nach hätte schliessen können, dass selbe bei fallendem Wasserstande aus dem Bache in die Donau getragen worden und in den Wellen derselben unbeachtet verschwunden sein dürfte. Es ist daher begreiflich, dass die erst

Der Grösse seines Sieges sich nicht bewusst, und in der Meinung, doch noch ein grösseres Heer vor sich zu haben, unterliess der Sultan, bei Eintritt der Nacht die Verfolgung fortzusetzen, und blieb bis zum Morgen gerüstet und kampfbereit auf dem Schlachtfelde stehen, am Morgen erst bezog er sein Lager. Vor seinem Zelte [28]) wurden 2000 Köpfe, darunter jene der Bischöfe und vieler Edler, aufgeschlichtet. In feierlichem Divan wurden nun die Heerführer mit Ehrenkleidern, der Grossvezier mit einem wertvollen Reiher beschenkt. Die Defterdare erhielten den Auftrag, die Todten zu zählen und zu begraben; des letzteren Auftrages entledigten sie sich, indem sie die Leichen in die Donau werfen liessen. Die Zählung ergab 20.000 Leichen von Fussgängern und 4000 von bepanzerten Reitern, sowohl Ungarn als Türken.[29]) Wie gross die Verluste der Türken waren, ist nicht zu ermitteln, dass sie aber grösser waren, als Sultan Suleiman sie in seinem Tagebuche selbst angibt, indem er sagt: »Nur 50—60 Türken wurden Märtyrer«, ist selbstverständlich.

Am Abend des 30. August kam Johann Zápolya zu Wagen von Szegedin an die Donau, konnte des Hochwassers wegen nicht mehr nach Tolna übersetzen und kehrte wieder zurück, als er von der unterdessen eingetretenen Katastrophe Kenntniss erhielt.

Am 3. September trat das türkische Heer den Marsch gegen Ofen an. Vorher wurden Mohács und alle umliegenden Orte niedergebrannt, alle Gefangenen und sämmtliche männlichen Einwohner, die sich nicht rechtzeitig über die Donau in Sicherheit gebracht hatten, ermordet, nur die Weiber auf Befehl des Sultans geschont.

Nach Ofen war die Nachricht von der verlorenen Schlacht und dem Tode des Königs Ludwig schon am 30. August gelangt. Die Königin Maria verliess sofort mit ihrer Umgebung die Stadt und zog sich nach Pressburg zurück.

Ohne auf Widerstand zu stossen, drang Suleiman bis Ofen vor, zu dessen Vertheidigung nicht die geringste Vorkehrung getroffen war.

---

später bekannt gewordenen Angaben eines Zeitgenossen des Königs, Szerém György (Georgius Sirmiensis, Hofkaplan Ludwig's und später Zápolya's), welche denselben als Opfer eines Mordes darstellen, wenn sie auch als unwahrscheinlich wenig Glauben fanden, doch nicht ganz unbeachtet blieben.

[28]) Das Lager der Türken war bei Földvár oder Sátoristie (ungefähr mit Zeltort zu übersetzen) aufgeschlagen. Später, 1530, liess Hasanbeg, der Statthalter in Ofen, an der Stelle, wo das Zelt des Sultans stand, einen Köschk (Kiosk, auch Villa) erbauen und einen Brunnen graben.

[29]) Einen Tag und eine Nacht hindurch sah man an Belgrad Tausende von Leichen vorüberschwimmen.

Die Schlüsseln der Stadt wurden dem Sultan bis Földvár entgegengebracht, am 10. September 1526 hielt er seinen Einzug in die Hauptstadt Ungarns. Ofen wurde, obwohl der Stadt beim Einzuge des Sultans Schonung zugesagt war, geplündert und eingeäschert. Vergeblich suchte der Sultan dem wilden Treiben seiner Horden Einhalt zu thun, nur die von ihm selbst bewohnte Burg blieb verschont.

Inzwischen dehnten Raubhorden ihre Züge über das Land aus. Um Ofen wurden die Landhäuser des Adels zerstört. Visegrád retteten Bauern und Mönche. Das von der Besatzung verlassene Castell in Gran vertheidigte der Trabantenhauptmann Michael Nagy. Unweit Marós hatten die aus ihren Ortschaften geflohenen Bewohner ein verschanztes Lager errichtet; um es einzunehmen, brachten die Türken Geschütze mit, und machten dann die Vertheidiger sammt ihren Familien — bei 25.000 Menschen — nieder. Andere befestigte Plätze, wie Tata, Komorn und Stuhlweissenburg, blieben verschont. In Fünfkirchen, das sich gegen Zusicherung der Schonung ergab, wurden die Einwohner auf dem Marktplatze versammelt und niedergemacht. Selbst bis an die Grenzen von Oesterreich und Steiermark, wo seit 1525 der Feldhauptmann Niklas Salm den Oberbefehl führte und die Landesaufgebote zusammengezogen hatte, breiteten sich die Raubzüge der Türken aus.

Am 17. September verlegte der Sultan nach Herstellung einer Brücke sein Lager nach Pest. Die Schätze der königlichen Burg in Ofen, die gesammelten Kunstwerke und des Königs Mathias Corvinus reichhaltige Bibliothek wurden auf Schiffe verladen, um nach Constantinopel gebracht zu werden, wo sie wenig beachtet, zum Theil verschleudert, zum Theil bis in die neueste Zeit verborgen gehalten wurden.

Am 25. September trat das türkische Heer, nachdem auch Pest geplündert und niedergebrannt worden war, den Rückzug an. Die Horden Balibeg's waren dem Heere vorausgezogen und hatten das Land zwischen der Donau und Theiss in eine Wüste verwandelt, weshalb der Rückmarsch beschleunigt werden musste. Ein Theil des Heeres unter dem Grossvezier zog gegen Szegedin, das niedergebrannt wurde; mit dem anderen Theile zog der Sultan längs des linken Donauufers bis Peterwardein, wo sich beide Heerestheile am 7. October vereinigten. Die Einwohner von Szabadka vertheidigten sich glücklich in einem verschanzten Lager, dagegen wurden die Einwohner von Bács, die sich in die befestigte Kirche geworfen hatten, nach längerer Gegenwehr niedergehauen.

Zwischen Bács und Peterwardein hatten sich mehrere tausend Bewohner der Umgebung in Donau-Auen geflüchtet und dort ein Lager errichtet.³⁰) Die Erstürmung desselben kostete den Türken beinahe ebensoviel Todte und Verwundete wie die Schlacht bei Mohács; hier fielen der Aga der Janitscharen, nebst ihrem zweiten Anführer, und der Tschauschbascha (Generalstabs-Chef). Im Lager bei Titel beunruhigten Batthyány und Radovich das osmanische Heer.

Die Bevölkerung Ungarns verlor im Jahre 1526 an 200.000 Menschen, die von den Türken durchzogenen Landstriche glichen einer vollständigen Wüste.

Nach Zurücklassung einer Besatzung in Peterwardein, wo das türkische Heer fünf Tage zum Brückenschlag brauchte, setzte der Sultan den Rückmarsch fort und traf am 23. November, nach siebenmonatlicher Abwesenheit, in Constantinopel ein, von wo ihn gleich wieder eine Empörung in seinem weiten Reiche nach Kleinasien rief.

Die Absicht, ganz Ungarn zu erobern, mag Sultan Suleiman bei seinem Aufbruche von Constantinopel wohl nicht gehabt haben; dass es ihm aber so leicht gemacht werden würde, bis in die Hauptstadt Ungarns vorzudringen, glaubte er selbst kaum. Der bevorstehende Eintritt des Winters, die Zusammenziehung einer beträchtlichen Macht bei Agram unter Christoph Frangepan,³¹) die schon im Anmarsche gegen Stuhlweissenburg war, der Zuzug böhmischer und mährischer Truppen, die schon bis Raab gelangt waren, und der Aufruf des Erzbischofs von Erlau, Paul Várday, an die oberungarischen Städte, sich zur Vertheidigung des Landes zu erheben, all dies mag wohl beigetragen haben, dass Suleiman die errungenen Vortheile nicht in vollem Masse ausnützte und den Rückzug so bald antrat.

Zápolya, der schon während der Schlacht bei Mohács in der Gegend von Szegedin stand, zog sich an das linke Theissufer bis gegen Fegyvernek und später bei der Annäherung der Türken — jedem Zusammenstosse ausweichend — bis Tokay zurück. Dass Zápolya schon damals nach der ungarischen Krone strebte, ist gewiss; dass er darüber mit dem Sultan selbst oder mit dem Grossvezier in Unterhandlung stand, ist zwar nicht erwiesen, jedoch sehr wahrscheinlich,³²) und dass

---

³⁰) Die Reste dieser Verschanzung sind noch nördlich von Palánka unter dem Namen Türkenschanze vorhanden.

³¹) Erzherzog Ferdinand liess 500 Reiter zum Heere Frangepan's stossen.

³²) Der türkische Geschichtsschreiber Solaksade berichtet, dass Sultan Suleiman schon im September 1526 während seines Aufenthaltes in Ofen den Magnaten die Versicherung gegeben habe, dass er Johann Zápolya fortan als ihren König aner-

er sich der Gunst des Sultans durch sein Verhalten versichern wollte, um dieses Ziel zu erreichen, ist kaum zu bezweifeln.

Nach dem Abzuge der Türken herrschte in dem zum Theile verwüsteten Lande die grösste Verwirrung. Während die Raubzüge der Türken an den Grenzen nicht aufhörten, bildeten sich im Süden Ungarns Räuberbanden, welche sich je nach ihrem Vortheile den politischen Parteien anschlossen und so die Verwirrung vermehrten.

Die zwei einander bekämpfenden politischen Parteien, die sich schon unter den letzten Königen gebildet hatten, bestanden auch jetzt noch. Die Hofpartei, deren vornehmstes Glied der Palatin Báthory war, schloss sich der verwitweten Königin Maria an, welche sich nach Pressburg zurückgezogen hatte. Die Oppositionspartei unter Johann Zápolya, der mit seinem Heere noch an der Theiss stand, hielt schon im October 1526 eine Versammlung in Tokay ab, wo dessen Wahl zum König besprochen und, in der Hoffnung einen Ausgleich mit Ferdinand treffen zu können, seine Vermählung mit der Witwe König Ludwig's in Aussicht genommen worden war. Zápolya zum König auszurufen, wagte man noch nicht, doch berief man einen Reichstag nach Stuhlweissenburg, wo er am 11. November von seiner Partei zum König gewählt und auch gekrönt wurde.

Hätte Zápolya nach der Schlacht bei Mohács das durch Verluste geschwächte und in sehr gelockerter Ordnung zurückkehrende türkische Heer angegriffen und — was durchaus nicht ausser dem Bereiche der Möglichkeit war — auch geschlagen, so hätte ihm bei dem Umstande, dass er Siebenbürgen und den grössten Theil von Ungarn mit der Hauptstadt Ofen bereits in Händen hatte, die Herrschaft im Lande kaum bestritten werden können.

Mit dem Verluste der Schlacht bei Mohács hatte Ungarn aufgehört, eine Vormauer der Christenheit zu sein. Bei den nun über Ungarn hereinbrechenden Verhältnissen konnte es dem Eindringen der asiatischen Horden nicht mehr widerstehen und war nahe daran, sowie die nördlichen Balkanländer, in volle Abhängigkeit von den Türken zu gelangen, es musste nun selbst beschützt und von den Türken befreit werden. Lange schon war vorauszusehen, dass der Augenblick eintreten werde, in dem Ungarn allein seiner nächsten Aufgabe nicht

---

kennen und ihm als solchen seinen mächtigen Schutz angedeihen lassen werde. Wenn diese Angabe richtig ist, so wäre das Verhalten Zápolya's wohl zu erklären.

mehr gewachsen sein würde. Bei der Eifersucht Frankreichs auf Deutschland konnte es trotz der oft ehrlichen Bemühungen der Päpste nie gelingen, ein gemeinschaftliches Eingreifen der christlichen Mächte Europas zu Gunsten Ungarns zu Stande zu bringen. Es machte sich daher die Nothwendigkeit immer mehr geltend, die zunächst bedrohten Länder — die österreichischen Erblande und Böhmen — aneinander zu gliedern und mit Ungarn ein Staatengebilde zu schaffen, das dem Andrange derselben zu widerstehen vermochte. Die Przemisliden und Luxemburger in Böhmen, die ungarischen Könige seit Sigismund, und endlich das Haus Habsburg suchten abwechselnd von Prag, von Ofen und endlich von Wien aus eine Macht zu gründen, welche dieser Aufgabe gewachsen wäre, und erst unter Habsburgs Scepter gelang es, die türkische Macht vor den Mauern Wiens zu brechen und Ungarn nach mehr wie anderthalb Jahrhunderte währenden schweren Kämpfen von seinem Erbfeinde zu befreien und für das Land auf neuen Grundlagen eine staatliche Existenz zu gründen, welche es in christlicher Cultur erblühen machte mehr denn je.

Mögen die Völker der österreichisch-ungarischen Monarchie nicht vergessen, dass sie ihre Freiheit und ihren Bestand auch jetzt nur erfüllen können »mit vereinten Kräften«.

Soeben ist bei W. Braumüller in Wien erschienen, und durch alle Buchhandlungen um den Preis von 1 fl. 50 kr. zu beziehen:

Die Kämpfe

Oesterreichs mit den Osmanen
vom Jahre 1526 bis 1537.
(Die Belagerung von Wien 1529 und von Güns 1532 enthaltend.)

Von

L. Kupelwieser
k. u. k. Feldmarschall-Lieutenant.

www.ingramcontent.com/pod-product-compliance
Lightning Source LLC
Chambersburg PA
CBHW020808230426
43666CB00007B/910